当事人平等视角下民事证据制度研究

张 芸 著

西北师范大学法学重点学科资助出版
西北师范大学青年教师科研能力提升计划一般项目“民事检察监督程序：基础理论与实证研究”阶段性成果

科 学 出 版 社
北 京

内 容 简 介

本书基于对当事人在证据法上武器平等的解读，并作为分析民事诉讼证据制度的价值基础，系统探讨了与该原则理念相关联的民事证据制度八个方面的基本问题：证据概念及属性之回归；鉴定人与专家辅助人的博弈；法官辅助人制度的建构；证明责任本体论；民事证明标准分层化及其检讨；民事自认制度的理论解读；民事推定制度；我国民事证明妨碍制度的现状及进路。希望发掘证据的实质和其背后的逻辑，实现对证据的全面深刻理解，力争使本书成为民事证据制度研习者的益友。系统介绍我国民事证据制度中具有争议的核心问题。采纳法学界成熟的主流观点，博采多方改革创新见解。立足我国立法现状，借鉴国外相关制度，注重资料新颖全面。

本书适合于法律专业人士尤其是诉讼法专业的教师和研究生阅读。

图书在版编目（CIP）数据

当事人平等视角下民事证据制度研究 / 张芸著. —北京：科学出版社，2017.11

ISBN 978-7-03-053675-4

Ⅰ. ①当… Ⅱ. ①张… Ⅲ. ①民事诉讼-证据-研究-中国 Ⅳ. ①D925.113.4

中国版本图书馆CIP数据核字（2017）第 138071 号

责任编辑：方小丽 / 责任校对：杜子昂
责任印制：吴兆东 / 封面设计：蓝正设计

科学出版社出版
北京东黄城根北街 16 号
邮政编码：100717
http://www.sciencep.com

北京东华虎彩印刷有限公司 印刷
科学出版社发行 各地新华书店经销

*

2017 年 11 月第 一 版 开本：787×1092 1/16
2018 年 1 月第二次印刷 印张：10 1/4
字数：240 000

定价：68.00 元

（如有印装质量问题，我社负责调换）

作 者 简 介

张芸，女，1974 年 10 月生，甘肃榆中人，西北师范大学法学院副教授、中国法学会会员。研究及教学领域为证据法学、诉讼法学、法律职业伦理。近年来主持或参与完成 5 项国家、省部级及其他课题，先后在《甘肃社会科学》《西北师大学报》等核心刊物上发表学术论文 10 余篇，出版专著、教材 3 部。

自序

民事诉讼是指通过解决平等主体之间的纠纷，维护社会公共秩序的一种程序设置，为确保这一活动井然有序，实现公平正义，树立裁判权威，作为程序公共理性表达的民事诉讼法，为司法活动提供着制度构架。由于各国历史传统、文化背景、政治体制、民族特点，甚至地理环境、人口等因素的差异，民事诉讼法配置的诉讼结构存在较大的差异。世界各国不同法系之间有区别，即使处于同一法系的不同国家也存在较大的差别，甚至一个国家的不同区域也区别明显。若从历史渊源的粗线条上来观察，这一模式动态上集合了法院、当事人、其他诉讼参与人所进行的各种活动，其目的、内容、信息都可以简单地涵盖在当事人双方与法院的等腰三角形结构中，并通过当事人的诉讼行为和法院的裁判行为两条主线而展开，其目的是发现真实和实现正义。为实现这一目标，现代社会中被承认并被赋予正义性内涵的诉讼结构主要有职权主义和当事人主义。职权主义诉讼结构的理论基础在于主张国家优位主义，其目标在于实现实质正义，体现出目的合理性。在这种实质正义的逻辑下，纠纷双方当事人为各自的利益会心怀鬼胎，实施险恶诉讼行为，无法保障案件真实的发现。于是，被认为是代表国家公正无私全能型的法官以法律真相揭示者的身份出现，主动收集证据和调查事实，控制诉讼程序。法官与当事人之间的二元对立关系是诉讼程序结构的核心，当事人双方之间的关系及其诉讼行为仅是法官诉讼活动的补充。在这样的结构模式中，目的合理性即体现了诉讼程序的价值。反过来，诉讼程序的设计和运作是围绕发现真实以一种技术规则的形式表现出来，平等作为正当程序的核心价值不需要考虑，甚至认为程序主体之间的平等（无论形式或实质上）会影响法官与当事人之间关系中的主导地位，会妨碍案件真实的发现，保障当事人之间的平等会拖延诉讼，浪费司法资源，不利于提高诉讼效率。因此，在程序效率优位于程序公正的职权主义诉讼模式中，为了实现实质正义之目的，诉讼平等原则逐渐被认为具有工具性和可牺牲性。当事人主义诉讼结构立足于对抗与自治是民事诉讼本质的认识。从人的本性出发，利用当事人趋利避害和追求利益均衡最大化的心理，促使和利用当事人竭尽全力地主张、收集和提供诉讼资料，并可有力地反驳对方提出的诉讼资料，从而能够最大限度地促进案件真实的发现和可适用法律的确定。

基于程序正义对法官中立性的要求，双方当事人在诉讼中能否平等对话、理性沟通，对于实现民事司法公正性至关重要。因此，以程序正义为理念基础和当事人理性对话的民事诉讼构造，是以“经济人”作为理论假设，设计这一机制的思路有两个前提条件：一是当事人有通过诉讼追求利益最大化的心理（欲望）；二是当事人有通过诉讼追求利益最大化的能力并且双方能力旗鼓相当。基于第一个条件民事诉讼法确立了处分原则和辩论原则，基于第二个条件民事诉讼法确立了平等原则。在权利请求或权利主张方面的当事人主义处分原则与在当事人为维护自己权利而进行诉讼攻击和防御行为实行的辩论主义原则决定了诉讼结构的框架，平等原则决定着民事诉讼的实效。而满足这两个条件的价值理念是自由和平等。自由是诉权的理论基础，平等是裁判权的理论基础。正因如此，民事诉讼立法将市场竞争规律中最具有民法品格的平等原则延伸到民事纠纷解决的民事诉讼领域，成为民事诉讼法最基本的价值选择。

为公正、权威地解决民事纠纷，司法裁判的首要任务是基于证据裁判主义证明案件的基本事实，按照辩论主义的规则发现真实，使法官形成对事实的内心确信。而这一任务应在证据法的规范下完成。从历史发展来看，实现这一任务的路径有两种：一是与纠问式诉讼相连的结果真实主义，诉讼证明以自向证明为主，事实的查明方法上采取职权探知主义，现代证据制度的一些基本规则，如证明责任、证明标准、专家辅助人等没有被确立。因而，当事人平等原则也难以真正落实，当事人也不是作为平等的诉讼主体参与到事实证明的程序之中，以当事人平等为核心理念的正当程序无法作为证据法制定的理论基础。二是与弹劾式、对抗制诉讼相连的程序本位主义，诉讼证明以他向证明为主，诉讼程序的设计多偏向于当事人主义，以追求程序公正、形式真实为目标，积极地吸收辩论主义、直接审理主义、法官中立、自由心证等因素。而这一发现真实的路径，是以证明责任裁判规则为基础，即当事人应当就能够作为自己所要求的判决依据的事实承担证明责任，为了保持裁判者的中立，法院并不主动地去收集作为裁判依据的资料。也就是中立的法官，不用跑腿，尽量借助双方当事人的嘴查明案件真相。而这一发现真实机制的设计奠定在举证、质证的双方当事人武器平等原则之上。在证据法上表现为：一方面，双方当事人在诉讼中正确主张事实的能力是平等的；另一方面，双方当事人接近、使用证据资料的能力、风险是平等的。而这两方面的平等最终要通过证明责任分配机制、证明标准的确定、自认规则的完善、专家辅助人制度的完善等一系列的证据制度得以实现。

当事人武器平等原则为什么能够成为民事证据法的逻辑前提？反过来，为什么从满足当事人实质平等的角度审视证据法，提出完善证据制度的对策建议，更有利于当事人主义诉讼模式发挥发现真实的最佳效果？这是因为，辩论主义是诉讼中具体的事实主张和举证证明这一层次上的当事人主义诉讼结构。辩论主义的内容大陆法系学者概括得不尽一致，但其核心内容是一致的，可以概括为以下三个方面：第一，法院不得以当事人未主张的事实作为判决基础，换言之，作为判决基础的事实必须是经当事人主张的事实；第二，当事人自认的事实，免除负举证责任的当事人的举证，并对法院形成实质约束，不得作出相反的认定；第三，法院调查证据仅以当事人申请为限，禁止法院依职权调查证据。需要说明的是，辩论主义适用范围所指的事实是案件的实体事实，与程序事实无关，并且区分主要事实、间接事实、辅助事实。传统的辩论主义仅适用主要事实和处理证据能力及证明力的辅助事实。根据辩论主义，作为裁判基础的事实不仅包括负举证责任的当事人主张的事实，也包括不负举证责任的当事人主张的事实。因为辩论主义仅解决法院与当事人之间就证据资料的提出权限分配问题，不处理当事人之间关于证据资料的提出权限分配问题。也即在大陆法系，按照辩论主义，当事人在诉讼上并没有权利要求对方当事人提出有关案件事实的证据资料。反过来，民事诉讼的当事人并没有义务提出对对方当事人有利的证据资料。于是，如何解决当事人之间在事实主张、证据资料提出方面的事实平等成为问题的关键。特别是如何实现双方当事人收集证据资料的能力在事实上处于实质平等的地位，从而解决负证明责任的当事人的证明困难问题，尤其是在现代型诉讼中存在明显"证据偏在"现象的情况下，提高负举证责任的当事人收集证据的能力，减轻当事人的证明负担，使双方当事人在接近、使用有关证据资料方面所存在的不平等地位有所改观。

我国 1982 年试行的民事诉讼法奉行的是职权探知主义，但是随着民事审判方式改革的深入，司法实践的发展开始向辩论主义转化，尤其是最高人民法院于 2001 年 12 月颁布施行的《最高人民法院关于民事诉讼证据的若干规定》，体现了构成辩论主义的三项内容，从而标志着我国民事诉讼在实践层面上已经转向了辩论主义。但司法实践中由于当事人在能力、知识、财力等方面的差异，在某些情况下也欠缺必要的调查收集证据的手段，从而影响当事人对事实的主张和证据提出的真实性和有效性，制约法官对案件真实的发现。尤其是在现代型纠纷（消费者保护的纠纷、公害纠纷、交通事故纠纷、产品质量纠纷等）中，一方面，当事人之间具有明显的差异性，原告是权利受侵害的大多数普通公民（小区居民、消费者等），往往欠缺足以独立主张权利、主张事实、收集证据的资力、知识和经验，且具有扩散性和分散的集体性，对他们的权利如何救济或如何妥当解决，往往攸关整个社会生活的质量，影响人们的生存权利及其发展趋向，故意义非常重大。而且，这类纠纷的诉讼请求如请求制止噪声侵害等不仅涉及许多复杂的因素，涉及一系列间接的事实，而且常常缺乏立法的明文规定，这使法官需考虑具体案情、社会公共利益、个人的权利作出判断。而被告则往往是大企业或社会公共团体，具有相当的经济实力、丰富的知识和经验，非普通公民能与之抗衡。另一方面，在这类纠纷中，支持原告的权利主张的事实和证据，大多在被告所支配的领域，而且，其争点事实的判断多需借助于科技知识和手段，原告往往不具备这方面的知识和能力，若让原告就争点事实进行主张，举证困难较大。而我国民事诉讼证据立法比较落后，没有单独的证据法典，只是在民事诉讼法中作为一章，仅用十几个条文原则性地作出规定，体现辩论主义内容、解决当事人武器不平等的证据规则几乎没有系统规定或者不是很完善，如证明责任规则、证明标准规则、自认规则、专家辅助人制度等从保障当事人武器平等的角度审视均存在一定的缺陷。域外国家，特别是英美法系国家在保障当事人平等接近、使用证据资料方面比大陆法系国家更充分。这主要体现在以下几方面：充分扩大当事人的证据资料收集权，平衡当事人对证据资料的平等使用；降低负举证责任的当事人的证明难度，平衡当事人对错误裁判的成本利益的承担；设计表见证明、证明妨碍制度，平衡负证明责任的当事人的不利地位。交叉询问制最能体现英美民事诉讼对抗制的特征，是保障当事人对证据资料平等接近、使用的一项制度，同时，依此为基础的专家证人制度比大陆法系的一人鉴定制度在保障当事人对证据资料的平等接近、使用方面更胜一筹。陪审制下更增加了当事人之间的对抗性，落实当事人对证人的询问，以保障对抗的平等性。无论是对当事人程序平等的保障还是对当事人实质平等的保障，其目的是充实、平衡当事人进行诉讼的手段和能力，为了更好地实现真实。

在我国全面推进依法治国，特别是加强程序法治建设的当下，如何补救我国证据制度的上述缺陷，应成为我国证据法学研究者紧迫的研究课题。本书的写作正是基于当事人武器平等对民事诉讼机制发现真实所发挥的基础功能的基本原理，探讨如何通过证据法基本制度的完善使该机制发挥最佳实效，解决因证据制度导致的当事人诉讼能力不平等和诉讼风险不平等的问题。研究者的目的和动机决定了研究的内容和主要观点：当事人武器平等在证据法上不仅包括能力平等，也包括风险平等。能力平等，是指当事人接近、利用证据资料的能力和手段应该是相同的，包括利用证据的知识，法庭辩论的技巧，承担收集、利用证据资料成本的能力，司法经验等方面的平等。风险平等，是指双方当事人应当平等负担利用证据资料导致诉讼上效果的风险，不应使一方当事人承担较高的败诉风险，包括裁判错误概率的分配、发生错误裁判成本的分配和诉讼结果风险的分配。基于对当事人在证据法上武器平等的解读，并作为分析民事诉讼证据制度的价值基础，本书系统探讨了与这一原则理念相关联的民事证据制度八个方面的基本问题：证据概念及属性之回归；鉴定人与专家辅助人的博弈；法官辅助人制度的建构；证明责任本体论；民事证明标准分层化及其检讨；民事自认制度的理论解读；民事推定（presumption）制度；我国民事证明妨碍制度的现状及进路。通过上述问题的研究，笔者认为证据的属性既有自然特征，也有人为特性，而人为属性是国家根据程序法治建设的需要，特别是司法实践的需要通过立法和司法解释而设定的，具有明显的目的和价值的倾向性，对当事人平等收集和利用证据资料有一定的影响。而证明责任作为案件争议事实处于真假不明时的裁判规则，对民事诉讼证据的收集、出示、质证、辩论具有牵引性。之所以能发挥如此核心功能，是因为证明责任在本质上是一种分配机制，既是对诉讼风险的分配，也是对裁判错误概率和发生错误裁判成本的分配。证明责任无论如何分配，承担证明责任的一方当事人都负担了更多的诉讼风险和发生错误裁判成本，为实现双方当事人公平对抗，立法和司法实践尽可能将诉讼风险和发生错误裁判成本在当事人之间平等分配。即便平等分配，负证明责任的一方当事人事实上仍然承担更多的风险和成本，为此，证明标准的确定、证明妨碍制度的构建、自认规则的设计、推定的经验法则等都可以沿着实现当事人平等的目标努力。

基于当事人平等理念如何确定证明标准，笔者曾与他人合作发表的《确定民事证明标准的一般法理——基于当事人诉讼平等的思考》[《西北师大学报》（社会科学版）2010年第 4 期］一文主张“在对抗制诉讼机制下，由一个中立的裁判者作出裁决时，证明责任及证明标准对诉讼结果将产生关键性影响。当事人诉讼平等是对抗制诉讼机制实现司法公正的理论前提，也应成为确定民事证明标准的法理基础。当事人诉讼能力平等是确定证明标准的前提，风险平等是确定证明标准的底线。合理的证明标准应使诉讼风险、错误裁判概率、错误裁判的潜在损失及成本在当事人之间平等分配。一般而言，低要求的证明标准较高要求的证明标准更有利于实现当事人诉讼平等”。本书在坚持该观点的基础上，主张应根据民事诉讼的不同情形分层次确定民事证明标准，涉及社会伦理基础、公共利益、诚信体系的事实的证明标准应当是高标准、严要求，更有利于社会的公平正义。而一般的财产诉讼应实施低要求的证明标准，以保障当事人诉讼能力和诉讼风险的平等。

证明妨碍的概念源自一条基本的经验法则：“所有的事情应被推定不利于破坏者。”在民事诉讼中，对不负举证责任的当事人通过毁灭、隐匿证据以妨害负举证的当事人进行证明活动，课以证据法上一定的不利效果，符合贯彻当事人证据资料使用平等的理念。一般认为，当事人之所以毁灭、隐匿证据，是因为该证据在诉讼中对其不利，反过来，当事人没有义务在诉讼中为对方当事人尤其是负证明责任的当事人提供对其有利的证据。只有贯彻当事人对证据资料的平等接近、使用的理念，才能最大限度地满足对抗制或辩论主义的基本要求，保障当事人平等对话、自愿协商，合理利用司法资源，尽可能地发现案件真实。证明妨碍从本质上破坏了对抗制或辩论主义的根基，使负举证责任的当事人的诉讼风险系数增大，不负举证责任的当事人的胜诉概率提高，更加剧了当事人之间的不平等性。同时，也增加了负举证责任的当事人的诉讼成本，使当事人之间进行诉讼的成本分配更加不平等。因此，将证明妨碍与诉讼平等加以连接，更能彰显证明妨碍法理的制度功能。

在社会分工越来越细、专业化程度越来越高的背景下，作为法律专家的法官、律师在其他方面，特别是自然科学方面是外行，而普通的当事人更是如此。在现代型诉讼中面对专家优势明显的一方当事人，法官和律师在补强弱势当事人进行诉讼能力方面的优势难以发挥，完善鉴定人和专家辅助人制度、建构法官辅助人制度可以弥补上述不足，有利于实现当事人诉讼能力平等，确保辩论主义诉讼机制正常运行，实现司法公平，树立司法权威和公信力。

张　芸

2017 年 7 月于西北师范大学法学楼

目 录

第一章　证据概念及属性之回归

英国法学家边沁曾言“证据是正义的基础”。我们应当承认，不论是司法实践、理论研究，还是普通生活，证据已经成为我们生活不可或缺的词眼之一。当正义在社会民众心中的地位逐渐确立并稳固时，运用证据追求正义成为社会的一种常态。在拉丁文中，“证据”一词为 probatio，英文中为 evidence，意为“明显的、清楚的、显而易见的”，起初并无“证据”之意，后来才有了无民事、刑事之分的“证据”之意。在我国，“证据”一词是个现代词语，在我国古代的法典中找不到这样的词汇，甚至证与据的连用都很少出现。“证”，“証”或“證”，其本意按《说文解字注》中解“證，告也。从言，登声。今人为证验字”。“证”有证实、验证之意。在古代辞与词同义，有言语之意。证词作出的主体首先是人，具有语言表达能力的人；其次必须是与案件事实有某种关联性的语言。在我国古代，刑事案件证人的证词一般处于佐证的地位，是用来验证“供词”真伪的。一般来说，在刑事性质的案件中，有资格充当证人的大致有旁见者、邻佑、地保、仵作、族长、家族成员、仆人、店主等。也就是说，我国古代“证”较类似于现代的证据，但更多倾向于人证。“据”，杖持也。唐代始确立“据状断之”的刑事证据规则。唐律规定：“若赃状露验，理不可疑，虽不承引，即据状断之。”疏议曰：“若赃状露验，谓计赃者见获真赃，杀人者检得实状，赃状明白，理不可疑，问虽不承，听据状科断。”[①]我国古代“据”一词意为根据、依据。虽然没有证据一词，但并不证明在我国古代没有类似于今天的证据运用规则，古代刑律大都要求法官必须依据经过查证属实的证据对案情加以证明，法官如果偏离有关证据，随意定罪，依法要以犯罪论处。

在当代社会中，证据成为一个常用的词语，我们经常会用“拿出证据来”“立据为证”“有证据吗”等词语来表达我们对证据内涵的认识。显然，当我们使用证据一词时往往意味着我们陷入了相对比较麻烦的境地，在很多情况下该词的使用成为一方丧失诚信的标志。但这同时也反映出越来越多的民众更愿意以一种确定的证明事实的方法生活，维护自己的合法权益。所以，随着证据一词使用频率的增加，如何营造一个良好的证据环境，为证据制度的发展提供肥沃的土壤和适宜的气候是我们必须要考虑的问题。

---

① （唐）长孙无忌，等撰：《唐律疏议》，刘俊文点校，北京：法律出版社，1999 年，第 592 页。

第一节 证据的概念

每个概念的形成都以认知为基础，以揭示为目的。在证据制度研究和发展的长河里，学者们基于不同的认知和价值追求，从不同角度提出了如“原因说”“结果说”“事实说”“方法说”等关于证据的各式理解；也有学者提出证据法中没有必要对证据概念作出规定[①]，证据的概念是一个纯粹的学术问题，在证据法中确定证据的概念，对规范办案人员的证据运用活动方面没有实质的意义[②]。国外的相关立法除俄罗斯外都没有对证据的定义作出规定，而是避开证据定义，代之以证据裁判原则的规定。当下中国实务界对证据概念的认定，主要源于法律上的规定。2012 年修订的《中华人民共和国刑事诉讼法》（以下简称《刑事诉讼法》）和之后相继修改的《中华人民共和国民事诉讼法》（以下简称《民事诉讼法》）、《中华人民共和国行政诉讼法》（以下简称《行政诉讼法》）中关于证据一章的规定中都有关于何为证据的相关规定。《刑事诉讼法》第 48 条作了详尽的阐述：可以用于证明案件事实的材料，都是证据。证据包括：①物证；②书证；③证人证言；④被害人陈述；⑤犯罪嫌疑人、被告人供述和辩解；⑥鉴定意见；⑦勘验、检查、辨认、侦查实验等笔录；⑧视听资料、电子数据。证据必须经过查证属实，才能作为定案的根据。据此，中国形成了以《刑事诉讼法》为核心的关于证据概念的认识，即“证据是用于证明案件事实的材料”。但是，在理论界关于证据概念的认识仍是存在争议的，目前关于证据的概念这个历久弥新的问题的研究主要包括“事实说”“材料说”“根据说”“统一说”等不同观点。

一、“事实说”

“事实说”认为证据是指在诉讼上具有查明案件真相之作用的事实。该学说源于我国《刑事诉讼法》（1979 年、1996 年）第 42 条的规定：“证明案件真实情况的一切事实，都是证据。”“证据必须经过查证属实，才能作为定案的根据”。之后的三大诉讼法统一了该观点，都认为证据是证明案件事实情况的一切事实。此学说在我国学界影响最大，一直占据主导地位，几乎成为通说。从 20 世纪末开始，有学者对此学说进行反思，形成了“事实说”和“反事实说”之争。二者之间的争议焦点主要在于证据的真假问题，即在《刑事诉讼法》第 42 条出现的“证据必须经过查证属实”。具体体现为：第一，“事实说”的证据定义必然存在证据必真带来的解释难题。也就是说，事实必是真实的，证据是事

---

① 王俊在《为什么反对在立法中规定证据的概念？——诉讼证据概念的多元视角分析》中认为在我们认识证据的过程中，因为认识主体所处的观察角度的变动，让证据呈现出一种跳跃状态，在一个诉讼过程中，主观的客观证据和客观的主观证据交替出现。证据本身的多维性决定了无论哪一个学说都会因其所处的独特角度而让人相信其合理性，但每一个学说的缺陷也难以避免。从实践的角度来看，我们没有必要对证据概念直接作出规定，关键在于制定系统、细致、全面、实用的诉讼证据规则。

② 陈瑞华：《证据的概念与法定种类》，《法律适用》2012 年第 1 期，第 30 页。

实，则证据必是属实的，不属实者不是证据；任何证据的真实性无须查证。第二，无法合理解释任何案件审理中都有可能蕴含的“假证据”问题。第三，基于“事实说”的定义将导致证据与案件主要事实的重合。

在“事实说”与“反事实说”的争论中，也有学者提出“事实说”在逻辑上存在的问题是完全可以解释的，其有存在的合理性。第一，关于事实必真引起的证据必真，无须审查的问题。学者认为原本的事实不存在真假，当我们谈论某一事实时，已涉及命题，即通过某个陈述句来断定某个事实，该事实已非原本的事实，而是言说中的事实，是陈述、命题所指向的事实，是人们观念中的事物。作为观念事物的事实实质上是被主张的事实，可以命题形式加以肯定或否定，即被主张的事实可能存在，也可能不存在。我们对被主张的事实作存在或不存在查证时，实际上是对表示被主张的事实的命题的真假作出判断。所以将“事实说”中的“事实”用“事实”所意指的“事物、事态具有的性质、关系”来替代时，就不会出现“证据必真”的诘难。第二，当我们认定证据定义是某种命题时，“假证据”的存在也是可能的。当我们用某个陈述句来表达、断定某个事实时，该“事实”已经蕴含了陈述人的感知，其所主张的证据事实如果不存在，可称其为假证据，这种情况也是具有极高可能性的[①]。“事实说”的支持者认为“事实是由事实材料和事实陈述构成：事实材料是事实的载体，包括事和物；事实陈述则是认识主体对事实材料所具有的性质或所具有的联系的如实陈述”。“证据本身就是‘事实’的一种形态，如果说案件事实是一个整体，证据事实就是其中的一部分。”[②]

二、“材料说”

《辞海》中对证据一词的解释为：“法律用语，据以认定案件的材料。”[③]2012 年重新修订的《刑事诉讼法》沿袭了《辞海》关于证据的认定，改变了我国传统对证据的定义，“事实说”在我国立法层面的地位被改动。根据新修订的《刑事诉讼法》第 48 条规定：可以用于证明案件事实的材料，都是证据。证据包括：①物证；②书证；③证人证言；④被害人陈述；⑤犯罪嫌疑人、被告人供述和辩解；⑥鉴定意见；⑦勘验、检查、辨认、侦查实验等笔录；⑧视听资料、电子数据。证据必须经过查证属实，才能作为定案的根据。

“材料说”使用中性的“材料”一词给证据定位，一方面，表明学者们不赞成把证据界定为事实的观点，是对传统“事实说”中不合理认识的承认和修改，将证据事实修改为证据材料，实现了关于证据定义的法条中三款规定的逻辑统一；另一方面，也体现了这些学者在证据概念上回避证据真实性的良苦用心。

三、“根据说”

“根据说”是指证据是证明案件事实的根据。我国有些学者认为证据就是证明的根据，

---

① 宋振武：《传统证据概念的拓展性分析》，《中国社会科学》2009 年第 5 期，第 145 页。

② 张志铭：《法理思考的印迹》，北京：中国政法大学出版社，2003 年，第 431 页。

③ 辞海编辑委员会编：《辞海》，上海：上海辞书出版社，1979 年，第 384 页。

是证明与法律事务有关之事实存在与否的根据[①]。“根据说”具有相对合理性，所谓证据法中的证据就是指证明案件事实或者与法律事务有关之事实存在与否的根据。无论这“根据”是真是假或半假半真，它都是证据；无论这“证据”是否被法庭采信，它都是证据[②]。也有学者认为证据是“用来证明案件事实情况，正确处理案件的根据”[③]。最高人民法院在1984年8月30日通过的《最高人民法院关于贯彻执行〈民事诉讼法（试行）〉若干问题的意见》中也采用了该观点，认为“证据是查明和确定案件真实情况的根据”。

四、“统一说”

“统一说”认为证据是证据内容和证据形式的统一。例如，“从科学的观点来看，在诉讼证据中，形式和内容是辩证统一的。内容，就是事实材料，也就是有关事实的情况；而诉讼证据的形式，则是证据手段”[④]。也有学者认为“证据是由内容和形式共同构成的。证据的内容即事实材料，亦即案件事实的相关情况；证据的形式，又称为证明手段，是证据的种种表现形式。证据乃是事实与证明手段的统一体”[⑤]。

在我国对证据的研究中，不论是长期占据统治地位的“事实说”，还是新兴的“材料说”，以及其他各类研究，都有各自的理论体系，反映出不同的学者对证据问题的不同认识。但同时也存在着各自的弊端和缺陷。

“事实说”认为证据是证明案件真实情况的一切事实，证据必须查证属实。作为一种带有意识形态色彩以及长期处于权威地位的理论观点，“事实说”有其强大的理论根基和合理性，而研究“事实说”的缺陷更有利于建立合理的证据概念。

“事实说”的第一大缺陷在于将证据等同于事实，而实质上证据是事实背后的支撑。一般来讲，任何案件发生后都会对自然界带来如书面文件、痕迹等客观变化，或被某些设备拍摄形成材料，或被某些人看到、听到、感知到，而后被无意识或有意识地加工，形成记忆。这些记载与案件相关信息的材料未被案件当事人或司法人员搜集调查之前无法进入司法程序，自然也无法成为证据，但不可否认它是一种先验的客观事实。这种客观事实无法全部进入当事人或司法人员的认识领域，只能有一部分在诉讼程序启动后，通过当事人或司法人员的搜集、调查进入司法人员的视野，有可能以法定的形式如书证、物证、鉴定意见等呈现在法庭上。但此时的“事实”已非原来完整的事实，仅是经过选择、加工后对原来的客观事实片段性呈现的主观事实。这些主观事实以证据的形式出现在案件审理中，司法人员通过对其记载信息的分析和判断，辅之以经验、逻辑推理等，排除矛盾、去伪存真，以真实性、合法性和关联性为准绳，形成了对案件事实的还原和认定。所以在每个案件的审理过程中，不论“客观事实”还是“主观事实”，或是“案件事实”，都是以证据所承载的信息为核心进行还原和判断的，证据是“恢复”这些事实的依据，证据并不等同于这些事实。

---

① 何家弘：《让证据走下人造的神坛——试析证据概念的误区》，《法学研究》1999年第5期，第104页。

② 何家弘、刘品新：《证据法学》，北京：法律出版社，2013年，第5版，第109页。

③ 杨荣新主编：《民事诉讼法教程》，北京：中国政法大学出版社，1991年，第210页。

④〔苏〕A. A. 多勃罗沃里斯基，等：《苏维埃民事诉讼》，李衍译，北京：法律出版社，1985年，第198页。

⑤ 陈光中主编：《证据法学》，北京：法律出版社，2013年，第142页。

“事实说”的第二大缺陷在于混淆了“证据”与“定案依据”。当我们假定证据是事实时，意味着法官必须依据证据对案件形成判决，这一认定否定了法庭庭审过程的独立价值，即我们可以不经过法庭的举证、质证和辩论，直接认定证据的证明力。为了弥补这一缺陷，法律又规定“证据必须查证属实，才能成为定案的依据”，这种自相矛盾、不能自圆其说的概念解释，更加混淆了我们对证据的认识。在案件审理中，通过对证据的举证、质证、辩论等过程，形成了法官对案件的“定案依据”，即“定案依据”是证据运用的结果，是法院对证据进行资格和条件审查后形成的判决案件的依据。

“事实说”的第三个缺陷在于法律规定“证据必须查证属实”，而根据我们对证据属性的研究，“属实”即真实性仅仅是证据的特性之一，如果我们仅凭此就形成对证据的认识，则意味着有可能真实存在的被伪造的材料成为合法的证据引导案件的审理和判决。

“事实说”的第四个缺陷是该学说对证据的定性模糊了证据概念的“中性”立场。诉讼中，任何人都可以使用证据，此处的任何人包含了我们普适的价值观中认为的好人、坏人，此处的证据一词也包含了可能是真实的，也有可能是颠倒黑白的、虚假的、真假掺杂的证据。所以证据本身并没有真假善恶的价值取向，而是具有中立性。但是当我们认为证据是“事实”，尤其是原《刑事诉讼法》中认为证据是“证明案件真实情况的一切事实”时，意味着我们认为证据必须是真实的，排除了真假掺杂和虚假的证据。根据认识论的理解和司法实践的情况来看，我们无法绝对地把不真实的东西排除在证据的范畴之外，“不属实者非证据”存在的空间是极其狭小的，在任何一个案件的审理中都存在着虚假证据的可能性，每一个具体的证据都有可能是真假掺杂的。毫无疑问，用一个没有任何价值取向的中性词语，如“材料”“根据”等来代替“事实”一词对证据进行定义，更具有合理性和可行性。

“材料说”虽然在《刑事诉讼法》中被确立，随后在《民事诉讼法》和《行政诉讼法》中得到了再次确认，但“材料说”本身也存在着一定的不足之处。

第一，“材料说”更多地侧重于对书证、物证、鉴定意见、勘验笔录、视听资料、电子数据等庭审前已经形成和发现的实物证据以及当事人陈述、证人证言等记录在案的笔录类证据的使用，忽略了庭审过程中当庭形成的言词证据的重要性和特殊性。“材料”一词一般指“可以直接造成成品的东西”，注重外在的表现形式。立法者认为证据都是以“可以直接造成成品”的形式出现的，如实物证据和事先形成的笔录材料。但在实践中，案件当事人往往在庭审中的陈述不同于事先形成的笔录材料，法院不可以想当然地采纳事先的笔录，而忽略当庭陈述。“材料”一词在选取使用时忽略了当事人当庭陈述等言词证据。

第二，“材料说”不能对司法实践中经常使用的“情态证据”等证据内容进行表达。情态证据是指证人在作证时的非语言情态，包括证人的姿态、外貌、面部表情、身体语言、声音语调等，事实认定者认为可以借助情态证据对证人证言的可靠性作出判断①。

第三，“材料说”再次强调了证据的法定形式，认为任何证据都必须以法定形式出现。对此，我们认为有必要进行讨论。根据法律对证据法的定义可以得出任何一个证据都必须

① 龙宗智：《进步及其局限——由证据制度调整的观察》，《政法论坛》2012年第5期，第4页。

以法定的形式展现出来，不具备法定形式不可以成为证据，但实践中对证据的使用不同于此处关于证据的认定。例如，法官在对每一个具体案件进行审理的过程中，根据需要不可避免地会使用一些具有客观真实性的、不存在合理争议的事实来对案件进行证明，即我们常说的司法认知。这些事实也是对案件进行证明时庞大的证据体系的构成部分，但显然其不属于证据的法定形式，根据证据的定义，不可以成为证据来证明案件。而实际上，任何一个免证事实虽然不以“材料”的形式出现，但其已经固化于人的头脑中。

第四，“材料说”沿袭“事实说”的观点，认为证据必须是证明“案件事实”的。实践中，任何一个证据都只是对案件中某一个事实片段的恢复，较少会有一个证据反映了全部的案件内容。所有证据相互叠加、印证，辅之以法官的经验、免证的事实等最终才形成了带有法官主观特性的“案件事实”。所以，证据只是形成了一个庞大的“证据事实”体系，只有经过法官的逻辑分析、挑拣选择淘汰后才形成最终的“定案依据”来证明“案件事实”。“材料说”尽管被法律所确定，但其还是忽略了言词证据在案件中的重要性，对证据的形式范围规定过于狭窄，混淆了“证据事实”与“案件事实”，我们对“材料说”的认识仍需反思。

从理论意义来讲，在我国，各类诉讼法已经对证据的种类作了严格的规定，而且不允许将法定载体之外的证据类型作为诉讼证据使用，即我国对证据的分类采取封闭式的体系。一般来讲，只有在开放式的分类体系下，对证据的概念进行严格限定，才能够筛选出符合证据条件而法律未作规定的证据载体用作诉讼证据。在封闭式的分类体系下无须对证据概念进行详细的描述，即使进行描述也有可能因为视角的不同、研究目的的不同等原因出现“以偏概全”等情况，陷入“出力不讨好”的僵局。从实践意义来讲，证据是证据资料和证据方法的统一。我国在长期的对证据概念的研究中，是从静态的角度出发的，但在实践中，证据既包括最常见的书证、物证等静态的证据材料，又包括大量的言词、专家鉴定、现场勘验等通过动态方式取得的证据材料。所以，所谓证据应当是静态与动态的结合，既包括证据资料，也包括证据方法。证据资料是证据的内容，是有可能与案件直接或间接相关的信息；证据方法是证据的载体，包含人的证据方法和物的证据方法，是探求信息内容的调查手段。例如，代书人制作代书遗嘱后形成的对代书遗嘱的记忆是证据资料，而传唤代书人为证人作证，是探求证据资料的调查方法。又如，交通肇事的现场及其遗留的与事故相关的资讯是证据资料，现场勘验和专家鉴定则是取得相关资讯的证据方法。

第二节　证据的属性

证据的属性是证据概念的具体化和标准化，是判断是否为证据的基本条件的聚合。中国学者对证据属性的争论一直存在，曾先后提出了客观性、关联性、合法性、可采性、真实性、两面性等不同的观点，其中长期占据通说地位的是包括客观性、关联性和合法性的“三性说”。2015 年《最高人民法院关于适用〈中华人民共和国民事诉讼法〉的解释》(以下简称《民事诉讼法司法解释》)第104条规定：人民法院应当组织当事人围绕证据的真实性、合法性以及与待证事实的关联性进行质证，并针对证据有无证明力和证明力大小进行说明和辩论。能够反映案件真实情况、与待证事实相关联、来源和形式符合法律规定的证据，应当作为认定案件事实的根据。从立法层面规定了中国证据应具有真实性、合法性和关联性。如今，随着国外证据法学研究对中国的影响，大陆法系中证据能力和证明力的概念、英美证据法中关联性和可采性的概念也冲击着中国传统的对证据属性的认识。因此，有必要对证据属性进行细致的研究，这不仅可以澄清证据属性问题，形成共识，而且有利于夯实证据法学的理论体系，为证据法学的国际交流提供话语平台。

一、证据能力和证明力

证据能力和证明力是出自大陆法系国家的法律概念，近年来在我国有关证据属性的传统理论不断受到各种诘难时，也有学者转换视角，提出用证据能力和证明力替代传统的证据“三性说”。一般认为，证据能力与传统的证据合法性相关，是通过剥夺那些不具有合法性的证据材料的证据资格，排除其进入诉讼程序；而证明力与证据客观性和关联性相通，是在确定证据资格即证明能力的基础上对证据对案件证明力度的把握。证明力的有无取决于证据是否具有关联性、真实性和合法性，故某个证据具有证据能力就同时具有证明力。证明力之大小取决于关联性之强弱、真实性之高低和违法性之大小。证据能力是关于证据的“质”的规定性，而证明力是关于证据的“量”的规定性[①]。或者可以讲，证据能力是形式上的证据力，它表现为证据形式上的资格；而证明力则是实质上的证据力，它表现为证据实质上的价值[②]。

（一）证据能力

证据能力是指某一事实材料能否为法律所允许采用而成为诉讼证据的条件或者资格，又称为“证据资格”“证据适格性”。但关于证据能力、证据适格性、证据资格、证据许容性等概念的表述其内涵是否相同，在理论界仍存在争议。例如，我国台湾学者林长田教授认为，证据能力，亦称证据资格，或称证据适格性，是指具有可作为严格证明系争的实体法事实的资料的能力，也就是说，某种资料具有可作为证据的能力[③]。日本学者高桥宏志教授认为，某一有形物能够作为证据方法来使用的资质叫作证据能力。日本学者三月章教授认为，将一定的证据“资料”用于事实认定时所取得的资格叫作证据能力[④]。但我国台湾学者李学灯教授提出：“许容性”与“证据能力”之间存在差异，这种差异似与当事人主义和职权主义有关。证据的许容性，与有无证据能力，其范围有时并非完全一致。无证据能力固然无可受许容为证据的资格。虽然有证据能力，有时因法

① 邵明：《正当程序中的实现真实——民事诉讼证明法理之现代阐释》，北京：法律出版社，2009年，第210页。

② 毕玉谦：《证据制度的核心基础理论》，北京：北京大学出版社，2013年，第385页。

③ 林长田：《刑事诉讼法》，台北：三民书局股份有限公司，1990年，第204页。

④〔日〕高桥宏志：《重点讲义民事诉讼法》，张卫平、许可译，北京：法律出版社，2007年，第27页。

官的自由裁量，也可不予容许[①]。

证据能力作为大陆法系证据法学的原理，其发展、内涵与大陆法系职权主义审理模式和证明的划分种类不无关系。职权主义模式之下，法官对于证据的审查判断因为证据能力理论的诞生由完全的自由心证代之以受限制的或相对的自由心证。同时，大陆法系证据采用严格证明与自由证明的划分[②]。证据能力则是严格证明的产物，是法律上所要求的在诉讼上可利用为证据资料的资格，某一证据有无证明能力，原则上是由法律作出规定的，法官不能自由判断。所以，证据能力理论的出现及其作用的发挥，体现了立法者对法官选取、采纳证据能动性的有力约束与制衡，是立法权对司法权的钳制。同时，证据能力理论的提出也改变了证据制度中人们对证明标准的认识，之前以追求客观真实为核心的证明标准逐渐被法律真实所替代。或者可以认为，人们回归到以尽可能发现和接近客观真实的现实主义的证明标准的范畴中。

法律对证据能力的规范，大多通过消极规制的方法进行，即对无证据能力或者其能力受限制的情形进行规定。“证据能力所应研究者，并非证据能力本身之问题，乃证据能力之否定或限制之问题。”[③]基于职权主义模式的影响，大陆法系国家关于证据能力的限制较少，一般能够对案件起证明作用的证据资料都有资格进入诉讼程序，由法官依职权进行认定。随着证据制度理论研究的深入，为了避免任由法官在证据证明能力确定方面的自由心证可能带来的关于证据认定的正确性方面存在的危险，大多数采取职权主义的国家对证据能力也有所限制，具体包括以下几个方面：第一，直接审理原则。除法律有特别规定外，任何认定案件事实的证据必须经直接审理而得，否则不能成为定案依据。第二，任意性法则。被告人的非任意性自白不具有证据能力。第三，关联性法则。证据是否具有证明能力，应以其与待证事实之间是否有关联性为判断前提，缺乏关联性的，则不具有证据能力。第四，传闻规则。除非法律有特别规定，传闻证据一般因无法保障对方当事人的质疑权、反驳权等，也被认为不具有证据能力。第五，合法性法则。若法律对某项证据资料的取得规定了具体方法或者必须具备的要件，未具备法定方式或要件的，即为非法证据，不具有证据能力。第六，意见法则。意见法则主要针对供述证据，供述证据分为体验供述与意见供述两种。体验供述是供述人就其亲身体验之事所作的供述，最典型的体验供述是证人证言。一般证人只能供述其亲身看、听、闻等的感受，不可以就感受之事发表自己的意见和推理，因为这属于法官的专属职权。所以，单纯的证人推理性体验供述不具有证据能力；如果所涉事实的供述中夹杂了意见，必须根据具体情况由法官作出是否具有证据能力的判断。意见供述主要是指鉴定人就某专业问题结合自身的专业知识和科学经验所作出的具有科学性的专业推理。意见供述一般在符合法定的程序和条件后便具有证据能力，如鉴定人的资质、鉴定人出庭接受质证等。

---

① 李学灯：《证据法比较研究》，台北：五南图书出版股份有限公司，1992 年，第 468 页。

② 所谓严格证明，是指在庭审过程中就有关案件待证事实的调查，须在法律规定所准许的证据资料或证据方法范围内，按照法律规定的调查证据程序进行，证据才能取得相应的证据能力。所谓自由证明，是指主要适用于实体审理所涉及的待证事实以外的程序性事项的证明，它并不局限于有关诉讼法所规定的证据资料或者证明方法的适用范围，也不限于调查证据程序的应用范围。

③ 陈朴生：《刑事证据法》，台北：三民书局股份有限公司，1979 年，第 249 页。

德国对证据能力进行了详细的规范，其主要通过“证据禁止”理论对证据能力进行处理。证据禁止理论是用以处理违法取证推论应否禁止使用的理论，该理论最早由德国图宾根大学恩斯特·贝林教授在1902年提出。贝林教授最初意义上的证据禁止是指刑事诉讼程序中以发现真实作为最高指导原则的一贯立场必须加以更正。因对人民权利的保障，法院在追求真实过程中也不可完全将证据能力置之度外，应予以相当的注意，对于侦查机关采取非法手段取得的证据，法院不得加以利用。但是贝林的证据禁止理论发展得并非一帆风顺，从最初的理论界学者关于证据禁止的内涵和范围有争议、实务界对违法取得的证据仍认为无碍其具有的证据资格可被采用，到1950年德国《刑事诉讼法》的修订确立了证据禁止理论在立法上获得明确的确认，再到现在该理论的蓬勃发展，民主与法治建设的发展及人权保障体系与制度的建设与完善为证据禁止理论提供了完美的生存背景。现代社会中，证据禁止理论所要确立的是刑事诉讼法上应禁止不计代价、不择手段、不问是非的真实发现。发现真实不再是当今刑事诉讼法的“帝王条款”。在民事诉讼和行政诉讼程序中，证据禁止理论也同样得到有条件的使用。证据禁止是指禁止对特定证据的收集、取得、起诉或者采用的法则，不仅限制国家机关基于职权发现事实真相的义务，并且同时设定法官自由心证原则的外在界限①。证据禁止包括证据取得禁止和证据使用禁止。证据取得的禁止是一种程序性规范，主要规范国家追诉机关在寻找、收集、保全证据等证据取得过程中的行为，是一种证据收集与调查的程序性条件。证据使用禁止也称证据排除，主要在于禁止法院将已经取得的特定证据作为裁判的基础，即符合证据使用禁止范围的证据，因欠缺证据能力的消极要件而不得作为裁判的基础。证据使用禁止是真正意义上的证据规范，它是基于人权保护，从证据特性出发，由法官自由裁量某一证据能否作为定案依据的资格②。

（二）证明力

证明力又称证据力、证据价值，是对证据对待证事实证明作用的大小的判断，其与证据能力是一对相辅相成的概念。就某一证据资料而言，证明力的存在是以具有证据能力为前提的，根据法律的规定，该证据资料具有证据能力后，允许法官根据自由心证对证据资料作出对证明某种待证事实是否具有实质上的价值判断。证明力是证据对案件事实的证明是否具有以及具有多大程度的证明作用的判断。具有证据能力的证据进入法官视野后，法官需要根据该证据与案件的关联程度对证明力的大小作出认定。“如果说，证据能力主要表现在证据的合法性上的话，那么，证明力问题就在很大程度上取决于未凸显于法律规范的证据的相关性。”③证据证明力制度的历史演变反映了法官判断证据、认识与案件相关的事实时应处于何种认识状态，其经历了从起初的法定证据制度到现在的自由心证证据制度的变化。

法定证据制度和理论萌芽于罗马帝国时期，中经意大利注释法学派的阐释和系统

① 林钰雄：《刑事诉讼法》（上册，总论编），北京：中国人民大学出版社，2005年，第422-423页。
② 毕玉谦：《证据制度的核心基础理论》，北京：北京大学出版社，2013年，第377-381页。
③ 汪建成：《理想与现实——刑事证据理论的新探索》，北京：北京大学出版社，2006年，第10-11页。

化，后通过西欧大陆封建国家诉讼制度的普及和发展，在中世纪后期的欧洲国家得到盛行，于16~18世纪最为发达，欧洲大多数国家通过诉讼法典的形式确定了该证据审查制度，如1532年德国《加洛林纳法典》、1853年《奥地利刑事诉讼法》、1857年《俄罗斯帝国法规全书》等。法定证据制度又称形式证据制度，是指由法律预先明文规定证据证明力的大小及取舍和运用，法官在案件审理过程中不得超出法律规定自由判断。也就是说，每一项证据的证明力在所有案件中都是有规定的，作为“自动售货机”的法官在案件审理过程中，只需要被动地严格按照法律规定，如同演算数学公式一样机械地根据证据规则计算证据的证明力，据此判断证据、认定事实，没有自由选择的权利。

法定证据制度在不同的国家和不同的历史时期具有不同的内容，而成熟的法定证据制度一般包括以下内容：第一，各种证据的证明力及证据的收集和判断，均由法律预先明确规定，法官不得自由裁量。第二，证据的形式化。根据欧洲中世纪后期各国法典的规定，证据可以分为完善的和不完善的，或完全的和不完全的。不完全的证据包括折半证据、四分之一证据等。例如，1857年《俄罗斯帝国法规全书》规定，以下证据为完善的证据：①受审人的自白；②书面证据；③亲自勘验；④具有专门知识的人的证明；⑤证人证言。以下证据为不完全或不完善的证据：①受审人相互间的攀供；②询问四邻所得知的关于犯罪嫌疑人的个人情况和行为；③实施犯罪性的要件；④表白自己的宣誓。法官演算被数字化的证据，通过算术认定证据和事实。第三，证据的等级化。提供证据者的政治地位、社会等级等不同，其提供的证据的证明力也不同，如贵族证言高于平民证言、男子证言高于女子证言、教士证言高于俗人证言等。第四，证据种类单一，刑讯逼供合法化。在中世纪的社会背景下，证据主要以人证为主，物证和书证并不是认定证据的主要方式，人证中的“当事人自白”被称为是“完全证据”“证据之王”，在单一的证据制度下，刑讯逼供获取口供成为最常见的收集证据的手段。第五，对最终的事实认定，尤其是对罪则的认定和刑罚的宣告规定了严苛的证据要件。例如，1532年德国《加洛林纳法典》规定，能够认定有罪并科以刑罚的只能是三种情况：两名以上目击证人关于犯罪主要事实的一致证言；经过合法程序获得的被告自白；现行犯在实行犯罪时被当场捕获并持有凶器或赃物，经过刑讯仍不自白[①]。

法定证据制度取代神示证据制度，将证据从原来的与案件基本没有任何关联性回归至理性裁判，通过严苛的法律规定，强调规则的使用，避免了法官在证据搜集和认定时的恣意专断，顺应了集权制国家建立的需要，有利于国家权力的集中，为西方经济的自由贸易提供了法律支援。但是，法定证据制度最大的缺陷在于过于机械化和教条化，以法定形式将证据证明力决定化，忽略了个案的不同，限制了法官的主观能动性，完全抹杀了法官对案件的主动理性分析。同时，其允许用刑讯逼供的方式获取证言，不仅存在裁判违背客观事实的嫌疑，而且侵犯了被询问人的基本人权。

随着社会的发展，法定证据制度的弊端日益暴露，逐渐被更具有理性色彩的自由心证证据制度取代。18世纪至19世纪初，科学技术的进步使法医学、弹道学等科学鉴定证据的学科诞生并得到了长足的发展，物证逐渐替代人证成为诉讼中最重要的证据形式。

---

① 邵明：《正当程序中的实现真实——民事诉讼证明法理之现代阐释》，北京：法律出版社，2009年，第128-129页。

同时欧洲许多国家也发生了诉讼模式的改革，传统的纠问式审判模式逐渐被辩论式审判模式所代替，当事人双方平等行使诉讼权利、搜集证据；法官居中裁判，通过稳固的三角形式的控辩模式，保障了当事人的诉讼权利，也避免了法官的恣意专断。在辩论式诉讼模式过程中，法定证据制度下法官专断制约的优势不能得到发挥，而其遏制法官主观能动性的弊端却越发明显，需要一种适应法官根据具体案件事实，结合自身经验、良知、逻辑来查明案件事实的证据制度，自由心证证据制度应运而生。1790 年 12 月 26 日，法国议员杜波尔向议会提出革新草案，建议用自由心证制度替代法定证据制度，1791 年 1 月 18 日草案通过，9 月 29 日法国宪法会议发布训令明确宣布：法官必须以自己的自由心证作为判决的唯一根据。1808 年《法兰西刑事诉讼法典》率先规定了自由心证证据制度[①]。之后，1865 年意大利《刑事诉讼法》、1877 年德国《刑事诉讼法》等都规定了自由心证证据制度。19 世纪下半叶自由心证证据制度已被大陆法系主要国家承认。自由心证证据制度作为法定证据制度的直接否定物，第一次完整地赋予法官独立的司法审判权，其产生被认为是西方法制现代化的标志之一。

自由心证证据制度是指法律不预先设定机械的规则来指示和约束法官，而由法官根据具体案情，依据经验法则、证据规定、证据规则、逻辑规则和自己的理性良知等，独立自由地判断证据并认定事实的制度。自由心证证据制度将证据证明力的判断委于法官经过严格的庭审程序后，作出证明力有无及大小的判断，是在正确认识客观真实具有无法重现性和证据本身的复杂性的基础上的。因为“盖证据，千态万种，其价值亦各有差别，本难以法律定期选择标准……之所以许证据证明力之判断，不受法律之拘束，一任裁判官之自由者，盖鉴于法定证据主义，仅具有形式的合理性。为求发现实体的真实，须凭具有具体的合理性之证据。为确保具体的合理性，以出于裁判官之理性之自由判断，为其最妥方法”[②]。

但是，自由心证并不意味着对法官在判断证据证明力时没有任何的约束力，任何自由都必须是法院“依照健全的理性对有证据能力的证据进行审查、鉴别并结合论理规则和经验规则进行判断而形成结论，强调判断过程和判断结果的合理性”[③]。自由心证证据制度中对法官“自由”的限制主要表现在：第一，证据裁判主义。任何裁判的作出都必须是在经过双方质证的证据的基础之上的，无证据无裁判。法官不能仅凭借“辩论的全意旨”来认定事实，“证据调查的全部结果”是法官自由心证形成的原因和判决的基础。第二，证据的证据能力是证明力的基础。具有证据能力的证据圈定了成为法官判断证明力的证据的范围，对于由于各种原因不具有证据能力的证据材料，法官是无法进行证明力的鉴别的。是否具有证据能力一般是由法律进行规定的，所以首先依照法律判断证据

---

① 1808 年《法兰西刑事诉讼法典》第 342 条规定：法律不要求陪审法官讲出他们建立确信的方法；法律不给他们预定一些规则，使他们必须按照这些规则来决定证据是不是完全和充分；法律所规定的是要他们集中精神，在自己良心的深处探求对于控方提出的反对被告人的证据和被告人的辩护手段在自己理性里发生什么印象。法律不向他们说：“你们应当把多少证人所证明的每一个事实认为是真实的。”法律也不对他们说：“你们不要把那些未经某种口头证言、某种文件、某些证人或其他证据支持的证据视为充分的证明。”法律只是向他们提出一个能够概括他们职务上全部尺度的问题：“你们真诚地确信吗？”该条规定被认为是法官自由心证的古典公式。

② 陈朴生：《刑事证据法》，台北：三民书局股份有限公司，1979 年，第 574 页。

③ 沈德咏主编：《刑事证据制度与理论》，北京：法律出版社，2002 年，第 359 页。

能力，而后由法官依据自由心证判断证明力，这也是对法官自由心证进行的有效约束。第三，心证公开。裁判者必须以裁判书的形式将心证的过程、理由、结果向当事人和社会公众公开，以接受社会各界对其“自由”的监督[①]。为保障法官自由心证的自由，同时防止法官过度自由、恣意判断，在诉讼的不同阶段建构不同的制度对法官心证进行保障和约束。例如，法官心证形成前的司法独立、法官资格限制等制度，法官心证形成过程中的审批公开、回避制度、合议制、证明标准等制度，法官心证形成后的事后审查等制度。

证据能力和证明力作为对证据进行审查时必须考量的因素，二者相互制约和影响。证据能力并非证据本身固有的属性，是根据法律的规定外加于证据之上的主观属性；证明力是证据固有的客观属性，是证据客观性和关联性的反映。具有证据能力的证据在符合法定程序、对案件事实具有证明意义后才能对其证明力进行判断，所以证据能力对证明力具有限制作用。大多数国家通过规制证据来源和形式、证据规则等不同的途径来实现证据能力对证明力的限制，从而达到保障证据质量的目的。

二、相关性和可采性[②]

相关性和可采性是英美法系国家对证据进行衡量的两个基本原则，也是证据必须具有的两个重要特征。一般来讲，法庭所采纳的证据必须是与案件事实相关的，不具有相关性的材料必然是不可采纳的。但是，由于各种原因，具有相关性的证据并不必然具有可采性，在排除法律的强制性规定和法官行使排除自由裁量权后，具有相关性的证据才能被采纳。

（一）证据的相关性

虽然相关性是英美法系国家证据法的基本概念之一，但是，在英国的成文证据法和普通法中都没有对何为证据的相关性作出明确的定义，这使人们对证据相关性的认识充满了灵活性、模糊性和不一致性。斯蒂芬在《证据法精要》中对证据相关性的论述被称为是具有经典性的论述：相关性意味着两项事实彼此之间是如此的紧密相关，以至于按照实际的通常进程，其中一项事实本身或与其他事实相联系，能证明另一事实在过去、现在或将来的存在或不存在，或增强其可能性。这一定义表明相关性具有如下特征：首先，相关性指的是证据和待证事实之间的关系。我们期待通过证据对已发生的事实进行证明，从而依据该事实对案件有一个尽可能清晰的再现，所有证据的相关性必须是在将该证据置于对案件争议事实讨论的前提下的分析判断。其次，相关性的判断依据是事件的通常进程，即关于事物的普遍性知识，如逻辑、经验和常识等。世界是纷繁复杂的，法律无法为发生在其中的事件制定相关性标准，通常我们在判定事件的相关性时，会依据生活经验、人类普遍的行为规律、自然规律等具有常识性的知识。再次，对证据相关

① 叶青，等：《证据法学：问题与阐述》，北京：北京大学出版社，2012 年，第 38 页。

② 关于英美法系证据相关性和可采性的内容，较多地借鉴了齐树洁主编：《英国证据法》，厦门：厦门大学出版社，2014 年，第 2 版，第 88-108 页。

性的评估是多方面的，既可以单纯根据某一事实也可以结合其他事实对该证据的相关性进行判断。在每一起纠纷中证据都不是孤立存在的，其他证据往往对该证据的相关性起到印证；同时，证据只有形成完整的证据链条才能对案件事实作清晰的证明。最后，证据应该能够证明或者增加争议事实存在或不存在的可能性，即关于证据的相关性要求该证据在对案件事实进行证明时应达到“盖然性”标准，具有很大程度的可能性。

与英国不同，美国对相关性作了明文规定。美国《联邦证据规则》第 401 条规定：具有相关性的证据是指具有下述倾向的证据，即对于任何一项对诉讼裁判结果有影响的事实的存在，若有此证据将比缺乏此证据时更有可能或更无可能。1973 年西蒙勋爵将该相关性的理解实践并精练化，他认为：一项证据如果对待证事实存在与否具有逻辑上的证明作用则被认为具有相关性。根据法律的规定和学者的讨论，可以总结出，在美国实际上是用测试的方法对证据的相关性进行分析的，即在证据存疑时，我们可以假设如果没有该证据，待证事实存在或不存在的可能性是多大。建立这一指标后，结合其他证据或者有关法律规定后，待证事实存在或不存在的可能性是否发生了变化，如果发生变化，则这一证据具有相关性。2003 年斯泰因勋爵重述了西蒙勋爵的观点，并引申出关于相关度的概念：法官在裁决与相关性有关的可采性问题时，必须判断这个证据是否可以增加或减弱争议事实存在的可能性。

尽管学者们对相关性的认识存在各种讨论和争议，但作为一个实践性很强的概念，学者们都倾向于用一个较为简单的标准界定该问题，以期对司法实务有较好的指导。所以，英美法系国家关于证据相关性形成的一般理解为：每个证据都必须与案件围绕的争点具有关联性，该关联性可强、可弱，也可直接、可间接，不需要该证据具有自我充分性，也不必具有直接相关性，只要它通过和其他出示的证据比较显得具有相关性。证据相关性并不解决该证据是否能够被法庭采纳证明案件事实，其只解决程度问题，即证据相关性是个关系范畴的概念，必须与其他证据比较才能作出决定。对于相关性的判断是一个复杂的过程，在很大程度上依赖于法官的常识和经验，并需要结合严格的逻辑推理才可能形成有效的相关性判断。法官往往在相关度的把握上耗费较多的精力和时间，因为“使证据可采的相关度并不是标尺上的一个固定点，它将随着证据的性质而变化，特别是要考虑不方便、成本、迟延以及采信它的冲突局面”。

（二）证据的可采性

可采性决定了一项证据材料能否被法庭所接受，成为定案的依据。一般来讲，相关性是对证据材料的初步审查，依证据与事实之间的逻辑关系进行判断，相关性是可采性的基础；可采性是对证据的进一步审查，经过相关性审查的证据才会进行可采性的审查。与相关性依照经验、常识、逻辑判断的认定方法不同，可采性是一个法律问题，须由法官根据法定的证据规则来判定。而且作为现代意义上的证据可采性，与当事人主义的审判模式紧密相关，因为在庭审程序中，某一证据资料即使不具有可采性，除非当事人提出异议，否则法官不能主动援引可采性规则而排除该证据。甚至，当事人之间可以通过协商的方式决定放弃对特定证据资料的可采性提出异议。所以，在当事人对抗模式之下，证据可采性不仅是一种法官审查证据的条件，也是当事人之间平等对抗的武器。

证据可采性制度是英美法系国家在证据法上通常使用的术语，其出现和发展与英美法系陪审团制度的发展密不可分。自从1166年英国国王亨利二世颁布《加伦登法》确定在刑事诉讼中采用控告陪审团至今，陪审团制度已经有八百多年的历史，证据可采性也在这八百多年间逐渐演变和完善。在英美法系国家，所谓证据的可采性涉及何种证据应当准许进入审判程序，以供陪审团作为事实审理者进行评判，作为英国证据法的核心问题，其主要涉及三种基本来源：第一，英国普通法上的经过长期的审判实践所形成的判例法规则；第二，法院基于对宪法的解释所形成的规则；第三，通过制定专门的制定法所确定的规则。在美国可采性成为协调陪审团成员的非专业性以及纠纷一次性解决的标准，原则上要求进入庭审阶段的证明材料必须是最易于辨明事实真伪的矛盾的内在原因。美国形成了自己特有的可采性制度的一般原理：证据材料是否可以被法官交给陪审团认定，取决于该证明材料是否与案件中的待证事实有关联性、是否在受理案件的法院所适用的证据法所排斥的范围内，在审前会议中，法官认定与待证事实没有关联性或为证据法所排斥的证明材料不得进入庭审程序。法官此时充当着“看门人”的角色。从美国《联邦证据法》的规定来考察，证据可采性制度的架构由关联性规则、反传闻规则等具体规则以及各种证明方法的可采性规定构建而成①。澳大利亚在继承英美证据可采性制度的基础上，形成了关联性规则、传闻规则、意见证据规则、自认规则，判决和定罪判决证据的排除、倾向规则和耦合规则，可信性规则、识别证据排除规则，保密特权规则、非法证据排除规则、法院排除证据之自由裁量权等制度对证据的可采性进行规范。

看似各国法律对证据可采性的审查提供了大量的法律和规则，但是在实践中对证据可采性具体进行审查时并非如此简单，可能存在多重可采性或附条件的可采性等特殊情形。多重可采性是证据复杂性的具体表现之一，需要法官进行细致的分析，其指如果一项证据在某一方面具有相关性与可采性，而在另一方面却不具有，那么，从法律上讲，它在第一方面仍为可采。运用这一证据时，提出证据一方应强调该证据的可采之处；反对者应强调其可采性的受限，不可在其他方面使用该证据。附条件的可采性强调证据的可采性审查应是在全局的范围内，不能孤立地认定证据的相关性，导致影响其可采性的认定。因为有些证据孤立地看，它可能不具有相关性从而不被采纳，但是将其与其他证据一并考察则体现出其可采性。为了避免具有相互印证关系的证据材料因提出先后而影响其相关性的认定，法庭可有条件地接受前一项证据材料，如果根据之后的证据判断其具有相关性，则法庭必须考虑该证据；如果提交后一项证据后，其仍不具有可采性，则被排除。考虑到附条件的可采性的复杂特性，学者们倾向于求助证人和交叉询问，以确定相关性是否成立。

在英美法系国家，相关性和可采性如同证据的两层滤网，证据只有通过以下步骤才会被采纳：第一，证据是否与争议问题相关，如不相关，则无可采性；第二，具有相关性的证据是否受辖于某些证据排除规则，如选择“是”，则继续第三个步骤，如选择“否”，则进入第四个步骤；第三，受辖于证据排除规则的证据是否存在例外情形，如选择“是”，可继续进行第四个步骤，如选择“否”，则该证据不具有可采性；第四，证据是否会受法

① 张卫平主编：《外国民事证据制度研究》，北京：清华大学出版社，2003年，第189页。

官自由裁量排除，如选择“会”，则不可采，如选择“不会”，则可采。尤其是对法官自由排除裁量权，英美等国作出了相对清晰的规定。美国《联邦证据规则》第 403 条规定：虽然证据具有相关性，但是，若其证明价值实质上被下列因素超过，即导致不公正偏见、混淆争议或误导陪审团的危险，或者考虑到不适当拖延、浪费时间或不必要的出示重复证据，则仍然可以排除该证据。英国虽然没有像美国这样明确地罗列排除裁量权的考虑因素，但是也概括性地确定了排除裁量权。例如，英国《1998 年民事诉讼规则》第 32.1 条规定了法院主导证据之权力。第 1 款规定：法官可以通过对确定提供证据的事项、裁判上述事项所要求的证据，以及向法院提交证据的方式这三个事项进行指令从而对证据进行主导。第 2 款规定：法院根据本规则有权排除可采纳的证据。第 3 款规定：法院可以对交叉询问进行限制。这些规定确立了法官在民事程序中排除证据的自由裁量权。刑事诉讼领域虽然没有对裁量权进行准确的限定，但是实务界普遍认为应遵从两大原则，即证据的偏见性影响超过其证明价值和因对被告人不公正而排除证据。法官排除证据的偏见性影响超过其证明价值的证据裁量权已为诸多判例所确认，法官有确保被告人得到公正审判的义务，法官有权阻止对证据的不公正使用。如果证据的采信会导致事实认定者基于证据原本应该具有的证明力之外的其他理由而认定被告人有罪，那么，这类证据就可以视为是对被告人具有偏见影响的证据。

为了对被告人公正而排除证据，主要适用于对非法取得证据或者以其他不公正的方式取得证据的情形。《1984 年警察和刑事证据法》在两个法条中对法官的证据排除裁量权作了明确的规定。第 78 条规定：在任何程序中，如果法庭综合考虑包括证据获得的情形在内的所有情形，认为采纳该证据将对不采纳该证据时的公正程序产生不利影响，则法庭可以拒绝控方提交的证据。本条规定不影响其他任何要求法官排除证据的法律规定。第 82 条第 3 款规定：本法中任何规定不影响法官根据其裁量权排除证据，不论是通过禁止提问还是其他方式。

三、我国证据“三性说”：客观性、关联性和合法性

我国关于证据属性的长期讨论中，“三性说”一直居于通说地位，即客观性、关联性和合法性。围绕传统“三性说”出现了传统“两性说”、新“三性说”、新“两性说”等①。一般来讲，关于证据的关联性大家是达成共识的，认为关联性是证据当然的品格②。关于证据的客观性，学者们也认为证据具有客观性是其成为证据的必需，但在具有客观

---

① 传统“两性说”认为证据应具有客观性和关联性，它们是证据的内在本质属性，否定合法性。新“两性说”认为证据应具有关联性与合法性，否定证据的客观性。对于传统“两性说”和新“两性说”的分歧，笔者认为客观性和关联性是证据的内在本质属性，不会因为外在环境的变化而改变；合法性是证据的外在属性，立法者和司法者根据社会的发展和需要以及对证据价值的取向等的不同会呈现出不同的内容。新“三性说”认为证据应具有真实性、关联性和合法性。对真实性的关注是基于我国对证明标准是以追求“客观真实”还是“法律真实”为目标展开讨论形成的理论成果。具体表现为 2002 年 4 月 1 日实施的《最高人民法院关于民事诉讼证据的若干规定》第 50 条规定：质证时，当事人应当围绕证据的真实性、关联性、合法性，针对证据证明力有无以及证明力大小，进行质疑、说明与辩驳。2002 年 10 月 1 日施行的《最高人民法院关于行政诉讼证据若干问题的规定》第 39 条第 1 款规定：当事人应当围绕证据的关联性、合法性和真实性，针对证据有无证明效力以及证明效力大小，进行质证。

② 也有学者认为关联性并非证据本身的属性，而是一个关系范畴。

性特性的同时是否允许具有主观性，主观性和客观性在证据中如何表现出统一却争论不休。对于证据合法性的讨论也因为证明目的的客观真实性抑或法律真实性呈现出难以定性的状态。

（一）客观性

证据的客观性是指证据的内容必须是客观存在的事实。客观性是证据的本质属性，缺乏客观性是不能成为证据的，我们应当对客观性有一个全面的理解和认识。

理解证据的客观性首先应了解什么是客观。客观是与主观相对的哲学概念，具有两层含义：一是在意识之外，不依赖意识而存在；二是按照事物本来的面目去考察，不加任何偏见。所以证据客观性的理解应包含以下几个方面。

第一，证据的内容必须是客观的。这意味着证据必须是对客观事物的反映，证据具备客观存在的形式，该形式必须可以通过某种方式感知。任何一个证据所反映的内容首先是真实发生或必然会发生的事实，其存在于外在于人的意志的客观自然领域，这种事实的存在是不依赖于任何人的意志的，也不是任何人可以凭借自己的主观想象无端捏造的。从形式上来看，证据都是客观存在的东西，都有其客观的外在表现形式，都是看得见摸得着的东西。任何一个未表现出来的“潜在证据”必须具有客观表现形式这一不可缺少的条件才能转化为现实的证据[①]。理解证据的客观性应区别证据内容具有客观性和证据载体的客观性。任何一个证据都是内容和载体的结合，但二者的客观性的表现是不同的。例如，电子数据，其内容的客观性表现为该电子数据所反映和记载的内容必须是真实无疑的；其载体的客观性则是该电子数据可以通过某一特定的设备将其内容呈现在我们面前，而不是存在于虚无的网络世界。但是载体的客观性并不意味着内容的客观性，如证人证言是由证言内容和证人构成的统一体，证人作为该证据的载体，其存在无疑是客观的，但该客观特性并不意味着证言内容的客观。在关注证据客观性时应考虑的重点是证据的内容，并非证据的载体。

第二，证据的客观性不是一种必然的客观性，而是一种具有认识主体特性的客观性，是一种相对的客观性。任何一个证据不同于已经被确定的自然定律。自然定律是一种客观存在，不论是否被认识、被发现、被理解，都独立于人类的思维和语言而存在。但证据不同，证据的客观性绝非简单的逻辑语言可以表达的，其具有主体间性的特征，认识被视为不同主体之间的交流、论证，从而突破唯我的方法论，使唯我真理成为主体间真理；真理的标准从客体标准转变为说服、接受标准；客体的核心地位被理想交往的先验条件所取代，客体只是主体谈论的话题；认识的有效性根据由原来的终极根据转变为程序性条件[②]。所以证据内容的客观性可能因为认识证据、发掘证据的主体的不同呈现出不同的内容，但不论如何变化，其必须围绕证据内容是客观存在的事实，是已经发生或将来必然会发生的事实展开，任何证据必须过渡到主观性才具有实际存在的意义和价值，

---

① 何家弘：《让证据走下人造的神坛——试析证据概念的误区》，《法学研究》1999 年第 5 期，第 107 页。

② 陈莹、丛杭青：《证据概念的历史演变及其认识论重构》，《厦门大学学报》（哲学社会科学版）2011 年第 2 期，第 99 页。

才能被认识、被发现、被理解、被挑选、被质证、被认证。

第三，证据的客观性也表明案件事实的认定具有可靠性。人类认识案件事实的方法有很多，如神明裁判在神示证据时期是重要的事实认定方法。但是，在人类的历史发展长河中，只有证据才能避免主观主义、武断主义、片面主义、形式主义，真正实现以事实求证事实。因为任何发生过的事实都会以不同的形式，在客观世界或人类的精神世界留下各种印记或痕迹，这种印记和痕迹与已经发生的案件事实存在或强或弱的客观的内在联系，人类可以通过精神的力量和逻辑的力量发现这种客观的内在联系[①]。

（二）关联性

证据的关联性又称相关性，“是指证据必须与案件事实有实质性联系，从而对案件有证明作用。关联性是证据的一种客观属性，根源于证据事实同案件事实之间的客观联系，而不是办案人员的主观想象或者强加的联系，它是案件事实作用于客观事物以及有关人员所产生的”[②]。

从哲学的角度来看，任何客观事物之间都是普遍联系的，只不过联系的性质和程度各不相同。从这个意义上讲，任何证据与任何案件事实之间都有关联性。所以，关联性是一个看似简单但是很难用语言界定的概念。正如美国学者华尔兹教授所言：“……相关性实际上是一个很难用切实有效的方法界定的概念。相关性容易识别，但却不容易描述。”[③]

在司法实践中，主要从以下角度评价证据的关联性：第一，证据必须与案件事实具有客观联系。这是证据关联性的基础，不同于哲学意义上的有关事物是普遍联系的，关联性要求每一个证据的使用必须对案件事实或其他争议事实有确实的实际意义的帮助，这也可以称为证据的“证明性”。证据的证明性是有大有小、有强有弱的。第二，证据必须能够证明案件事实。首先，证据所证明的事实必须是涉案的待证事实，而非免证或推定事实；其次，证据对待证事实的查证能够起到明确的证明作用，而非给证明带来不必要的干扰和不确定性。或者应学习美国学者柴尔的观点，把握关联性的基本原则：第一，禁止接受一切无关联性的、不是逻辑上能作证明的东西；第二，一切属于逻辑上能作证明用的东西，除非某项法律原则或规则予以排除，一律应该采纳[④]。

把握证据的关联性并非易事，不仅需要丰富的法律知识，而且需要社会常识、生活经验等；不仅需要仔细辨别、检查、鉴定，而且需要缜密的逻辑思维，对办案人员来说，不是一日之功，是长期磨炼积累的成果。人们在具体的司法和执法活动中可以把证据的关联性分解为以下三个问题：第一，这个证据能够证明什么事实；第二，这个事实对解决案件中的争议问题有没有实质意义；第三，法律对这种关联性有没有具体的要求。以上三点分析或许可以帮助我们比较准确地把握具体证据的关联性[⑤]。

---

① 汤维建：《民事证据立法的理论立场》，北京：北京大学出版社，2008 年，第 5 页。

② 陈光中、徐静村主编：《刑事诉讼法学》，北京：中国政法大学出版社，1999 年，第 163 页。

③ 〔美〕乔恩 · R. 华尔兹：《刑事证据大全》，何家弘，等译，北京：中国人民公安大学出版社，1993 年，第 64 页。

④ 沈达明：《英美证据法》，北京：中信出版社，1996 年，第 17 页。

⑤ 何家弘、刘品新：《证据法学》，北京：法律出版社，2013 年，第 5 版，第 115 页。

（三）合法性

证据的合法性要求证据必须由具有法律规定的资质的主体严格依照法定程序搜集、固定、保全和认定。在证据理论研究领域，证据三性中的合法性是最具有争议的，实务界关于证据是否应具有合法性也直接决定证据是否能够被采纳。我国传统“两性说”和传统“三性说”的区别就在于证据是否具有合法性。传统“两性说”认为合法性只是认定证据的诉讼程序问题。如果将合法性也作为证据的本质特性加入某些主观人为设置的因素，就会动摇和否定证据的客观性①。合法性是对证据的认识论属性，而不是本体的客观属性②。传统“三性说”认为证据客观性和关联性是对证据内容的要求，合法性是对证据形式的要求，三性才能构成证据内容和形式的统一。

不容置疑，作为证明根据的材料不论其是否具有合法性，可以对案件事实起到证明作用才会进入裁判者的视野，但是是以追求客观真实为首要目标，还是以保护因证据材料不合法性而有可能损害主体的合法利益为第一位，决定了每一个证据能否在具体的司法和执法活动中被采纳。可见合法性并不是证据的内在属性，但是却是该证据是否被采纳的资格标准。也就是说，不具有合法性并不意味着证据与案件没有关联性和客观性，但是在采纳方面必须受到相应的限制。例如，未经许可偷录、偷拍他人的证据，根据程序的要求，主体和形式都是不合法的，取得的资料不能成为证据，但在将该证据限定在一定的范围内使用时，既可以对案件起到证明作用，也不会因为取得主体和形式的不合法对他人和社会造成负面影响。

在对证据合法性进行审核时，一般应考虑：第一，证据的调查主体必须符合法律规定，如关于证人、鉴定人等的条件要求。第二，证据的形式必须符合法律规定。证据的形式合法要求证据的表现形式首先必须是法律规定的八种法定证据形式，其次要求必须符合实体法律规范所要求的证据的特殊表现形式，如法律要求有特别形式的（如签字、公证等），不具备形式则不能被采纳或需要补充完成形式要件后才被采纳。第三，证据的收集程序和方法必须符合法律规定。例如，刑讯逼供取得的口供不能作为证据使用。但是有时候证据的合法性问题甚至与证据的内容、形式、程序等无关。例如，《最高人民法院关于民事诉讼证据的若干规定》第 47 条第 1 款规定：证据应当在法庭上出示，由当事人质证。未经质证的证据，不得作为认定案件事实的依据。所以，在庭审中对证据进行质证是证据成为定案依据的必经程序，本身证据是否具有合法性并非是由质证环节所决定的，但是质证作为一种“仪式”宣告了证据是否具有合法性的答案，即证据的合法性与诉讼上的法定程序并不存在直接的联系。

同时，证据的合法性标准并不是一成不变的，会随着不同的社会环境、不同的司法和执法活动、不同的价值取向而发生变化，呈现出不同的结论。在对证据合法性进行分析时应结合非法证据排除规则，二者是“一物两面”，是一对逆否命题，从不同的角度对证据进行审查，即凡是可采的都是不被排除的，凡是不被采用的也就是被排除的。而且

---

① 李汉昌：《论证据的合法性》，《法商研究》1999 年第 5 期，第 8 页。

② 陈一云：《证据学》，北京：中国人民大学出版社，1991 年，第 104-110 页。

我们会观察到，越强调证据的合法性和非法证据排除规则，在诉讼中可被利用的待证事实的证据资料的范围会越小，但证据的法律价值会越高。

证据的三大属性在证据的搜集、挑选、质证、认证等环节中发挥着重要的作用，引领、推动着诉讼进程，三者相互制约、相互辅助，但是三个属性存在的领域和出现的时间并不具有同步性。证据的客观性最早产生，是没有主观性的自在之物，处于事实领域。证据的关联性其次产生，是经过人的主观性判断后才产生的，处于逻辑的领域。证据的合法性是在客观性和关联性的基础上产生的，是法律调整的产物，处于法律的领域。证据的客观性是基础，是证据最为本质的特性，是对证据定性的概念；证据的关联性是对客观性的限制，是外在属性，是对证据定量的概念，确定了证据的基本数量；证据的合法性是关联性的延续，进一步缩小了证据客观性的外延，提升了证据的法律价值。所以，任何证据必须是三个条件同时必备，不可缺少的，只有符合客观性、关联性、合法性三性的证据才是真正意义上的证据①。

证据概念和相关属性的理论是一个历久弥新的问题，我国对其的讨论仍然存在争议，但实质上对证据概念、种类及其属性的探究是一个纯粹的学术问题，其在实践中对办案人员运用证据并没有起到实质作用。而我们之所以还要对证据概念进行抽象的概括，其最终目的是为证据转换为定案根据提供条件，为证据的法庭准入作出适度限制，为证明能力和证明力的研究提供一定的支撑。

① 汤维建：《民事证据立法的理论立场》，北京：北京大学出版社，2008年，第27页。

第二章 民事专家证据：鉴定人与专家辅助人的博弈

随着社会的发展和科技的进步，人类的物质生活水平和精神生活水平得到了较大的提升，同时，各类纠纷和冲突也呈现上升的趋势，其类型也呈现出复杂化和多样化。与此相适应，人类对纠纷的解决方式也从最初的非理性演变为理性地依靠各类证据揭示案件事实，公正作出裁决。法官作为纠纷的裁决者，其拥有深厚的法律功底是不容置疑的，但是法官并不是科学家、工程师，不是电工、机械师，当面临某一专业性很强的专门性问题时，法官也表现得束手无策。而当该专业性问题的认定成为解决案件的核心时，法官该何去何从？因为“当自然科学的知识可以确定一事实时，此时法官的心证即无适用之余地”[①]，理解、判断、认定该类专门性问题需要拥有某一专业的专门知识，同时在很大程度上也需要借助于某些专门的设备、方法。作为职业纠纷解决者，法官不能够拒绝裁判，面对无法鉴别和认定的专门性问题，如何公正地认定事实、解决纠纷呢？为解决此类问题，不同诉讼模式之下的国家通过立法形成了不同的专家证据制度，为查明事实扫清障碍。我国结合本国国情并借鉴他国的规定后，以完善鉴定意见制度为基石，制定了我国的专家辅助人制度[②]，鉴定意见和专家辅助人制度也构成了我国专家证据制度的主体，作为专家，鉴定人和专家辅助人的宗旨在于向法庭陈述源自其专业经验的普遍真理。但二者是否能真正实现庭审中的当庭对质，协助法官厘清事实，维护当事人的利益，专家辅助人制度能否与我国传统的司法鉴定制度协调仍值得我们探索。

第一节 我国鉴定意见的演变及现状

鉴定活动总是伴随着诉讼活动产生和发展，国家的司法职能出现以后，由于诉讼活

① 〔德〕克劳思·罗科信：《刑事诉讼法》，吴丽琪译，北京：法律出版社，2003年，第24版，第121页。

② 我国理论界一般将“具有专门知识的人”称作专家辅助人，本书也采用此种称谓。

动的开展，便有了通过鉴定来提供与审查证据的客观要求[1]。

根据学者的研究，我国在西周时期就出现了司法鉴定的评估制度，其中《周礼·地官司徒》有规定依靠善于辨别货物优劣、真假的胥师、贾师等官员对货物进行鉴别，从而禁止销售假冒伪劣货物，防止欺诈等行为。此后鉴定制度随着社会的发展逐渐改革和完善，1907 年清政府颁布的《各级审判厅试办章程》对鉴定制度作了具体的规定，如第 75 条规定："鉴定人需由审判官选用，不论本国人或外国人，凡有一定学识经验及其技能者，均得为之。"此条款实是对司法鉴定人资格的规定。第 76 条规定："鉴定人于鉴定后，须作确实鉴定书，并负其责任。"而不是要求其"据实填写尸格、尸图和检骨图格"，显然对鉴定结论的内容与报告方式提出了新要求，不仅要求客观地记录检验所见，而且还需要运用科学理论对这些"检验所见"进行分析鉴别判断。《各级审判厅试办章程》是我国第一次用法律的形式明确规定司法鉴定的活动，并且是对我国传统司法制度相关内容的重要完善[2]。

中华人民共和国成立后，我们对鉴定制度的立法和研究一直是缺失的。随着证据制度理论研究的深入和司法实践的需要，立法者开始越来越多地关注对鉴定制度的统一规范。1991 年《民事诉讼法》第 72 条规定：人民法院对专门性问题认为需要鉴定的，应当交由法定鉴定部门鉴定；没有法定鉴定部门的，由人民法院指定的鉴定部门鉴定。鉴定部门及其指定的鉴定人有权了解进行鉴定所需要的案件材料，必要时可以询问当事人、证人。鉴定部门和鉴定人应当提出书面鉴定结论，在鉴定书上签名或者盖章。鉴定人鉴定的，应当由鉴定人所在单位加盖印章，证明鉴定人身份。2002 年《最高人民法院关于民事诉讼证据的若干规定》中第 25-29 条对鉴定制度作了若干补充性规定，其中第 25 条明确当事人申请鉴定的时间，以及对需要鉴定的事项具有举证责任的当事人申请鉴定后不履行相关义务所产生的不利后果。第 26 条规定了当事人申请鉴定的方式。第 27 条规定了当事人对于人民法院委托的鉴定主体作出的鉴定结论提出异议满足的几项条件以及对于鉴定异议的解决方案。第 28 条主要规定了一方当事人自行委托鉴定机构作出的鉴定结论被对方当事人以充足证据反驳时的情形。第 29 条规定审判人员对鉴定人出具的鉴定书所作的形式性审查的具体内容。2005 年 2 月 28 日《全国人民代表大会常务委员会关于司法鉴定管理问题的决定》的颁布真正使司法鉴定活动走向了法制化道路，该决定的颁布实施对司法鉴定制度作了重大改革，是目前规范司法鉴定制度最高级别的法律文件，文件确定了司法鉴定机构的准入制度、鉴定人资格的准入制度，明确了鉴定人负责制和鉴定人独立进行鉴定的制度，确定了司法鉴定机构和人员职业道德与职业纪律制度，并明确了责任追究制度。2007 年修订的《民事诉讼法》第 72 条完全沿用了 1991 年《民事诉讼法》的规定，没有进行任何修改。该条规定了鉴定的范围、鉴定的主体以及人民法院可以委托鉴定的鉴定主体，第 2 款与第 3 款分别规定了鉴定人的相关权利、鉴定结论的内容与形式的基本要求。该法对涉及鉴定的相关问题在 6 个条款中分别作了相关规定。其中第 45 条中规定了鉴定人回避条件之一；在第 63 条中规定了鉴定结论是

---

① 侯蔺：《浅谈我国司法鉴定制度的发展与完善》，《新疆警官高等专科学校学报》2008 年第 2 期，第 44 页。

② 王世凡：《鉴定与司法鉴定概念的引入及其演进研究》，《法律与医学杂志》2007 年第 2 期，第 151 页。

一种独立的证据；在第 102 条中规定了鉴定人受到法律保护的条件；在第 124 条、第 125 条中规定了鉴定人出庭作证的程序、任务以及重新鉴定问题；第 132 条中规定了重新鉴定可作为延期开庭审理的情形之一。

此后我国的鉴定制度在诉讼实践的发展中不断完善，但依然存在许多问题。首先，虽然我国明确了司法准入制度，但是国家并没有建立起统一的司法鉴定人职业准入制度，导致鉴定人职业资格的取得无迹可寻，并且法律对于解决案件中“专门知识”的内容没有作出明确的规定[①]。其次，我国鉴定制度在司法实践中主要是以鉴定结论这一证据类型所体现的，但是它所体现的却不仅仅是作为一种证据类型应该体现的价值，在 2012 年《刑事诉讼法》与 2013 年《民事诉讼法》颁布以前，鉴定意见被称为鉴定结论，正是说明了过去对于司法鉴定的结论不容置疑的错误认识，在新法颁布以前，鉴定结论作为一种不可被推翻的证据类型，对于定罪量刑有着举足轻重的作用，随着鉴定制度的改革发展，鉴定意见才逐渐被认识到只是作为一种证据材料应用于诉讼实践当中。

科学技术的发展使鉴定在司法实务中的作用日益凸显。然而，作为一种极具特点的科学证据，鉴定意见在我国的司法实践中却处于一种尴尬的境地，法官、律师和当事人对鉴定意见既爱又恨，爱的是鉴定意见对案件事实的揭示具有绝对性作用，恨的是面对鉴定意见的专业性非专业人士显得无能为力。我们也试图通过法律制度的完善为改变这种尴尬境地作出努力。2013 年开始实施的《民事诉讼法》改变了我们对该证据的称呼，从“鉴定结论”变为“鉴定意见”[②]，这无疑是一大进步。因为它首先从证据的名称上显现出法官在案件审理中的重要性，法官不再是被动地接纳专家所给出的“科学结论”，而是需要通过各种方法对该“意见”进行审查，法官不再被专家所绑架，面对专家证据，法官成为认证者，而不是简单的接受者。不过我国虽然已将鉴定结论改为鉴定意见，但将鉴定人所出具的意见视为结论的习惯或观念并未得到相应的改变。因为只关注鉴定人的资质、鉴定过程是否符合规定程序以及鉴定意见文书是否符合形式要件，实际防范的只是不具备资质的人出具的鉴定意见、诉讼一方或鉴定人故意弄虚作假等情形，对于那些不存在鉴定人资质、鉴定意见文书形式要件齐备，但鉴定所依据的科学原理、方法还存在问题，虽然鉴定过程符合规定流程，但该流程未必合理而导致鉴定意见不可信的情形，却难以有效防范[③]。之所以仅从形式上对鉴定意见进行审查，无法从实质上把握鉴定意见，实际上是因为专业性决定了对鉴定意见的审查判断具有较高的难度。而作为科学的证据，鉴定意见真伪的判断往往成为案件的关键，为了使法官真正意义上实现对鉴定意见的审查，2005 年 10 月 1 日实施的《全国人民代表大会常务委员会关于司法鉴定管理问题的决定》第 11 条规定：在诉讼中，当事人对鉴定意见有异议的，经人民法院依法通知，鉴定人应当出庭作证。现行《民事诉讼法》第 78 条[④]重申了鉴定人出庭制度，改变了传统的专家证据无人宣读，当事

---

① 张阳：《鉴定意见的采信标准》，《阜阳师范学院学报》（社会科学版）2014 年第 2 期，第 109-110 页。

② 《民事诉讼法》第 63 条规定：证据包括：……（七）鉴定意见；……。

③ 樊崇义、吴光升：《鉴定意见的审查与运用规则》，《中国刑事法杂志》2013 年第 5 期，第 10 页。

④ 《民事诉讼法》第 78 条规定：当事人对鉴定意见有异议或者人民法院认为鉴定人有必要出庭的，鉴定人应当出庭作证。经人民法院通知，鉴定人拒不出庭作证的，鉴定意见不得作为认定事实的根据；支付鉴定费用的当事人可以要求返还鉴定费用。

人进行质疑时无质疑对象的状况，落实了法官对专家证据进行审查的实际措施。同时，该规定也符合案件庭审和证据认证制度最基本的要求，即“任何证据必须经过质证才能成为定案根据”。只有经过庭审，被当事人质证的鉴定意见，法官才可以认证为案件的证据，成为判决的依据。从《民事诉讼法》第 78 条看，鉴定人并非需要对所有鉴定案件出庭，只有在当事人对鉴定意见有异议时或者人民法院认为鉴定人有必要出庭时才应出庭接受质证。但是法律的规定并没有改变我国鉴定人出庭率低的现状，据学者不完全统计，在我国的审判中鉴定人的出庭率大体只有 0.6%~2%[①]。关于鉴定人出庭率低的原因，法官认为主要是因为鉴定人出庭耗费大量司法资源，使庭审冗长，诉讼效率降低；而人身安全难保障，出于时间、交通、精力、经济因素的考虑，鉴定意见已经表述清楚，没必要出庭等是鉴定人不愿出庭的主要原因[②]。尽管造成鉴定人出庭率低的原因是多元的，但是从鉴定人出庭的条件来看，鉴定人出庭并非是实现质证的充分条件，而且目前，我国对鉴定意见的审查主要注重以下几个方面：一是鉴定人的资质问题；二是检材的问题；三是鉴定是否符合规定程序与方法的问题；四是鉴定意见文书的问题；五是鉴定意见与案件事实的关联性问题。我国并未对鉴定意见的内容进行审查，而是更多地重视形式要件是否齐备。因为不管是对检材的要求，鉴定意见文书的要求，还是对鉴定程序、鉴定过程与方法的要求，实际都只是要求其符合相关的鉴定技术规范。而实质上鉴定意见是鉴定人利用自己所掌握的科学原理或方法，借助一定设备或仪器，按规定的流程或方式，对有争议的事实或物品进行分析，然后提出分析判断意见，以帮助事实裁判者裁决纠纷。

从内部结构来看，鉴定意见能否作为定案根据，决定性因素有以下几个方面：鉴定意见与争议事实是否具有相关性；鉴定意见所分析的问题是否超出了法官的知识范围；鉴定人所利用的科学原理或方法是否可靠；鉴定人是否严格按规定的或应有的流程或方式分析争议事实或物品；鉴定人用以分析判断的事实或物品是否符合要求；鉴定人是否掌握了鉴定所要求的科学原理、方法与操作规程等[③]。即对鉴定意见形式进行严格审查仅仅是考察鉴定意见可否作为定案根据的冰山一角，对其内容的审查才应是真正意义上的落脚之处。现实生活中，法官要尽可能地成为一个“百科全书”式的法律专家，才有可能对鉴定意见的使用作出有力的认定，但这只是一种理想而已。所以，有专业的专家提供意见，并且有不同的专家对该意见发出不同的见解，而法官从中甄选出理想的答案，形成具有逻辑的心证才是解决鉴定意见从证据转化为定案依据的途径所在。虽然为提高法院采信鉴定意见的透明度，要求法院判决公开其将某个鉴定意见是否作为定案根据的理由，这一方面有利于促使法官谨慎采信有关鉴定意见；另一方面也有利于加强鉴定意见运用的监督，保证法院所采信的鉴定意见具有相关性与可靠性，但是从我国的法律规定和实践来看，缺乏专业知识导致当事人及其诉讼代理人和法官无法对鉴定意见实现真正意义上的质证是完善鉴定意见制度的核心原因所在[④]。因此，当我们在强调鉴定人出

---

① 刘建伟：《论我国司法鉴定人出庭作证制度的完善》，《中国司法鉴定》2010 年第 5 期，第 22 页。

② 胡铭：《鉴定人出庭与专家辅助人角色定位之实证研究》，《法学研究》2014 年第 4 期，第 198 页。

③ 樊崇义、吴光升：《鉴定意见的审查与运用规则》，《中国刑事法杂志》2013 年第 5 期，第 9 页。

④ 2016 年《司法鉴定程序通则》的颁布，在一定程度上再次对司法鉴定人员进行了严格规制，但对“司法鉴定人员出庭作证”仅进行了条款微调。

庭作证的制度时，为了强化质证，确立和完善专家辅助人制度，以期形成专家和专家之间的辩论，鉴定人和专家辅助人的当庭对质，实现“真理越辩越明”。

第二节 我国专家辅助人制度的发展历史

从理论上讲，“具有专门知识的人”参与诉讼，是当事人的助手，对当事人进行技术支持；是律师和检察官的助手，出庭质证鉴定人；是法官的助手，帮助法官分析判断；是鉴定人的对手，质疑监督鉴定人[①]。所以，2001 年 12 月 21 日《最高人民法院关于民事诉讼证据的若干规定》第 61 条规定：“当事人可以向人民法院申请由一至二名具有专门知识的人员出庭就案件的专门性问题进行说明。人民法院准许其申请的，有关费用由提出申请的当事人负担。审判人员和当事人可以对出庭的具有专门知识的人员进行询问。经人民法院准许，可以由当事人各自申请的具有专门知识的人员就有案件中的问题进行对质。具有专门知识的人员可以对鉴定人进行询问。”据此，不论基于何种目的设立专家辅助人制度，其雏形已经形成。

2009 年 12 月 23 日最高人民法院公布的“对网民 31 个意见建议答复情况”中确认中国法院已经实行了专家证人制度。2012 年《民事诉讼法》第 79 条规定：“当事人可以申请人民法院通知有专门知识的人出庭，就鉴定人作出的鉴定意见或者专业问题提出意见。”《民事诉讼法司法解释》第 122 条、第 123 条[②]的规定继续细化了我国专家辅助人制度。

从相关的法律规定可见，在我国的法律规定中并没有“专家辅助人”这一概念，专家辅助人仅是一个学理概念，该概念已经在法学理论界得到一定认可，并在实务界被习惯性使用[③]。依据《现代汉语词典》，“专家”指的是“对某一门学问有专门研究的人；擅长某项技术的人”。《布莱克法律辞典》认为“专家”是“经过该学科科学教育的男人（或女人），或者掌握从实践经验中获得的特别或专有知识的人”。可以认为“专家是通过教育或实践在某一领域获得某种知识或技能的人”。《现代汉语词典》中认为“辅助”是“从旁帮助”“非主要的”。辅助人就是在某一活动中从旁帮助的、次要的人。学者们认为专家辅助人就是在民事诉讼过程中，基于当事人申请而参与到诉讼过程中的在某一领域具有专门知识或专门技能的人。同时也应明白，“辅助”并非对“专

---

① 常林：《司法鉴定专家辅助人制度研究》，北京：中国政法大学出版社，2012 年，第 203-217 页。

② 《民事诉讼法司法解释》第 122 条规定：当事人可以依照民事诉讼法第七十九条的规定，在举证期限届满前申请一至二名具有专门知识的人出庭，代表当事人对鉴定意见进行质证，或者对案件事实所涉及的专业问题提出意见。具有专门知识的人在法庭上就专业问题提出的意见，视为当事人的陈述。人民法院准许当事人申请的，相关费用由提出申请的当事人负担。第 123 条规定：人民法院可以对出庭的具有专门知识的人进行询问。经法庭准许，当事人可以对出庭的具有专门知识的人进行询问，当事人各自申请的具有专门知识的人可以就案件中的有关问题进行对质。具有专门知识的人不得参与专业问题之外的法庭审理活动。

③ 学者认为，专家辅助人这一概念的提出和使用的主要原因是：首先，“民事证据规定”的起草者著书立说时提出了该概念；其次，“民事证据规定”的起草者参考了日本民事诉讼法中“诉讼辅助人”的理念和称谓。第三，专家辅助人的表述能很好地揭示其本质和功用。参见李学军、朱梦妮：《专家辅助人制度研析》，《法学家》2015 年第 1 期，第 149 页。

家”的辅助，而是对当事人或法官的帮助。专家辅助人制度的出台与完善“允许辩方为弥补专业知识的欠缺而聘请‘专家辅助人’参与庭审，帮助当事人对鉴定结论加以研究，对鉴定实效发表专业意见，能有效地避免对鉴定结论的审查流于形式，充分发挥质证之功能”[①]。有利于保障当事人的质证权，进一步否定了鉴定意见的预先证明优势，使以往庭审中当事人难以对鉴定意见内容的科学性、合理性进行质疑的情况得到改善。同时，“鉴定人-专家辅助人”相互质证制度的建立，使对抗制诉讼模式得以覆盖整个证据类别，有利于提升证据的法律质量，体现了程序公正。有效纠正鉴定人员的错误鉴定，为法官判决依据的科学性提供重要的砝码。但是，我国关于专家辅助人的具体制度设置基本处于空白状态。

在专家辅助人制度的建构与完善中，应首先明确专家辅助人与其他诉讼参与人的不同。

第一，专家辅助人与证人的区别。

我国关于证人的范围是从狭义角度来讲的，特指的是因亲自耳闻目睹而了解案件事实的第三人，具有亲历性、不可选择性和不可替代性。证人证言是我国法定证据类型之一，证言内容只能是对亲历事实的客观描述，不能掺杂证人的主观意见。专家辅助人是接受当事人聘请介入案件的，之前其对案件没有亲自的体验，是借助自己的专业知识、经验对案件中的专门问题和鉴定意见进行的分析、质询，专家辅助人对案件的看法实质应是一种意见陈述。

第二，专家辅助人与鉴定人的区别。

专家辅助人与鉴定人都表现为依赖专业知识和经验参与诉讼，但两者在诉讼目的、地位等方面有本质区别。一是专家辅助人出庭的目的更多地在于辅助补强庭审质证的效果，对鉴定意见从程序到实质作负面评定。鉴定人是依据自己的专业知识、技能，对案件作出的推论，虽然结论可能是多样的，但专家证人的证明是一种正向的证明。而专家辅助人是为了弥补当事人专业知识的欠缺和不足进行的证明，是对案件的质疑，是一种反向的证明。二是鉴定人提供的鉴定意见属于法定证据种类，在证据法上具有独立的证据地位；专家辅助人在庭审中只能就鉴定意见进行口头质疑和对专门性问题进行推论，不具有独立的地位，其提出的意见仅被视为当事人的陈述[②]。三是专家辅助人是由当事人一方根据自己的需要聘请的，是否聘请完全属于当事人自己的决定，无须与对方当事人协商，也不需经法院许可。民事诉讼中鉴定程序的启动，采取“当事人申请为主，法院利用职权为辅”的模式，当事人认为需要鉴定的，可以向法院提出申请，经法院审查后认为有必要的可以进行鉴定；法院依照职权认为有必要启动鉴定的也可以进行鉴定，即我国民事鉴定最终都需要经过法院的审查。四是专家辅助人与当事人之间是一种委托与被委托的关系，其本质应同诉讼代理人的地位一致，所以，专家辅助人具有倾向性是支撑该职业得以存在并发展的基本特征之一[③]。而且每一个专家辅助人都是当事人花钱

① 许明：《试论完善鉴定结论审查机制的新对策——设置专家辅助人制度》，《法制与社会》2009年第1期，第45页。
② 《民事诉讼法司法解释》第122条规定：具有专门知识的人在法庭上就专业问题提出的意见，视为当事人的陈述。
③ 裴小梅：《论专家辅助人的性格——中立性抑或倾向性》，《山东社会科学》2008年第7期，第155页。

聘用的，作为受聘于某方当事人的专家辅助人，其核心的任务应当是将事实证明引向有利于自己雇主的方向。鉴定人则受聘于法院，中立地就某些专门性问题作出说明是其使命所在。五是鉴定人是独立的诉讼参与人，而民事诉讼法中并没有对专家辅助人的诉讼地位进行规定，其地位只是协助当事人进行质证的人。

第三，专家辅助人与诉讼代理人的不同。

专家辅助人与诉讼代理人都受聘于当事人，二者存在的目的都是维护当事人的利益，将事实引向有利于己方当事人的方向。但是专家辅助人是以自己的名义，凭借自己的专业知识，在法庭调查的过程中，尤其是在庭审的举证和质证阶段，辅助当事人就鉴定意见作出质疑或就诉讼中涉及的专门性问题作出解释说明。我国民事诉讼法明确规定诉讼代理人属于诉讼参与人的范围，其是以当事人的名义，在授权范围内参与整个诉讼过程，解决以法律事务为主的各类诉讼事务。

可见，专家辅助人虽然具有同证人、鉴定人、诉讼代理人等诉讼参与人类似的功用，其设置的最终目的也在于查明案件事实。但是，专家辅助人又有着不同于传统诉讼参与人的本质区别，明确其地位，完善其制度，才能真正发挥其作用。

第三节　鉴定意见制度与专家辅助人制度的衔接与冲突

鉴定意见制度与专家辅助人制度作为两种面对专业问题、帮助法官厘清涉及专业问题的事实的制度，二者有效衔接的重要性在今后涉诉专业问题逐年增加的背景下越发重要。

一、鉴定意见制度与专家辅助人制度衔接的价值

首先，鉴定意见制度与专家辅助人制度的衔接弥补了现行鉴定制度的不足，有利于保障当事人的诉讼权利。依据《民事诉讼法》第 79 条的规定，基于两种原因当事人可以申请专家辅助人，其一是就鉴定人作出的鉴定意见提出意见，其二是就专业问题提出意见。专家辅助人就鉴定人作出的鉴定意见提出意见实现了鉴定意见从证据向定案根据的转换，因为“如何避免证据被任意采纳为定案根据，如何为证据转化为定案根据设定必要的条件，属于证据法所要解决的头号问题”[①]。质证被公认为是解决该问题的最佳答案。鉴定意见不论其涉及何种内容都是鉴定人根据科学原理，采用科学方法，借助科学仪器对某一专门性问题作出的分析和判断，是鉴定人的意见。既为意见就说明该“意见”存在由于各种原因，包括鉴定人的主观原因，或鉴定设备、鉴定方法等客观原因导致的非正确性，而且科学是不断发展的，“科学从不讲述完整的故事”，所以，“科学”的鉴定意见只能是尽可能地接近准确。作为证据的鉴定意见对其证明价值的衡量和判断，必须经过质证得以实现。专家辅助人制度的建构为真正意义上对质的形成提供了基础。另外

① 陈瑞华：《刑事证据法学》，北京：北京大学出版社，2012 年，第 70 页。

当当事人的鉴定申请被法院驳回或者由于鉴定内容的限制而无法有效科学实现鉴定时，当事人可以申请法院通知专家辅助人出庭，阐释涉案的专门性问题，提出专家意见，支持当事人观点，保障当事人均等地利用法律制度实现诉讼权利。

其次，鉴定意见制度与专家辅助人制度的衔接能够协助法官厘清专门问题，为认定证据奠定基础。当法官面对的争议事实是某方面的专业问题，或者对某一争议事实的认定需要某些专业问题作为基础时，法官不得不依赖鉴定意见才有可能形成公正的判决。但该鉴定意见是否具有正确性、是否能解决涉案中的专业问题、是否能形成有效的心证，不是单纯的鉴定意见可以解决的，也不是法官可以依据生活经验、法律法规可以判断的，它需要同样具有专业知识的专家学者在法官的主持下依照程序展开质证，才能完成对鉴定意见的认证。鉴定人依法出庭接受质证，相对方则由专家辅助人代为挑战鉴定意见，双方围绕专门性问题所涉科学原理、科学方法、专业知识、专业技术等展开针锋相对的专业讨论，鉴定人作出鉴定意见的方法、知识等一应呈现，鉴定意见的不足和缺陷也会一览无余。而受聘的专家辅助人熟谙专业知识，其核心目的是维护“雇主”的利益，才可能在专业领域形成与鉴定人和对方当事人的专家辅助人高度对抗的格局。这种对抗格局，无疑是有利于专业问题分析判断的模式的，其为法官正确评价和认证鉴定意见夯实了基础，是法官所希望的，也是专家辅助人制度设置的目的和初衷。

最后，鉴定意见制度与专家辅助人制度的衔接能够消除当事人对鉴定意见的疑虑，形成对个案的监督，提升司法公信力。选择什么专家成为自己案件中的专家辅助人取决于当事人自己的选择，而每个具有专门知识的人会在受理案件之前对鉴定意见进行初步审查，如果认为所依据的科学原理正确，所涉及的建议方法、操作规程符合标准，所作的推理合乎逻辑，所形成的结论无法形成质疑，该专家会向当事人解释该专业问题，不会受理辅助质证的委托。此时当事人基于对该专家的认可也能够较好地接受鉴定意见的观点。如果具有专门知识的人认为有必要对鉴定意见提出质疑或者就专门问题作出解释说明，该专家接受委托成为专家辅助人后也能在客观真实的前提下围绕鉴定意见和相关专业问题在法官的主持下与鉴定人展开讨论，当事人基于对自己所聘请专家的信任，也会对之后形成的关于专门问题的讨论结论有较好的接受，服从在该结论基础上形成的判决，在一定程度上提升法院司法判决的执行效果。

所以，鉴定人制度和专家辅助人制度的有效衔接能够形成鉴定人和专家辅助人的当庭质证，解决法官面临专门问题时的束手无策，为公正的判决提供科学的事实认定依据。

二、我国专家证据制度的现状

我国建立鉴定制度数十年来，鉴定人已经实质性地协助当事人合法有效地行使诉权，辅助法官公正地认定事实，但是我们也会看到，随着该制度的使用时间越久，其不足之处也逐渐暴露出来，如关于鉴定人出庭的规定并不完善。《民事诉讼法》第 78 条规定：当事人对鉴定意见有异议或者人民法院认为鉴定人有必要出庭的，鉴定人应当出庭作证。经人民法院通知，鉴定人拒不出庭作证的，鉴定意见不得作为认定事实的根据；支付鉴定费用的当事人可以要求返还鉴定费用。根据这一规定，鉴定人出庭作证并非原则，只有在当事人对鉴定意见有异议，或者法院认为鉴定人有出庭必要的，才存在鉴定人出庭问题。而对鉴定人哪些情况下可以不出庭作证，法律却没有规定，最高人民法院的司法解释也未见相关规定，这无疑给法官不恰当使用自由裁量权留下了空间。但是只要诉讼双方均有异议就要求鉴定人出庭作证,完全排斥法官对鉴定人是否出庭的决定权，显然也不合理。可行的做法应当是赋予法官一定的决定权，但应当尽量明确鉴定人可以不出庭的情形。而完善鉴定人出庭制度才能有效地实施与之相对的专家辅助人制度，实现对专业问题的有效质证。

专家辅助人制度是为了弥补当事人在自然科学、社会科学等方面的专业知识的欠缺，能够平衡当事人的诉讼力量，从科学原理、技术方法、仪器设备等专业层面挑战对方的鉴定意见。作为一项新的制度，不论在理论界还是实务界，关于专家辅助人都存在很多的争论。

（一）专家辅助人诉讼主体地位的不确定

目前关于专家辅助人在诉讼中处于何种地位，在我国并没有规定，依照现行法律的规定，专家辅助人既不是当事人、诉讼代理人，也不是了解案件的证人，这使专家辅助人在诉讼过程中始终处于“没有身份”、缩手缩脚的工作状态。导致实践中在庭审现场，专家辅助人出庭应站在证人席位还是当事人席位，抑或其他单独席位，呈现出各种不同的状态，使专家辅助人很是尴尬，也阻碍了专家辅助人出庭，不利于专家辅助人制度的实施，从而也影响到鉴定意见的可信度，导致法官难以把握涉及鉴定意见的事实认定，当事人对涉及鉴定意见的判决书不能信服。所以，完善专家辅助人制度首要的任务必须是对其诉讼地位的确定，其诉讼地位的确定有利于实现鉴定人与专家辅助人在法庭地位的对等。同时，确定专家辅助人的诉讼地位，也有利于建构专家辅助人团体的自律规则，形成专家辅助人团体的有效自律。

诉讼地位的不确定也导致专家辅助人在诉讼权利上与鉴定人处于不对称的状态。《民事诉讼法》第 77 条第 1 款规定：鉴定人有权了解进行鉴定所需要的案件材料，必要时可以询问当事人、证人。作为具有中立性的鉴定人可以通过查询案卷、询问当事人和证人，取得最为全面的材料，为作出最为全面正确的鉴定意见打下基础，这本身无可置疑。但是，对于与鉴定人进行对质的专家辅助人，法律并没有规定其享有与鉴定人同等的证据调查权利，虽然专家辅助人只是涉及专业知识的质疑，但任何专业知识的适用必须与案件的相关事实连接，不了解案件中的细节也会导致专家辅助人的质疑出现偏差或者软弱无力的情况。

（二）专家辅助人的资格认定标准不清晰

专家辅助人是当事人向法院提出申请，经人民法院许可后，就案件的专门性问题进行质疑的专业人员。当事人之所以聘请专家辅助人，是因为当事人认为该专家辅助人对专业性问题的说明质疑有利于自己合法权益的维护。正如 W. K. Clifford 所言，“要采纳他人的证言，我们必须有合理理由相信他的诚实：他确实尽力陈述所知的事实真相；他的学识：他有条件知悉事实的真相；他的判断：他充分利用学识得出肯定的结论”。当法官面对各类专家时，应基于何种标准对专家辅助人进行审核呢？是否应参照已有的鉴定人制度建构我国的专家辅助人体系呢？

我国鉴定人的资质实行“诉前确认”，即具有专门知识的人经过省级司法行政机关审核登记，取得司法鉴定人执业证，则具备了鉴定人资格，可以按照自己的专业知识出具具有证据属性的鉴定意见。每个鉴定机构都放置鉴定人名册，当事人可以选择鉴定人名册中的专家为自己的案件进行鉴定，鉴定人名册中的专家产生和形成的基础条件往往是身份和职称。比照我国鉴定人的资质确定，专家辅助人的选择是否也应当按照身份、证书等实行登记管理式的资格确认和规章制度呢？还是实行开放式的管理方式，是否是“专家”取决于当事人的选择？这是我国对专家辅助人资质认定时必须解决的问题。

（三）专家辅助人意见的证据属性未确定

专家辅助人介入诉讼后，其针对鉴定意见进行的质疑和对专门性问题提出的意见是否应具有证据效力，在我国的法律中并没有规定。我国实行的是证据法定主义，任何种类的证据必须是法律严格规定的，《民事诉讼法》第63条明确规定了鉴定意见属于法定证据，作为对其对质的专家辅助人意见应如何定性呢？《民事诉讼法司法解释》第122条规定：具有专门知识的人在法庭上就专业问题提出的意见，视为当事人的陈述。该条规定对专家辅助人的证据属性似乎有了定位，但我们看到，专家辅助人的意见虽然和当事人陈述都是倾向于当事人利益的维护的，但是二者却有着本质的区别。当事人陈述是以证据主体对案件事实的真切感知为内容的，这是当事人陈述作为证据的基石。而专家辅助人意见是专家在尊重科学、尊重知识的前提下对常人不了解的专业问题作出的具有倾向性的意见，其不以参与案件的发生为前提。简单地将专家辅助人定性为当事人陈述，不利于专家辅助人意见在案件中的合理使用，也无法实现专家辅助人意见与鉴定意见在证据证明能力上的对等。因为对于当事人陈述的认定法官总是怀有戒备心理，通常的心理是假设当事人陈述的内容是假的，通过其他证据的佐证证明其真实性，而对于专家的意见，法官是有一定的依赖心理在其中的，通常会假定其是真的，通过其他反证证明其是假的。如何合理定性专家辅助人意见的证据属性应是实现专家辅助人制度和鉴定意见制度有效衔接必须解决的问题之一。

（四）专家辅助人出庭的保障措施不到位

在我国，目前出庭的专家主要为两类：第一类是体制内的专家，主要包括公安检察机关的鉴定专家、医院医生或高校的教授。由于法律和实务对专家辅助人的身份和地位定性不明确，专家辅助人在庭审中处于较为尴尬的地位，如专家辅助人在法庭上的位置较为混乱，使专家无所适从，出庭时不知自己应站在何处，似乎成为被受审的对象，这种感觉驱使体制内的专家不愿以专家辅助人身份出庭。第二类是民间鉴定机构的鉴定人。随着我国民间鉴定机构力量的增强，该类专家在专家证据中的比例会逐年增加。但是，他们考虑到自己本身具有的鉴定人身份，不愿同同行作对，因为有可能在下一个案件中发生角色互换，所以如果没有利益的驱动，参与内部对抗并非此类专家的经常之举。所以，要发挥专家辅助人制度的作用必须通过相关的措施约束其在接受当事人委托后的行为，保障专家辅助人的出庭，形成与鉴定人的有效对质。

第四节 专家证据制度的完善

一、坚持鉴定人和专家辅助人出庭对质

只有保障鉴定人和专家辅助人能够出庭，鉴定人和专家辅助人之间就鉴定意见才能形成同时在场，彼此面对面互为质问的对质格局，实现法官在辩论中逐步了解专业问题所反映的事实、当事人获得平等的诉讼手段、保障对质权的目的，最终达到公正审判。

为确保鉴定人按时出庭，鉴定意见在诉讼中发挥专家证据应有的作用，《民事诉讼法》第78条规定：当事人对鉴定意见有异议或者人民法院认为鉴定人有必要出庭的，鉴定人应当出庭作证。经人民法院通知，鉴定人拒不出庭作证的，鉴定意见不得作为认定事实的根据；支付鉴定费用的当事人可以要求返还鉴定费用。《民事诉讼法》规定了鉴定人出庭不能一概而论，有两种情况：一是当事人对鉴定意见有异议，但实证调查显示，多数涉及鉴定的案件中当事人对鉴定意见并无异议，或者异议明显不成立。二是人民法院认为鉴定人有必要出庭的。根据法律的规定，对鉴定人通过鉴定意见不得作为认定事实的根据和返还鉴定费用两种措施来进行制裁，实现对鉴定人的约束。因为作为鉴定专家，其进行鉴定并非出于公益，也希望通过鉴定行为取得相应的收益，当由于无理由的不出庭导致鉴定意见不被法院采纳时，进行鉴定的目的不能实现，当事人的利益也无法通过该专家证据得到保障，当事人会认为鉴定人没有保护自己利益的本意，可收回鉴定费用。而且鉴定人同时要受到司法鉴定机构和司法行政部门的管理，更容易实现出庭。

但是在《民事诉讼法》第78条中，没有对鉴定人在何种情况下可以不出庭作证以及是否可以采取其他方式，如视听传输技术等方式作证的规定，随着网络传播技术的发展，只要能够达到质证的目的，出庭的方式应当是多元化的，而不能机械地理解。为完善鉴定人出庭制度，可以考虑以下具体路径：第一，规制法官对鉴定人出庭的裁量权。既然人民法院认为有必要出庭的鉴定人应出庭，那么法律应对何种情况下法官可以行使自由裁量权作出规定。第二，借鉴民事诉讼中关于证人出庭作证的相关规定，对鉴定人在何种情况下可以拒绝作证和在何种情况下可以用其他方式作证作出详细的规定。第三，保障鉴定人出庭的相关权益。鉴定人出庭作证有可能会涉及经济补偿等问题，应建立合理的制度保障其利益，消除其出庭的抵触情绪。

对质必须是双向的，用制度约束专家辅助人的出庭就成为必然。而且专家辅助人是接受了当事人的筛选、收取了当事人的费用后对鉴定意见和其他专门性问题作出质疑和说明的，在这一点上专家辅助人同委托诉讼代理人具有相似之处。出于特殊的委托关系出庭作证应是专家辅助人的义务。但是因为专家辅助人只是对专业问题进行说明和对鉴定意见与鉴定人进行对质，其只能在涉及质证该类问题时才能出现在庭审中，不能全程参与案件的审理。同时为保障专家辅助人义务的履行，也应赋予其相应的权利，如“了

解进行对质所需要的案件材料，必要时询问证人、当事人”等。

二、专家辅助人制度的细化

既然专家辅助人制度最初的设立是为了实现对鉴定意见的质证，所以完善专家辅助人制度，也就实现了鉴定意见在事实认定中的科学存在。

（一）专家辅助人的角色定位

有学者认为，专家辅助人介入诉讼应当保持中立，不应带有任何倾向性色彩。这种观点有违专家辅助人制度的设立初衷，不利于实现专家辅助人对当事人的实质协助。专家辅助人设立的主要目的是对鉴定意见的质疑，在坚持鉴定人出庭的基础上，只有强调专家辅助人制度的重要性，完善专家辅助人的具体辅助措施和程序，才能实现专家辅助人和鉴定人真正意义上的对抗，形成对涉及专门问题的科学原理、科学方法、专业知识、专业技术等的对质，协助法官查明案件事实，最终借助诉讼中专家的对抗实现司法公正。所以专家辅助人能否从不同角度针对鉴定人进行质证，达到提高质证能力的目的是尤为重要的，在法律上将专家辅助人定位为诉讼双方的帮助人，确定其同鉴定人为同一层面的诉讼参与人，是与鉴定人对立的诉讼参与人，这种定位也许更为恰当。

（二）专家辅助人意见证据属性的确定

任何证据都必须具有客观性、合法性和关联性，专家辅助人意见是否具备这三性呢？专家辅助人意见虽然具有倾向性，但必须是专家辅助人在尊重科学的前提下对鉴定意见或其他专门问题发表的看法，是对客观存在的专门问题作出的科学答辩，其与鉴定意见相同，均属于特殊的意见，具有客观性。再者，从专家辅助人的选择到作出对专业性问题的意见都是在法官的主持下、在法律的规范下进行的，具备合法性是肯定的。任何一个专家辅助人意见都不是凭空产生的，都是对案件中的相关事实进行的分析和判断，具有关联性是必需的。否定了专家辅助人意见的关联性也就否定了鉴定意见与案件的关联性。可见，专家辅助人具有证据的客观性、合法性和关联性三大属性。并且，根据我国关于证据概念的认识——“可以用于证明案件事实的材料，都是证据”，专家辅助人意见是用科学的方法、科学的理念对案件事实的证明，符合我们关于证据的定性。

否定了专家辅助人的证据属性，会在一定程度上影响鉴定意见的使用。我国法律规定了鉴定意见的证据属性，在证据裁判主义的指导下，任何证据都必须经过质证才能成为定案的依据，鉴定意见也必须如此，一部分专家辅助人意见就是针对鉴定意见的质证结果，当专家辅助人意见不能以证据的形式出现时，实质上也动摇了鉴定意见的证据属性。另一部分专家辅助人意见是针对案件中没有鉴定意见时，对某些专门问题作出的阐释，是对鉴定制度的一种补充，如若对此类专家辅助人意见不能给予证据属性，会使法官对涉及专门问题的事实认证缺乏科学的根基，无法形成令人信服的判决。并且，在司法实务中，大部分法官默认了专家辅助人意见的证据属性，采纳、采信专家辅助人意见，将其作为证据对案件中的事实进行判断分析。

基于此，承认专家辅助人意见的证据属性，不仅从理论上有利于实现专家辅助人和鉴定人的平等对质，而且更有利于案件事实的查明。

（三）专家辅助人资质的确立标准

关于专家辅助人的资质，如果比照鉴定人对专家辅助人也实行登记管理制度，虽然可以实现专家辅助人对鉴定意见的对质，但是却无法完成其在案件没有鉴定意见时对专业性问题的说明。因为，根据《全国人民代表大会常务委员会关于司法鉴定管理问题的决定》第2条的规定，目前我国仅仅能够对法医类鉴定、物证类鉴定、声像资料鉴定和根据诉讼需要由国务院司法行政部门商最高人民法院、最高人民检察院确定的其他鉴定事项进行登记管理，即在我国真正能够通过鉴定人实施鉴定的事实仅包括法医类鉴定、物证类鉴定和声像资料鉴定三类。而现实生活中，可能涉及的鉴定事项远远超出了这三类，随着社会的发展，会出现越来越多的我们无法想到的涉及专业问题的事实需要专家进行鉴定。例如，一起损害赔偿案件中关于被损坏的物品——沉香的价格认定，其不仅需要物证类鉴定的技术，更需要古玩市场的操作经验。如果单纯地将专家辅助人的设定范围等同于鉴定人势必无法解决此类专门问题，而此类问题随着社会的发展在数量上会呈现出上升的趋势。而且专家辅助人是具有普通人一般不具有的知识或专长的人，虽然受教育程度可以为一个人提供成为专家辅助人的基础，但是基于经验的特殊技能或知识也可能使一个人成为真正具有对抗性的专家辅助人。所以，如果借鉴鉴定人的“诉前确认”管理方式，必然会形成“以身份定资格”“以学历定资格”“以职称定资格”等机械化的模式，具有丰富的实践经验，但没有受过高等教育、缺乏职称和学历的在某一领域具有专门知识的人会自然地被排除在外，而此类主体往往是弥补鉴定人制度不足的核心主体。例如，具有丰富经验的汽车修理工对车辆内部损害的判断可能会高于设计该车辆的专家或者从不同于设计专家的角度对损害作出对症分析，按照鉴定人的标准设定专家辅助人资质时，汽车修理工是不可能以专家的身份介入庭审，对专家鉴定人提出质疑，发表自己的专业见解的。

所以，关于专家辅助人的资质不应以鉴定人的标准进行衡量，而应根据案件的实际需要，采取开放式的选择和管理模式。对涉及鉴定意见质证的可以由法院向当事人释明考虑从具有鉴定人资质的专家中选取；对涉及其他专门问题的由当事人自由选择有利于自己利益维护的具有某行业知识和技能的专家。

三、其他相关制度的建构

在案件审理中，法官可能会面对来自对抗性的鉴定人和专家辅助人的对立意见，他们中的任何一个在专业知识层面都比法官更加训练有素，更有资格就具有争议的专门性问题发表意见。虽然，鉴定人和专家辅助人不能仅仅单纯地提供意见，通常他们必须解释专家意见形成的科学依据，并且这些依据通常要以普通人能理解，至少要理解专业术语的表述为底线。但是，我国的法官教育决定了大多数法官只拥有丰富的法学知识，在其他领域的专业知识方面是比较欠缺的，有时候甚至于基本的专业术语他们也不能清晰地了解其内涵，这种外行决定专家分歧的局面不仅影响了他们对专家证据的采纳，甚至会导致他们对诉讼请求和证据之间的关系都不甚清楚，更无法形成对证据证明力大小的判断。这样的结果如同对一个没有任何物理学知识的人谈论相对论。所以，专家证据发挥作用必须在法官具有最基本的案件所涉专业知识的基础之上，面对鉴定人和专家辅助人的对质，法官应清楚对质的核心是什么；面对专家辅助人对专业问题的说明，法官应了解说明的目的是为何。科学知识所涉范围广阔，没有一种万能的药方可以解决法官在专业知识上的不足，以下制度的设置也许能够在一定程度上缓解法官专业知识欠缺的困境。

“教育”一词来源于拉丁语 educare，意思是“引出”。通过教育使法官在了解案件所涉专门知识的基础上形成对专家证据的认定，进而作出有效判决。

具体可以通过设置法官辅助人制度实施对法官面对某一具体案件的审理前的专业知识教育，以及发行科学手册对法官实施日常生活中零星的专业知识教育。

第一，法官辅助人制度设定的意图在于对法官实施一种教育而非一种遵从。通过法官辅助人与法官进行专业知识的交流，“引出”法官对案件的分析，而非替代。首先，在每个法院内部可以聘请各个行业的专家，以专家库的形式纳入社会各界具有专业知识的学者构成法官辅助人的核心；其次，根据案件的特殊需要，以受聘者的实际技能与案件专业知识的关联性、受聘者的诚信度等决定其是否被采用成为法官的“老师”，形成专家库的必要弥补，构建法院的专业知识智囊团。

在案件立案之后，鉴定人和专家辅助人介入案件之前，法官辅助人必须马上介入案件，实施教育准备，这会让该案的审理法官在第一时间了解专门知识，快速作出相关判决，提高司法效率。当事人申请鉴定、重新鉴定以及邀请专家辅助人参与案件审理前，应先由法官辅助人审核鉴定理由，并判断该申请事项是否涉及专门问题以及再次鉴定的理由是否成立。法官辅助人所作的仅为对法官进行专门知识的教育，对于教育的内容不需在判决书中公开。法官形成何种判决及判决书的具体内容，应当是法官在理解专业知识后结合案件事实逻辑推理的书面描述，对于自己通过何种方式了解专门知识、由谁提供专门知识并不是判决所要涉及的问题，同时这样做可以避免法官辅助人与体制内的其他专家之间形成对抗，免除法官辅助人的思想顾虑。法官辅助人不出庭以言辞形式作证，也不接受当事人及其辩护律师的交叉询问。其不同于鉴定人和当事人聘请的专家辅助人，其是中立的、忠于科学的、真实的专业辅助人，不会在法庭上受到当事人聘请专家的挑战，可以使其在平和的心态下中立公正地对法官实施专业教育，如何保障教育效果的最大化是其核心任务。

第二，科普手册和科学培训可以帮助法官在零星的时间里了解科学知识。基于工作的繁忙和本身所学专业的限制，法官不可能离开本职工作去专门学习某些专业知识，何况学习也只能就某一方面或某几方面有所掌握，但这也无法满足复杂的案件审理需要。如何通过简单的材料让法官可以随意地在闲暇时间了解科学知识，最起码了解科学术语是最为有效的。在此中国可以借鉴美国的做法，自 1994 年起，美国国家司法研究院发行了第一版科学证据参考手册，2000 年发行了第二版，2011 年发行了第三版。如今已经积累成很厚的一卷参考手册，其由不同的专家按照在审判中可能遇到的不同科学主题汇集而成，如 DNA 分析、概率论、流行病学等，其用简朴的语言对法官进行最基本的科普宣传，对需要就案件科学问题突击提高的法官是非常有益的工具。中国也可以参照该办法发行相关的参考手册，这有利于在短期内解决面对某一专业问题的法官的困惑，法官可以带着一颗清晰的大脑引导案件的审理，掌控鉴定人和专家辅助人的对质。从长远来看，法官也可以在长期的翻阅中积累除法律外的其他领域的基本常识，为将来可能遇见的专业问题作知识积累和铺垫。同时通过与不同的学术研究机构合作，开展各类不同科学主题的法官培训项目，也可以对法官的专业问题的学习起到一定作用。例如，美国布鲁克林法学院实施的“法官科学项目”、乔治梅森大学法学院法律与经济中心举办的司法统计学会议等的成果经验都值得中国借鉴和学习。

对专家证据质量的提升是一项庞大的工程，因为科学知识本身就具有多样性和复杂性，而对于一个外行的法官而言，某个鉴定人或专家辅助人关于某种理论和技能被信任的共识是最佳指征，这一非常合理的思想并不像最初那样大有帮助，甚至在某些领域无法保证其可靠性。而且并不是所有专家都是可靠的，有些专家确实是错误的，有些是不称职的，有些是自欺欺人的，也许有不少是彻底欺骗的，同时基于利益冲突、认识论的立场等原因找到一个不带先见、无偏私的称职专家并不现实。所以，提高专家证言的质量、建构完善的鉴定意见制度和专家辅助人制度并非易事，意识到涉猎专家问题的错综复杂，我们才知道进展的目标和方向[①]。

① 〔美〕苏珊·哈克：《专家证据：美国的经验与教训》，邓晓霞译，《证据科学》2016 年第 3 期，第 350 页。

第三章 教育与认定：法官辅助人制度的建构①

第一节 问题的提出

随着社会的发展，人类对自然和社会认识广度和深度的拓展，展现在人类面前的未知领域越发广博，对未知世界的探寻需要由越来越多的基础知识和技术作为铺垫，同时更需要他人知识和技能的协助，以弥补自身知识、技能的欠缺，人类对真理的认识迈入了“发现真理”和“告知真理”相结合的新境界②。作为连接事实与法律桥梁的证据，被法官认定也受到更多专门知识的挑战，所以“站在20世纪末思考证据法的未来，很大程度上就是要探讨正在演进的事实认定科学化的问题”③。任何一类案件的裁判中，法官作为事实认定者都是带着自己已有的知识体系及推理方式主持审判程序的。社会向前发展的进程中，每个单独个体所拥有的知识量可能会随着不断学习和实践逐渐增加，但知识面可能随着社会的快速发展呈现下降态势。当法官作为事实认定者，需要运用自己所缺失或不足的知识和技能理解某一专业问题或专家证言时，其认知能力可能为零，该专业问题内容的真伪性无法得到正确有效的评估。法官此时只能有两种抉择：一是被动地遵从专家的判断；二是要求有专业背景的人提供可以理解和接受的信息。当法官选择遵从于专家的判断时，如果该专家没有基于专业知识，而是在法庭上提供了不可靠的、没有被普遍接受的知识时，“伪科学”或“垃圾科学”可能披着科学的外衣影响法官对事实的认定。事实上在对争议的相关领域缺乏了解的前提下，事实认定者法官大多无法清

① 本章由笔者与邢金龙共同完成。

② 何家弘教授认为认识真理的途径有两条：发现真理和告知真理。发现真理是由自己去发现，告知真理是由别人告知。人类早期，由于认识能力不发达，很多情况下无法发现真理，只能由他人来告知。后来，随着人类认识能力的提高，人们越来越多地倾向于自己去发现真理。随着社会分工越来越细化，知识的专业性越来越强，人类对自己专业以外的知识和经验除了自身去发现外，也需要不同专业的专家告知。参见何家弘：《司法证明方式和证据规则的历史沿革——对西方证据法的再认识》，《外国法译评》1999年第4期，第32页。

③ 〔美〕米尔建·R. 达马斯卡：《漂移的证据法》，李学军，等译，北京：中国政法大学出版社，2003年，第200页。

晰地判断应遵从于哪一方，可能会不加分析或无奈地、含糊地遵从他人的意见。这意味着将事实的认定权移交给他人，法官被自己缺失的专业知识和技能所俘获，成为被动的接纳者，这将撼动法官行使审判权并作出最终裁决的主体地位。在现代诉讼中，裁判者应当在对案件所涉专业知识充分理解的基础上，认定事实，作出裁决，判决的结果在很大程度上是一种知识对另一种知识的征服，让拥有专业知识和技能的专家介入案件审理，与法官进行交流和理解成为最有效的途径。在案件审理中，每一个新增的专家都会带来属于自己的证据评判，每一个参与评判者都希望通过自身的专业知识填补审判中的证据性空白。专家介入审判，协助法官认定事实是必需的也是可能的。法官与专家构成一个团体，通过相互交流，法官的理解能力将增强，用专业知识认定事实成为可能。

为解决此类问题，不同诉讼模式之下的国家通过立法形成了不同的鉴定人制度和专家证人制度，为查明事实扫清障碍。我国在借鉴域外经验的基础上，结合本国国情不断深化对鉴定人制度的完善。在立法空白的情况下，首先由实务部门通过司法解释的形式确定专家辅助人制度，2001 年 12 月 21 日《最高人民法院关于民事诉讼证据的若干规定》第 61 条：当事人可以向人民法院申请由一至二名具有专门知识的人员出庭就案件的专门性问题进行说明。2009 年 12 月 23 日最高人民法院公布“对网民 31 个意见建议答复情况”中确认中国法院已经实行了专家证人制度。修订后的《民事诉讼法》和《刑事诉讼法》以立法的形式正式确立，当事人可以向人民法院申请通知有专门知识的人出庭，就鉴定人作出的鉴定意见或者专业问题提出意见。我国法院系统也希望通过立法建立一条连接事实与法律的通道，为事实认定者抉择的合法性和有效性提供依据。而《民事诉讼法司法解释》第 122 条第 2 款规定：具有专门知识的人在法庭上就专业问题提出的意见，视为当事人的陈述。该司法解释似乎意味着专家辅助人实质上应属于当事人的专家辅助人，而非事实的揭露者。在这一前提下，我国的“具有专门知识的人”制度的设置是否能真正协助法官厘清事实，其与我国传统的司法鉴定制度能否协调；涉及专业问题的纠纷，其裁决权是由法官独立行使还是受到专家辅助人等的影响甚至导致法官裁决权的丧失等问题仍值得我们探讨。

第二节　理想与现实：“具有专门知识的人”参与诉讼制度与我国证据理论和实践的冲突

任何一项权利的内涵和外延都取决于事实的认定，权利与事实的结合使我们在确定权利享有者的基础上，使权利发挥最大的效益。权利与义务的最终落实取决于事实认定者对相关事实的认识程度，事实认定者对证据的认定程度决定了当事人利益格局的维护或重新分配，即只有“将法律与真实的世界紧密联系在一起会将权利和义务锚定于可知事物之上，并且摆脱了冲动和反复无常”[①]。“具有专门知识的人”参与诉讼，其目的在

① 〔美〕罗纳德·J. 艾伦：《专家证言的概念性挑战》，汪诸豪译，《证据科学》2014 年第 1 期，第 96 页。

于将事实以证据的形式展现在事实认定者面前，运用专业知识解读、连接证据与事实，促使法官形成正确的内心确认，其对法官扫清认定事实的障碍具有辅助性，但同时由于其参与诉讼的启动方式和活动内容，其行为又不可避免地掺杂了依附性和倾向性，影响专家辅助人的诉讼中立立场。

一、诉讼中“具有专门知识的人”保持中立难以实现

“具有专门知识的人”参与诉讼的目的是协助法官对鉴定意见和审判中涉猎的专业问题进行理解和认定，其客观性和中立性应当得到优先保障。但在我国“具有专门知识的人”参与诉讼基于当事人的申请、其意见视为当事人的陈述、其费用也是由当事人负担的制度环境下，该专家无法绝对地以科学为依据、独立于当事人、不带有倾向性地作出科学解释，其立场会受到委托一方当事人引导或带有利己目的意识的影响。或者当某一专家中立地参与诉讼，质疑鉴定意见，解释某一专业问题时，选择该专家的当事人可能会放弃，转而青睐他人。任何一个当事人都不愿意花钱委托一个在关键时刻坚守正义与公平，作出不利于己方利益的解释的专家。在当事人主义诉讼体制中，受经济利益驱动，“具有专门知识的人”会看风使舵地选择商业化的运作方式，这种商业化的倾向导致“具有专门知识的人”放弃了作为专家中立的立场，甚至动摇忠于事实的基础，使大量低质的甚至伪科学的证据呈现在法官面前。关于“具有专门知识的人”，理论上其承载着理想与现实两种不同且可能相互冲突的价值目标，实践中保持中立只是一种理想状态，我们只能期待但无法要求实现他们的中立立场。

二、缺乏生存基础的“具有专门知识的人”参与诉讼呈现出无限辅助和被动放弃两种态势

我国现行诉讼制度的设置虽然以当事人模式为基准，但传统职权主义的遗留仍影响着制度的设定和实施。职权主义模式下法官大多依赖于自己主动探究客观事实，而不是当事人积极配合或消极对抗作出决定，同样，证据的取得也在一定程度上不依赖于当事人的主动。以当事人积极参与为外在表现的“具有专门知识的人”参与诉讼缺乏与之相适应的生存背景。

现代司法运行以程序正义为理念，采取当事人对立地提出证据、进行攻击防御的审理机制。设计这一机制的理论前提是自由与平等，在专家辅助人的占有、利用方面，当事人要受经济实力和社会资源等因素的影响，实际情况正好相反。实践中“具有专门知识的人”参与诉讼主要是由当事人自行委托的，一方当事人提出专家意见就意味着另一方当事人承担了对该专家意见进行解释的费用，同时基于是否有利于自己赢得诉讼的考虑，当事人在聘请专家时往往不以发现事实为目的，诉讼的胜负是其选择专家参与诉讼的首要考虑。富有者凭借自己的经济实力会反复地聘请专家寻找有利于自己的机会，“无限辅助”成为常态，面对同一个专业问题为了寻找支持自己的诉讼主张的科学证据而陷入无限证明和反复中。特别是在现代型诉讼中，案件的社会结构往往是一方是孤立的、分散的、经济上处于弱势的少数；另一方是大规模的社会组织（企业、集团），由于经济

实力强大、社会资源占有量大，已形成了丰富的专家资源库，一定程度上形成了过度使用专家资源，攫取诉讼优势的态势。贫穷者因高额的专家聘请费用而放弃对该制度的使用，弱者成为任科学宰杀的羔羊。这种事实查证中的一边倒现象往往导致呈现在法官面前的是不可靠的证据。高昂的诉讼成本可能导致判决结果更倾向于拥有较多资源的当事人。司法裁判不仅仅是为了解决纠纷，更是为了实现正义，消除社会生活条件对平等正义价值的威胁。弱势当事人的无助或放弃，使法官难以旁观，在证据法上已严重背离了正当程序的初衷。

三、“具有专门知识的人”参与诉讼的无奈现实

实践操作中，“具有专门知识的人”参与诉讼基于其制度设定的不完善（如专家的审查标准、专家参与诉讼的适用范围、申请专家参与诉讼的期限、专家意见的性质等法律都没有作严格的规定，使法官对该制度的使用望而却步）、拖延诉讼、增加当事人的诉讼成本、专家意见不一致时法官无法取舍等原因，其实际应用受到限制。同时当事人寻找愿意出庭的“具有专门知识的人”是非常不易的。因为现有的专家大多数属于司法系统、高校或具有一定社会地位，以“具有专门知识的人”的身份出庭意味着该专家是与鉴定人进行“业内对抗”，而大多数专家不愿在公开的天平上伤了和气。

所以“在人类社会的大棋盘上，每个个体都有其自身的行动规律，和立法者试图施加的规则不是一回事。如果它们能够相互一致，按同一方向作用，人类社会的博弈就会如行云流水，结局圆满。但如果两者相互抵牾，那博弈的结果将苦不堪言，社会在任何时候都会陷入高度的混乱之中”[①]。在我国不论是现行的“具有专门知识的人”制度还是鉴定人制度，都没有充分考虑法官是否理解专业知识和技能，是否是在理解的基础上认定事实和作出裁判的，等同于将事实的认定权交给了专业人士，法官只是被动地接受结果，作出宣判。如同对小学生谈论相对论一样，面对没有专业背景的法官，在此刻“真理”并非越辩越明，专家介入案件让法官陷入一种无知的恐慌中而无所适从。而由于不能拒绝案件审判制度的约束，法官可能会作出令自己都无法信服的裁判，内心确信更无所顾忌。而且，随着社会的发展，越来越多的案件审理需要了解复杂的新型技术，法官在对案件审判的过程中，受到技术决定论观点的影响，对任何技术革新往往本能地采取接纳的态度，一方面希望保留传统的司法程序，一方面膜拜新型技术，从而受到严重的内心煎熬，缺乏选择能力，无法取舍，无法认定。

当然我们在分析“具有专门知识的人”参与诉讼的诸多缺点的同时，也应该看到，“具有专门知识的人”参与诉讼是当事人的助手，对当事人进行技术支持和知识扶助；是律师和检察官的助手，出庭质证鉴定人；是法官的助手，帮助法官分析判断；是鉴定人的对手，质疑监督鉴定人[②]。但这一切功能的发挥都基于法官了解相关专业知识的假设前提，只有法官对专业知识理解，“具有专门知识的人”参与诉讼的意义才能体现。

---

① 〔英〕亚当·斯密：《道德情操论》，蒋自强、钦北愚、朱钟棣，等译，胡企林校，北京：商务印书馆，2003 年，第 302 页。

② 常林：《司法鉴定专家辅助人制度研究》，北京：中国政法大学出版社，2012 年，第 203-217 页。

概而言之，当法官能够依据自己的知识体系判定某一问题时，无须专家参与诉讼，遵从该专家的意见。当“具有专门知识的人”参与诉讼又表现出意见不一致，同时法官对相关领域缺乏了解时，法官无法判断遵从何方意见，辩护律师的辩护策略更加剧了法官作为事实认定者正确评估证据科学性的难度。显然对于法官而言，“具有专门知识的人”参与诉讼制度的设置失去了理论基础和可行性。而对于当事人来讲，“具有专门知识的人”参与诉讼是其诉讼参与权的表现。因此，为充分有效地发挥专家参与诉讼制度的优势，使法官站在中立的立场上能达到兼听则明的效果，必须通过构建法官辅助人制度予以弥补。

第三节　规范与调适：法官辅助人制度建构的正当性和运行规则

如何实现审判的理想状态？事实认定者在对案件所涉专业领域缺乏了解的前提下，如何明智地确定听从于哪一方专家的意见？如何让“具有专门知识的人”参与诉讼、质证鉴定人或说明专业问题的过程具有意义？所有的问题都指向我们应对法官进行教育，使法官在充分了解案件所涉领域的基础上，结合案件实际情况评价专家意见。目前我国法官的再教育主要涉及法律教育和意识形态教育、理想信念教育，对法官进行较陌生科学领域的知识（如自然科学知识、经济学知识等）的教育，应如何供给，值得认真探讨。当下的法官培训学院对上述知识进行培训，以满足法官司法知识的需求，具有必要性但却不具有现实性。法官辅助人制度的设立成为对法官实施教育的最佳途径，即以法官辅助人制度与“具有专门知识的人”参与诉讼制度相配合，产生互动的推定力，并在互动中达成两种制度的理解、交融，实现法官在涉及专业知识的案件中理性裁判的目的。

一、法官辅助人制度的正当性基础

（一）提高司法民主，保障双重正义的实现

“正义有着一张普洛透斯似的脸，变化无常、随时可呈现不同形状并具有极不相同的面貌”①，但正义又是人类永恒的话题，正义不仅应得到实现而且必须以看得见的方式得以实现。法官辅助人制度以“具有专门知识的人”参与诉讼为前提，允许当事人聘请自己认为掌握案件专业知识的专家参与诉讼，在保障当事人平等的权利话语权的同时，也使每一位当事人找到自己在一个民主国家的公民地位，司法获得民众的认同和支持，这是当事人程序主体性和参与权的体现，从程序上保障了当事人对正义的追求。同时法官辅助人制度又以向法官提供专业知识教育为手段，促进法官发现真实，实现诉讼追求的目标，从实质上维护法官对正义的向往。法官辅助人制度的建构在充分发挥鉴定人制度和“具有专门知识的人”参与诉讼优势的基础上，达到形式正义与

① 〔美〕E. 博登海默：《法理学：法哲学与法律方法》，邓正来译，北京：中国政法大学出版社，2004年，第261页。

实质正义的双重实现。

（二）满足法官审理案件的主观与客观需求

“教育”一词来源于拉丁语 educare，意思是“引出”。法官辅助人制度设定的意图在于对法官实施一种教育而非一种遵从。通过法官辅助人与法官进行专业知识的交流，“引出”法官对案件的分析，而非替代。依据《中华人民共和国法官法》第 9 条的规定，从事法官职业的条件之一是高等院校法律专业本科毕业或者高等院校非法律专业本科毕业具有法律专业知识，从事法律工作满一定年限。这意味着每一名法官都接受过正规的教育，接受教育的能力是毋庸置疑的；其经过审判实践的历练，具备了较好的辨析能力；同时对案件中专业知识的缺乏和案件审理的需要，也使其对学习专门知识的主观能动性是很强的。法官具备了被引出接受教育的条件，即从主观需求到客观条件，法官辅助人对法官的教育是可行的。

但我们应明确，法官辅助人对法官的教育不同于传统的学历教育，也不同于法官在任职前后的法律培训，其“关键的变量在于事实认定者是否能够理解证人从观察到得出结论之间的推论过程”。也就是法官辅助人对法官的教育以法官理解某一专门知识在具体案件中的作用为基本要求，即在专门知识的影响下他们能否从 A 得到 B，在此基础上法官可以选择性地决定对该专门知识的掌握程度，但并不以对该专门知识的掌握和应用为目的。

（三）强化法官对鉴定意见等科学证据的庭审决断权

在涉及专业知识的具体案件中，鉴定意见等科学证据往往对案件的结果具有决定性的作用，法官对案件中具体专业知识的缺失，导致其无法通过庭审过程分析鉴定意见等科学证据，形成当事人对庭审结果的信任。面对现实中当事人不服鉴定意见等科学证据的具体情况，一般的解决途径是庭审中要求鉴定人和专家辅助人出庭公开质证。该制度的设置本身非常有利于通过公开的程序对专业问题进行分析解释，达到解决问题的目的，但该制度的落实却形成了与制度设定目的不同的现状。实践中一些当事人认为申请鉴定人出庭是一种策略性的选择，大多数鉴定人并不愿意出庭接受质证，其借助法律的强行要求，最后制造了鉴定人无法出庭以否定鉴定意见的事实。法官认为在法院案多人少，绩效考核的环境下，申请鉴定人和专家辅助人出庭，影响审判效率。而且大多数法官认为，既然鉴定意见是由专业鉴定机构作出的权威意见，除非有明显错误，否则不存在不予接纳的理由，“以鉴代审”成为常态，也成为法官规避风险的常见方式。而且假如对某一鉴定意见进行了重新鉴定，形成先后相互矛盾的鉴定意见时，法官更无从对矛盾的鉴定意见作出决断。法官辅助人制度的设置可以使法官在一定程度上了解专业知识，在庭审中公开对鉴定意见的分析，“过程产生信任”，达到鉴定意见等科学证据的使用目的。同时也落实了法官对案件庭审的真正控制，减少甚至避免法官被鉴定意见等科学证据变相控制的现象。

二、法官辅助人的制度设计

法官辅助人制度的设置不同于传统的鉴定人和“具有专门知识的人”制度，法官辅助人必须是中立的、忠于科学的、真实的专业辅助人。

（一）法官辅助人的定位

法官辅助人是法院的专家或法官的专家，不应依附于当事人，不是当事人的“专家辅助人”，其应在尊重科学规律和客观事实的基础上，对法官进行关乎案件系争事实的专业知识、信息教育。法官拥有对法官辅助人提供信息的自由裁量权，没有接受法官辅助人信息的义务；法官辅助人仅是信息的提供者和说明者，其必须通过多样化的形式对案件涉猎的专门知识向法官进行说服教育，使事实认定法官对该专门知识能够理解，从而具有对以专门知识为核心的证据是否采信的能力，进而形成内心确信，实现事实判定，决断当事人享有权利的内涵和外延。审判中，权威技术的拥有者永远无法撼动法官最终裁判者的身份和地位。

同时法官辅助人对法官的教育必须坚持中立性，而非协助，避免法官对专家意见的偏听偏信和强烈依赖。针对一些不需要复杂调查的技术性问题，通过法官辅助人的教育可以达到理解、认识、判定的目的；对于复杂的技术性问题，法官辅助人除了向法官传输自己对该专业知识的认识外，还应告知法官自己的观点在同行中的支持率、可信度、弊端等，给法官一个完整的关于该专业知识的描述，建构可靠的案件审判背景。

（二）法官辅助人体系的建立

法官辅助人应是某一行业的专家，这是无疑的，但如何理解专家，其是否也应像鉴定人一样具备严格的资格，这值得我们质疑。法官辅助人的设定目的不同于鉴定人，其在于通过对事实认定法官的教育，实现审判的理想状态。这一方面从很大程度上降低了我国关于“具有专门知识的人”基于经济利益的考虑运用伪科学对虚假主张进行解释的可能性；另一方面使法官在充分了解某一领域专门知识的基础上再结合案件具体情况理性地分析评判专家意见。

由于案件的复杂多变、涉猎专业知识的广阔，结合我国鉴定人资格的审查制度，法官辅助人体系应以开放的姿态建立，以“无固定资格”为原则，以开放性的法官辅助人名册为基础。应首先在法院设立专家库，纳入社会各界具有专业知识的学者，这是法官辅助人体系的核心；其次根据案件的特殊需要，以受聘者的实际技能与案件专业知识的关联性、受聘者的诚信度等决定其是否被采用成为法官的“老师”，这是法官辅助人体系必不可少的部分，可以弥补专家库在某些特殊问题上可能出现的缺损。同时我们也应当认识到，我们所说的“专门知识”应是最广义的，既可能包括技术员设计图纸的知识，又可能包括水暖工的技术和如何种地的经验。也就是说，法官辅助人体系的设置应是拥有相关知识而无头衔也可能成为法官辅助人；拥有头衔而无相关知识也可能不能成为法官辅助人。

具体案件中考虑到案件所涉及的利益关系，为保障法官辅助人实施教育中的中立性，如涉及法官辅助人是对案件诉讼标的有独立请求权的行为人或与案件处理结果有法律上的利害关系的行为人等情况，即使该专家在本行业领域具有权威地位，但由于与案件的直接或间接关系，其也不能纳入本案的法官辅助人体系中。

（三）法官辅助人的教育过程及内容

“完美的决断原则并不存在。然而，不完美的决断原则却存在，它们能被有条理地以合理的中立和客观的方式运用，从而增加法律判决的总体可靠性。”[①]为发挥法官辅助人保持中立、客观公正地对法官进行专业知识教育的作用，法官辅助人制度在运作时应考虑到以下内容：

第一，教育的时间应把握在庭审之前，“具有专门知识的人”介入案件之前。法官辅助人实施教育的目的是让法官对该专业知识有基本的判断和把握，这决定了每一件涉及专门知识的案件在立案后，法官辅助人必须马上介入案件，实施教育准备，这也会让该案的审理法官在第一时间了解专门知识，快速作出相关判决，提高司法效率。当事人申请鉴定、重新鉴定以及邀请“具有专门知识的人”参与案件审理前，应先由法官辅助人审核鉴定理由，并判断该申请事项是否涉及专门问题以及再次鉴定的理由是否成立。

第二，法官辅助人所作的仅为对法官进行专门知识的教育，对于教育的内容不需在判决书中公开。法官形成何种判决及判决书的具体内容，应当是法官在理解专业知识后结合案件事实逻辑推理的书面描述，对于自己通过何种方式了解专门知识、由谁提供专门知识并不是判决所要涉及的问题，同时这样做可以避免法官辅助人与体制内的其他专家之间形成对抗，免除法官辅助人的思想顾虑。

第三，法官辅助人不出庭以言辞形式作证，也不接受当事人及其辩护律师的交叉询问。法官辅助人不同于鉴定人和当事人聘请的“具有专门知识的人”，对法官实施专门知识的教育即达到了制度实施的目的，如何保障教育效果的最大化是核心。法官辅助人不会在法庭上受到当事人聘请的专家的挑战，可以使其在平和的心态下中立公正地表达意见。

在审判权真正回归法官的同时，可以根据法官审判案件的特点和接受法官辅助人教育的经历，对法官也进行大致的分类，如擅长法医类、文书类、物证类、知识产权类、建筑工程类、电子数据类等，以便于审判权的更好行使。

---

① 孙业群：《司法鉴定制度改革研究》，北京：法律出版社，2002 年，第 324 页。

第四章　证明责任本体论

在利益攸关的诉讼中，决定成败的法则是证据，而在证据的选择方面证明责任制度居于核心地位，法谚称“证明责任乃诉讼的脊梁”，是实体法和程序法的交汇。明确证明责任的内涵不仅有利于建构我国完善的证据法体系，而且能更好地解决法院裁判中法律表达和法律实践之间碰撞引起的一系列问题。

第一节　证明责任的概念

任何一门学科的研究都是以对其研究对象的概念和内涵进行明确界定为基础的，证明责任理论也不能例外。关于证明责任的概念和内涵，学者们在理解方面存在分歧，同时由于翻译的不同，出现了客观证明责任、主观证明责任、行为意义上的证明责任、结果意义上的证明责任、举证责任等诸多表现形式。就证明责任本身而言，在不同的诉讼阶段其内容也表现出差异，这更为证明责任蒙上了神秘的面纱。因此，界定证明责任的概念是研究证明责任理论的基石。

一、大陆法系国家证明责任概念

证明责任在大陆法系国家经历了从早期的主观证明责任到主观证明责任和客观证明责任并存的发展历程，目前，在大陆法系国家占通说的是证明责任的双重含义说。证明责任在德语中称作 beweislast，依据双重含义说和具体内容的不同可以分为 beweisführungslast 和 festsellungslast。在理论上，大陆法系学者将前者称作主观性的证明责任、形式上的证明责任、提供证据的责任等，是指当事人在具体诉讼中，为避免承担败诉的风险而向法院提供证据。后者被称为客观性的证明责任、实质上的证明责任等，是指在庭审结束后，当事人因主要事实没有得到证明，法院不认可发生以该事实为要件的法律效力而承担的诉讼上的不利益[①]。例如，德国学者罗森贝克认为证明责任具有双

---

① 陈刚：《证明责任概念辨析》，《现代法学》1997 年第 2 期，第 32 页。

重含义，第一层含义是一方当事人为避免败诉，通过自己的行为对有争议的事实加以证明；另一层含义是不考虑负有证明责任的当事人的任何证明活动，只考虑诉讼活动的结果，以及重要事实的不确定性①。德国学者普维庭认为主观证明责任是在诉讼中哪一方当事人应当对具体的要件事实举证。客观证明责任是如果当诉讼中的一项事实主张不能被证明时，也就是说，在法官对该项事实主张存在或不存在无法判明的情形下，由何方承担不利后果的问题②。

二、英美法系国家证明责任概念

英美法系国家证明责任的概念以其内涵构造上的多层次说为特征，在分层说提出之前，有关证明责任的概念和内涵在英美法系国家是含混不清的。1898年，美国学者撒耶（J. B. Thayer）在其著作《普通法上的证据法导论》中首先提出，传统意义上的证明责任概念在使用上绝不止于单层含义，证明责任共有三层含义。第一层含义是：一方当事人提出双方存在争论的事实主张后所产生的危险责任——如果依其所言所为而不能证明其事实主张将会败诉。第二层含义是：继续进行或者提供证据的义务，这种义务不仅存在于案件的开始阶段，而且贯彻于此后的整个审判或辩论的任何阶段。第三层含义是：无论使用这个术语的何种称谓，都较其他两层含义具有更为丰富的意义的主要内容。中国学者大多认为撒耶的证明责任分层说实为两层：第一层是主张责任，即“对各方当事人正在争议的问题，有提出主张的责任，如果不提出主张，则会败诉”；第二层是证据提出责任，即“不论是在案件开始时或在庭审、辩论的全部过程中，有推进辩论或提供证据的责任”③。第三层意思仅涉及证明责任概念的名称，无关内部层次构架。

随着证据法理论研究的深入，证明责任的分层也发生了变化，现在英美法系国家根据分层说对证明责任形成了以下理解：证明责任的英语为 burden of proof，根据内容的不同可以分为“the burden of producing evidence”、“production burden”、“the duty of producing evidence”和“the burden of persuation”、“persuation burden”，前者中文通常翻译为“提供证据责任”，是指当事人向法官提供足以使案件交予陪审团评议的证据的行为责任。后者在中文中通常翻译为“说服责任”，是指当事人对交予陪审团进行事实认定的案件，在审判程序的最后阶段，因事实真伪不明而承担的诉讼不利益④。

例如，在英美法系国家经典的证据法学教材《麦考密克论证据》中认为证明责任具有两个相互冲突的含义。这个术语包含两个不同的证明责任：一个是对某一特殊争议事实提出证据令法官满意的责任（提供证据责任）；另一个是说服事实审理者相信主张事实是真实的责任（说服责任）。对有关争点提供证据的责任意思是，如果对有关争点不提出证据，就要承担不利裁决的责任。通常，这种责任首先由主张该事实存在的当事人承担，当主张者履行了初步责任后，这种责任就已经转移到对方当事人。说服责任只有在当事

---

①〔德〕莱奥·罗森贝克：《证明责任论》，庄敬华译，北京：中国法制出版社，2002年，第4版，第17页。

②〔德〕汉斯·普维庭：《现代证明责任问题》，吴越译，北京：法律出版社，2006年，第10-11页。

③ 王以真：《英美刑事证据法中的证明责任问题》，《中国法学》1991年第4期，第110页。

④ 陈刚：《证明责任概念辨析》，《现代法学》1997年第2期，第32页。

人履行了提供证据责任且提供了所有证据时，才成为一个关键性因素。在案件的审理过程中，说服责任并不从一方当事人转移到另一方当事人，因为说服责任直到裁决时，才进行分配。说服责任的作用主要体现在事实审理者确实处于怀疑的情况下①。

不论是大陆法系国家还是英美法系国家，关于证明责任的认识都是从动态和静态两个层面来理解的，从动态来看，主观证明责任和推进诉讼的责任都是从诉讼进程的角度提出的，强调当事人负有使自己的主张成为争点的责任，从而推动诉讼程序进行。从静态来看，都表现为法庭调查结束后由何方承担事实真伪不明的责任，而且都认为承担证明责任的主体都限于争议双方，裁判者本身不承担证明责任。但是从证明责任的发展历程可以看出，大陆法系国家证明责任研究是以客观证明责任为核心的，各种诉讼程序和原则下的证明责任构造，都可能面临客观证明责任的问题。而在英美法系国家，尽管提供证据的责任和说服责任同属证明责任这一概念，但二者有各自的功能，相互独立。说服责任必须达到证明标准设定的高度，否则视为未说服，事实为伪，说明在英美法系国家很少存在真伪不明的状态。所以，有学者认为证明责任一词在英美法系国家仍以主观证明责任的含义在使用②。

三、中国证明责任概念

尽管中国学者关于证明责任的相关理论研究较晚，但在较多借鉴国外现有成果的基础上也形成了大量的关于证明责任的研究成果。关于证明责任的概念，中国学者形成了以下三种观点：第一，行为责任说，该学说认为证明责任是司法机关和当事人为证明有利于自己的案件事实和诉讼主张收集和提供证据的责任；第二，结果责任说，即证明责任是在案件事实不清的情况下，由一方当事人承担不利后果的责任；第三，双重含义说，认为证明责任包含双重含义，即行为意义上的证明责任和结果意义上的证明责任③。也有学者认为证明责任包括三层含义④。目前，双重含义说在中国证据法学界被广泛接受，但其具体表述仍有不同。例如，有学者认为，证明责任包括双重含义，是诉讼当事方在审判中向法庭提供证据证明其主张之案件事实的责任⑤。有学者认为，证明责任应当包括行为与后果两个方面，即行为意义上的证明责任与结果意义上的证明责任。前者指当事人对所主张的事实负有提供证据证明的责任；后者指在事实处于真伪不明状态时，主张该事实的人承担不利的诉讼后果⑥。还有学者认为，证明责任是证明主体为了使自己的诉讼主张得到法院裁判的确认，所承担的提供和运用证据支持自己的主张以避免对于

---

① 〔美〕约翰·W. 斯特龙主编：《麦考密克论证据》，汤维建，等译，北京：中国政法大学出版社，2004年，第5版，第648-649页。

② 骆永家：《民事举证责任论》，台北：台湾商务印书馆，1981年，第46页。

③ 江伟主编：《证据法学》，北京：法律出版社，1999年，第82-83页。

④ 何家弘教授认为证明责任包括三层含义：第一，行为责任，即诉讼当事人就其事实主张向法庭作出提供证据之行为的责任；第二，说服责任，即诉讼当事人使用符合法律要求的证据说服事实裁判者相信其事实主张的责任。第三，后果责任，即诉讼当事人在不能提供证据或者不能说服事实裁判者，而且案件事实处于不明确状态时承担不利诉讼后果的责任。参见何家弘：《论推定规则适用中的证明责任和证明标准》，《中外法学》2008年第6期，第868页。

⑤ 何家弘、刘品新：《证据法学》，北京：法律出版社，2008年，第3版，第289页。

⑥ 樊崇义主编：《证据法学》，北京：法律出版社，2001年，第200页。

己方不利的诉讼后果的责任[1]。有学者认为，证明责任是提供证据责任与说服责任的统一。所谓提供证据的责任，是指双方当事人在诉讼过程中，应当根据诉讼进行的状态，就其主张的事实或者反驳的事实提供证据加以证明。所谓说服责任，是指负有证明责任的诉讼当事人应当承担运用证据对案件事实进行说明、论证，使法官形成对案件事实的确信的责任[2]。

与证明责任理论研究相适应，中国民事证明责任相关法律的规定也呈现出变化的态势。2002 年《最高人民法院关于民事诉讼证据的若干规定》第 2 条规定：当事人对自己提出的诉讼请求所依据的事实或者反驳对方诉讼请求所依据的事实有责任提供证据加以证明。没有证据或者证据不足以证明当事人的事实主张的，由负有举证责任的当事人承担不利后果。2007 年《民事诉讼法》第 64 条第 1 款规定：当事人对自己提出的主张，有责任提供证据。2012 年《民事诉讼法》第 64 条规定：当事人对自己提出的主张，有责任提供证据。根据这些规定，可以看出中国民事法律中“举证责任”一词相当于“证明责任”，“举证责任”包含行为责任和结果责任双重含义：第一，谁主张，谁举证；第二，不尽举证责任的应当承担法律后果。这也可以证明中国学者已经意识到举证责任在诉讼中的意义和通过法律实现对其规制的必要性，但也表现出关于证明责任的研究仅限于行为意义上的主观证明责任，“谁主张，谁举证”是其核心内容，只是从程序角度规定了当事人在具体诉讼中提供证据的责任，忽略了在实体法上已经明定的或暗含的客观证明责任。

《民事诉讼法司法解释》的规定，实现了中国在证明责任的规范方面从举证责任到证明责任的跨越。其第 90 条第 1 款规定：当事人对自己提出的诉讼请求所依据的事实或者反驳对方诉讼请求所依据的事实，应当提供证据加以证明，但法律另有规定的除外。从司法解释中可以看出，关于主观证明责任或行为意义上的证明责任，必须由具有诉讼主张的当事人提出。而对“法律另有规定的除外”，说明在特殊情况下可以发生该证明责任的倒置。其第 90 条第 2 款规定：在作出判决前，当事人未能提供证据或者证据不足以证明其事实主张的，由负有举证证明责任的当事人承担不利的后果。第 2 款内容初步表明了中国关于客观证明责任或结果意义上的证明责任的理论认识在法律规定中显现。同时首次使用了“举证证明责任”一词，该概念的提出也表明中国在证明责任的定义中对证明责任的分层。其第 91 条规定：人民法院应当依照下列原则确定举证证明责任的承担，但法律另有规定的除外：①主张法律关系存在的当事人，应当对产生该法律关系的基本事实承担举证证明责任。②主张法律关系变更、消灭或者权利受到妨害的当事人，应当对该法律关系变更、消灭或者权利受到妨害的基本事实承担举证证明责任。该条规定了中国证明责任的分配建立在法律要件分类说的基础上。法律要件分类说对于客观证明责任分配的基本规则为“请求权人承担权利形成要件的客观证明责任，请求权人的对方当事人承担权利妨碍要件、权利消灭要件和权利阻碍要件的客观证明责任”。中国在确立该原则时，使用的是“确定举证证明责任的承担”，说明该原则不仅指导举证责任，而且从

---

① 卞建林主编：《证据法学》，北京：中国政法大学出版社，2000 年，第 325 页。

② 卞建林主编：《刑事证明理论》，北京：中国人民公安大学出版社，2004 年，第 177 页。

深层意义上对客观证明责任起到指导作用。

笔者认为，中国在证明责任概念的研究上必须明确证明责任的内涵。证明责任应包含主观证明责任和客观证明责任两方面，两种证明责任各自有独立的作用和存在价值。所谓主观证明责任，又称行为意义上的证明责任、形式意义上的证明责任、具体的证明责任、提出证据的证明责任等，是证明责任必不可少的一部分，是指民事诉讼当事人根据诉讼状态，在不同诉讼阶段所负担的提供证据推动诉讼活动的行为责任。主观证明责任是当事人对自己诉讼主张进行证明的责任，随着诉讼进程在不同的诉讼主体之间发生移转，没有证明次数的限制。当事人提供的证据能够清晰地证明自己的诉讼主张，确定事实真伪的，法官则依据主观证明责任的证明结果作出判决。客观证明责任又称结果意义上的证明责任、实质意义上的证明责任、抽象的证明责任、法定的证明责任、说服责任等，是指根据法定的证明责任分配原则和不利风险承担，就某个法律要件事实负担主张责任的当事人就该事实主张从本证的角度承担的先行证明的责任。客观证明责任形式上似乎只是从诉讼法的层面确定了真伪不明时不利风险的承担，但实质上从诉讼之初就在实体法中明确了证明责任的负担，并且不随着诉讼进程发生转移，而且客观证明责任是唯一的。主观证明责任和客观证明责任相互配合，构成了完整的证明责任。任何一个民事纠纷，在其诉讼解决之初，客观证明责任就是确定的，一个客观证明责任会引发一系列主观证明责任，客观证明责任是主观证明责任的逻辑起点和动力源泉；主观证明责任始终围绕着解除客观证明责任的负担进行，是客观证明责任的具体显现和实现中介。但二者又相互分离，各自具有独立的存在价值。从实质上看，主观证明责任是程序法的要求，是推动诉讼进程的需要，从诉讼的角度来讲，任何诉讼主张都必须有明确的事实作支撑；客观证明责任是实体法的要求，任何诉讼中实体权利构成要件决定了不利风险的承担者，与具体的诉讼结果无关。

第二节 证明责任制度的历史演变

一、罗马法中的证明责任

根据诉讼法制史的记载，证明责任及其分配问题始于罗马法，罗马法中关于证明责任的两大基本原则开启了人类对证明责任制度的研究和实践，成为理论界和实务界对证明责任及其分配制度进行研究的基础，沿着这一思路，经过不断的探索和开拓，形成了人类历史上细微又复杂的证明责任制度。第一个原则是原告应负举证责任（semper necessitates probandi incumbit illi quiagit；cum petitori probationibus ous incumbat）。该原则适用于罗马时代的所有民事诉讼，意味着原告不尽证明责任或已经举证，但不能充分证明其主张时，应作出被告胜诉的判决；原告尽到证明责任时，被告须举证推翻原告的主张。原告应负举证责任原则更多地倾向于行为责任，对双方当事人在诉讼中的举证行为进行了规范，同时也一定程度上确定了结果责任。第二个原则是主张者负担举证的义务，否定者不负担举证的义务（ei incumbit probatio，quidicit，non qui negat），对该原则更著名的解释为肯定者承担证明，否定者不承担证明。我们分析可以得出，肯定者承担证明无可厚非，但在此处肯定者并不一定就是原告，当被告有肯定主张时，其也应承担证明；否定者不承担证明是错误的，当事人对某一主张的否定，从另一个角度也表明了他对与原主张不同的主张的支持，肯定与否定永远属于相对的概念。罗马法学者在对这两个原则进行使用时有两种不同的做法。第一种做法认为应以第一原则为主，第二原则为补充。第二原则中的主张者实际上特指原告，奠定了以第一原则为基础。第二种做法认为应以第二原则为主，第一原则为辅助。第一原则中所称的原告应负担举证义务仅是第二原则中主张者负担举证义务的具体适用。第一种观点于 12 世纪后半叶发展成为所谓“原告应为举证，被告无须举证”的分配原则。到德国普通法时代，这种思想为阿道夫·韦伯（Adolph Weber）等学者进一步发展，他们认为凡是主张法律效果存在的人，就其法律效果发生的必要法律要件负举证责任。第二种观点因罗马法学者强调第二原则的“否定者不负担举证的义务”，学者将第二原则解释为“举证义务存在于主张肯定事实者，不存在于否定事实者”，此说逐渐演变为待证事实分类之消极事实说，因而确立“主张积极事实者负举证责任，主张消极事实者不负担举证责任”的分配原则①。

从罗马法关于证明责任及其分配原则的规定可以看出，由于人类思考问题的方法简单以及纠纷种类较少、缺乏实体法的规范等，法官只能就某一事实存在或不存在择一而论，在当时仅初步建立起了关于主观证明责任的概念，败诉风险作为证明责任的一个基本特征仅有所涉猎，人们逐渐形成了“当事人在胜诉的需求下，对于自己的事实主张举证，举证成功的胜诉，举证不能的败诉”的“当事人举证本位”的责任观②。中国证明责任体系中“谁主张，谁举证”的原则亦渊源于此。

二、中世纪的证明责任

罗马法中关于证明责任的两大基本原则经中世纪寺院法的演变，成为“原告就其诉讼原因的事实进行举证，被告就其抗辩的要件事实进行举证”的一般原则，这项原则只在法律有推定，以及消极性的主张两种情形，才有例外③。

中世纪的证明责任的基本原则中关于“原告就其诉讼原因的事实进行举证”的规定沿袭了罗马法时期证明原则的第一个原则“原告应负举证责任”，肯定了原告在诉讼中的举证责任。不同之处在于中世纪证明责任的基本原则中明确提出“被告就其抗辩的要件事实进行举证”，虽然在罗马法时期也有“若提抗辩，则就其抗辩有举证之必要（qui exipit，probave debt quod excipiture）”，但依照多源于罗马法的拉丁法谚：被告抗辩即变原告（reus excipiendo fit actor 或 reus in exceptione actor est）可以得出，罗马法时期的证明责任更多地强调作为原告的行为意义上的主观证明责任；而中世纪的证明责任已经开始考虑证明责任在原告和被告之间的转移。虽然该证明责任仍然停留在举证阶段，没有

① 叶自强：《举证责任》，北京：法律出版社，2011 年，第 5 页。

② 肖建国、包建华：《证明责任——事实判断的辅助方法》，北京：北京大学出版社，2012 年，第 3 页。

③ 叶自强：《举证责任》，北京：法律出版社，2011 年，第 7 页。

深入对法官的说服，但这仍是关于证明责任的一大进步。

三、19 世纪末至今的证明责任理论①

随着近代纠纷种类的增加以及与之相适应的实体法的完善，法官审理案件时首先必须认定案件事实，才能选择适用涉及当事人切身利益的实体法律，当事人举证成为推动案件审理的必须，现代意义上的主观证明责任出现。当法官面对真伪不明的事实，不能对作出判决所依据的事实和实体法作出明确判断，而法官又不能拒绝裁判时，如何认定证据、抉择实体法是每个法官面临的困境，由此催生了现代意义上的客观证明责任。1883 年，德国学者尤利乌斯·格拉査（Julius Glaser）将“证明责任”一词界定为具有主观证明责任与客观证明责任两种不同张力内涵的概念。随着社会的发展和证据理论研究的深入，关于证明责任也形成了待证事实分类说、法律要件分类说等著名的学说。

（一）近代证明责任学说的重要流派

19 世纪末期，民事证明责任研究中待证事实分类说的理论盛行，德国、日本等国的学者对该理论进行细致的探究，形成了围绕待证事实各自具有不同特点的成果。待证事实通常是指当事人在诉讼中所主张的与民事实体权益有关的那些能够成为权利构成的要件事实。在诉讼中，当事人所主张的待证事实只有经过当事人之间的辩论并被法院确定后，才能作为裁判依据的事实。为推动诉讼的继续和确定法官判决的事实，必须依据一定的标准在当事人之间对待证事实的提出进行分配。待证事实分类说是指就待证事实本身按照特定的标准进行分类，凡符合特定性质或内容的待证事实，在当事人之间分配相应的证明责任，而不论该待证事实在实体法构成要件的权利属性上能够产生何种分类效果。根据待证事实性质的不同，可分为消极事实说和外界事实说。

1. 消极事实说

消极事实说为伊尔勒钮斯（Irnerius）首创，它是从“Paulusen Zitat；eiincumbit probation qui dicit，non qui negat”（肯定之人应举证，否定之人不举证）为基础而引申出来的。该学说认为，提出消极事实者不承担证明责任，主张积极事实者，应就该事实承担证明责任。消极事实和积极事实是相对的，所谓消极事实，是指不利于当事人一方的事实；所谓积极事实，是指有利于当事人一方的事实。该学说的立论基础主要有两点：第一，消极事实在性质上不能证明或难以证明；第二，积极事实往往可以发生结果，而消极事实无法引起结果。

消极事实说的缺陷主要在于：第一，积极事实和消极事实的界限划分不明，实践中常因表达的形式不同而无法区分二者的概念。有时，当事人只需在用语上稍加变动，就能由消极事实变为积极事实；或由积极事实变为消极事实。例如，“过失”可以称作一种积极事实，“非过失”则为一种消极事实；但将“过失”表述为“未尽相当注意”时，则变为消极事实，而“非过失”则转换成“已尽相当注意”的积极事实。第二，消极事实的证明虽然存在较多困难，难以用直接的方法证明，但可以通过间接证明方法进行，尤

① 关于 19 世纪至今的证明责任理论陈述较多借鉴毕玉谦教授在《民事证明责任研究》一书中的观点。

其是受到时间场所限制的消极事实。例如，某人“不在场”的事实是一种消极事实，很难通过直接方法证明，但可以让其他在场的人作证，也可以通过证明此人在同一时间出现在其他场所的方法间接证明该人不在场。第三，消极事实说认为消极社会实践对结果的发生不产生引发力，因而认为对消极事实予以举证证明并无意义。这种观点并非确论，如应当负有作为义务的当事人因其不作为的行为而造成对方当事人的权利遭受损害的，应负损害赔偿责任。在这种情况下，不能因其不作为的消极事实而免除对其不作为行为所应承担的证明责任①。

2. 外界事实说

外界事实说又称内界事实说。依外界事实说，凡当事人主张外界事实的，应就该事实负证明责任；凡主张内界事实或状态的当事人不负证明责任。所谓外界事实，是指可以凭借五官体察到的事实；所谓内界事实，是指存在于人的内心状态，不能为五官体察到的事实。

该学说也存在其固有的弊端，如内界事实并非不能证明，可以通过间接证据加以证明；虽然内界事实的证明存在较大困难，但有些内界事实在适用上仍有证明的必要，如恶意与善意，否则无法确定何方当事人承担败诉风险。

（二）近代向现代转型时期证明责任学说的主要流派

近代向现代转型时期是待证事实分类说理论发展的鼎盛时期和法律要件说的萌芽时期，推定事实说、基础事实说等理论研究是在弥补待证事实说的缺陷和导引法律要件说的背景下出现的，其对证明责任的理论研究起到了奠基作用。

1. 推定事实说

所谓推定事实，是指从某一已知事实出发，依照逻辑推理规则推导出另一未知事实。经推导形成的后者就是推定事实。推定事实说建构的主要目的在于克服消极事实说的固有缺陷，主张推定事实说的学者维斯特法尔（Westphal）、斯波希特（Specht）等认为只要有关待证事实存在着以推定来确定证明责任分配的实际可能，就应当以此为标准来对主张积极事实与消极事实当事人的证明责任进行界定。对本应受法律推定的事实而否定其效果的，应对主张的事实负证明责任。也就是说，当事人对法律所推定的事实提出异议而主张相反事实存在的，有义务作出必要解释，并对相反的事实主张负担证明责任②。

推定事实说的理论依据主要有两个：第一，以消极持续事实的推定及事实发生的可能性为基础。也就是说，消极事实是法律所推定的具有权威性的事实，同时消极事实发生的可能性大于不发生的可能性，从而使主张消极事实的人免除证明责任。第二，符合事物发展的因果关系。该理论基础是对消极事实说和推定事实说合并的见解所作的说明。按照这一理论基础，任何事物都是变化的而不是静止的，从不断的变化中改变目前状态形成其他状态的可能性远远大于维持不变保持静止状态的可能性。不断变化的状态为积极事实，维持不变的状态是消极事实。因此，在一般情况下，应推定消极事实的存

① 陈荣宗：《举证责任分配与民事程序法》（第2册），台北：三民书局股份有限公司，1984年，第10页。

② 毕玉谦：《民事证明责任研究》，北京：法律出版社，2007年，第53页。

在，凡是对该推定事实有争议的当事人一方，应对事实发生变化的积极事实承担证明责任。也就是说，如果无发生变化的原因存在时，应认定是原状态持续存在，对于此种推定事实进行争执的当事人，应就其发生变化的原因存在事实负证明责任。

2. 基础事实说

基础事实认为应以当事人就各自在诉讼中主张权利所依据的事实基础作为分配证明责任的标准。基础事实是指符合某一民事权利基本要求的要件事实，是当事人为获得胜诉在主张权利时必须依据的事实。基础事实说为法律要件构成说开启了建构的大门。在基础要件说的研究中，有两种具有代表性的观点：特别要件说和因果关系说。

1）特别要件说

韦伯被称为特别要件说的始祖。韦伯对权利要件事实进行了划分：一种是与权利发生有直接重要关系的特别要件事实；一种是普遍存在于一切权利发生条件下的一般要件事实。韦伯证明责任的基本原则是主张权利的人或主张权利免除的人，对权利或权利免除所必须依据的事实负证明责任，法律另有规定的除外。依据韦伯的观点，主张权利存在的人，就权利发生要件中的数件事实，仅对与该权利的发生有重要关系的特别要件事实进行证明，对于一切权利所共同需要的一般要件事实不需证明。例如，债权人仅就其债权发生的要件事实负证明责任，对于债务人为精神病人和未成年人的一般要件欠缺事实由债务人负证明责任[①]。

德国学者贝特曼（Bethmann）在研究并赞同韦伯基本观点的基础上，作出了自己对特别要件说的贡献。贝特曼认为在通常情况下，直接而重要的特别要件事实，能发生权利存在的效果或发生法律行为的效果，只有在例外的情况下，才发生权利不存在的效果或导致法律行为的无效。所以，主张权利的人应就其权利的直接而重要的特别要件事实承担证明责任，即使其特别要件事实为消极要件事实也是如此。在贝特曼看来，要判断发生权利要件事实的归属，必须按照“通常与例外规定的原理”，将法律构成要件进行分析。判断该要件事实是否属于“通常”，其标准不能按照一般的经验法则，而应按照个别的权利概念，也就是按照法律规定进行判断。对于法律构成要件的分析，主张基础事实说的人，大都分为“权利发生要件”“权利消灭要件”“权利妨碍要件”三类。权利发生要件是指发生权利的特别要件；权利消灭要件是指权利发生后使权利归于消灭的要件。权利发生要件和权利消灭要件之间的区别是显而易见的，因为任何权利的消灭必须以权利的发生为前提。权利发生要件和权利妨碍要件的分辨非常困难，同一法律构成要件由于所处角度的不同可能使权利发生要件和权利妨碍要件处于重合状态。有学者认为造成二者难以明确的重要原因是权利人就其权利发生要件所应构成的数项事实中，哪些属于“对该权利发生有重要关系的事实”，哪些属于“一切权利所共通的一般发生要件事实”，二者之间的界限在特定环境下具有模糊性，使权利发生要件和权利妨碍要件之间的属性具有相对性[②]。尽管在权利发生要件和权利妨碍要件的区别方面存在困难，但主张基础事实说的学者仍坚持这三种分类方法。许多学者转而通过因果关系说的“通常与例外”

① 陈荣宗：《举证责任分配与民事程序法》（第2册），台北：三民书局股份有限公司，1984年，第12页。

② 毕玉谦：《民事证明责任研究》，北京：法律出版社，2007年，第60页。

规定的形式进行判断，或通过外在要件及内在要件的方法进行区别。根据韦伯和贝特曼的证明责任理论，在诉讼上凡是主张权利的人，就权利发生的特别要件进行证明，对方就权利妨碍要件及权利消灭要件负证明责任。

2）因果关系说

韦伯在分析消极事实说和推定事实说弊端的基础上，借鉴贝特曼关于证明责任的相关理论创设了因果关系说。韦伯将贝特曼论断中关于法律构成要件的三种类型重新整合为两种，即保留了权利发生要件，将权利消灭要件与权利妨碍要件合并为权利条件欠缺事实。因果关系说在德国民法典起草期间曾经成为德国证明责任理论的通说。

按照因果关系说，法律构成要件分为原因和单纯条件。凡引起一定结果所必须存在的多数要件中，最有利的条件或者相对有利的条件称作“原因”，也就是将权利发生要件事实作为原因。不属于原因的其他条件称作“单纯条件”。凡主张法律效果存在的当事人，就权利成立原因事实负有证明责任。但权利条件欠缺事实，如权利消灭要件事实和权利妨碍要件事实，则由对方负证明责任。至于何为原因事实，何为条件事实，则或以诸条件中最有利的条件或比较有利的条件作为“原因”，以其他作为“条件”；或者依因果关系来论及所谓“适当条件说”，作为主张法律效果存在的人，就因果关系论上，通常就可发生该法律效果的事实负证明责任[①]。例如，当事人A起诉，要求当事人B承担违约责任，当事人A权利成立的原因事实包括A和B之间存在合同关系、B有违约行为等，对于A权利成立的原因事实由A承担证明责任；当事人A权利欠缺的原因事实包括A和B之间不存在合同关系、B没有违约行为或有免责条件等，对于证明当事人A权利条件欠缺的事实，应由B承担证明责任。

3. 通常发生事实说

通常发生事实是指行为人为实现预期目的所从事的民事行为，按照法律构成要件的基本要求所产生法律效果的事实。通常发生事实说将法律规范的构成要件事实分为通常事实和例外事实。通常事实是指发生该种法律效果的事实；例外事实是指妨碍该法律效果发生的事实。该说认为，主张某一权利或法律效果存在的人，就通常可使该权利或法律效果发生的事实负证明责任；妨碍该权利或法律效果发生的例外事实由对方承担[②]。例如，A主张与B之间存在合同关系，则A应当对该合同关系存在的一系列通常事实承担证明责任，包括双方的主体资格适格、意思表示真实、合同内容合法等。但B提出该合同的签订有欺诈（欺诈属于通常情况的例外），B应对该例外事实承担证明责任。

4. 最少限度事实说

最少限度事实说将当事人所主张的对其有利的事实划分为权利发生规定的要件事实、权利障碍规定的要件事实和权利消灭规定的要件事实。从法律规范的构成要素角度讲，将其中的要件事实分为原则规定事实与反对规定事实，并依此分配证明责任：凡主张权利发生的当事人，应对权利发生实体法上规定要件最低限度事实，负有证明责任；对于反对规定事实的不存在，无证明责任。例如，当事人A起诉要求当事人B履行合同，

① Hellwing System，Bd I. S. 475f。转引自骆永家：《民事举证责任论》，台北：台湾商务印书馆，1981年，第75页。

② Hellwing System，Bd Ⅱ. S. 168ff。转引自骆永家：《民事举证责任论》，台北：台湾商务印书馆，1981年，第75页。

则 A 应当对双方签订合同的最低要件事实承担证明责任。当事人 B 主张合同的签订存在欺诈，对于当事人 A 而言，欺诈主张属于反对规定事实，该事实的不存在，A 不需承担证明责任；对于当事人 B 而言，欺诈主张属于实体法上规定的最低限度事实，应承担证明责任。最少限度事实说最大的弊端是对于何为最少限度事实没有作出明确的界定，造成了该学说在适用上的模糊性和随意性。

（三）现代证明责任学说的主要流派

19 世纪末期处于近代社会和现代社会的转型时期，待证事实分类说的研究逐渐进入鼎盛，同时其内在的弊端也逐渐显现，内因与外因的交集下法律要件分类说的萌芽产生。1900 年《德国民法典》的颁布被认为是证明责任的研究从近代社会转为现代社会的标志。《德国民法典》颁布之前，待证事实分类说在证明责任领域独领风骚；《德国民法典》颁布之后，法律要件分类说占据主导地位。在法律要件分类说的形成发展史上有两大标志性的行为：1900 年罗森贝克的《证明责任》第一版面世；1904 年莱昂哈特的《证明责任》第一版发行。之后二者都对第一版专著进行修订，分别在 1923 年和 1926 年出版了第二版。所以学者们认为德国学者罗森贝克和莱昂哈特等共同缔造的法律要件分类说开创了现代编年史上证明责任理论与学说的新纪元①。待证事实说和法律要件分类说最基本的区别在于，待证事实说的基础和证明责任分配规则以当事人所主张并为审判所确认的待证事实为核心；法律要件分类说以法律构成要件事实为核心建构证明责任分配规则。

1. *法律要件分类说*

法律要件分类说的崛起与德国民法典的颁布息息相关，该学说认为民法规范本身含有不同的权利要件，由此可以确定根据不同权利的基本属性抽象出统一的证明责任分配方法。法律要件分类说最显著的特征是，仅强调重视实体法本身的内容，进而就各种法条之间的关系进行分析，就每一法条所体现的或隐含的权利属性进行研判，研究各种不同的法律要件，将其归类并在此基础上划定证明责任分配的标准。也就是说，按照法律构成要件的性质及内容，就个别具体的法律构成要件事实，按照不同的价值判断标准进行分类，凡归属于某一类法律构成要件的事实，由特定一方当事人就该事实负证明责任②。按照法律要件分类说的基本原理，当事人之间所争议的法律构成要件可以分为一般要件与特别要件。所谓一般要件，是指当事人从事的民事行为应当符合法律上的基本要件，包括行为能力、意思能力以及行为的目的或涉及标的物的合法性。它是构成某一民事法律行为具有合法性和有效性的必要条件。所谓特别要件，是指借以表现从事民事行为所产生权利或者法律效果的特定条件③。

法律要件分类说是一个庞杂的理论体系，具有多个理论分支和观点，大致可分为多数说和少数说。多数说包括因果关系说、通常发生事实说、最少限度事实说和特别要件

① 毕玉谦：《民事证明责任研究》，北京：法律出版社，2007 年，第 71 页。

② S. Leonhard，Die Beweislast，1904，1.Aufl.s.53ff。〔日〕雉本朗造：《举证责任之分配》，《民事诉讼法论文集》，第 851、858 页。转引自陈荣宗：《举证责任分配与民事程序法》（第 2 册），台北：三民书局股份有限公司，1984 年，第 8 页。

③ 毕玉谦：《民事证明责任研究》，北京：法律出版社，2007 年，第 71 页。

说。少数说主要是指全备说。

第一，因果关系说将法律效果发生的要件事实分为“原因”与“单纯条件”。以诸条件中最为有利或比较有利的条件为“原因”，其他要件事实作为“单纯条件”；或者依因果关系来论及所谓“适当条件说”，以作为主张法律效果存在的人，就因果关系论上，通常可发生该法律效果的事实负证明责任[①]。也就是说，主张法律效果存在的当事人，就“发生原因的事实”负证明责任；条件欠缺的事实，由对方负证明责任。

第二，通常发生事实说将能够引起法律效果的要件事实分为通常事实与特别事实或例外事实。主张法律效果存在的人，就通常事实负证明责任；对方承担证明妨碍法律效果发生事实的责任。

第三，最少限度事实说将引起法律效果发生的要件事实分为原则规定事实与反对规定事实。主张权利存在的人，承担证明规定该权利发生的条文的内容——以此作为要件的最少限度事实的责任；反对规定事实不存在的，不负证明责任。

第四，特别要件说被认为居于通说地位，该学说根据实体法规范的基本特征，将引起法律效果的要件事实分为特别要件事实和一般要件事实。主张法律效果存在的当事人就该法律效果所必需的特别要件事实负证明责任；发生法律效果所必需的一般要件事实的欠缺，由对方承担证明责任。主张法律效果消灭的当事人就消灭所必需的特别要件事实负证明责任；一般要件事实的欠缺，由主张法律效果存在的当事人承担。

第五，全备说。全备说又称完全性说、少数说，是莱昂哈特对证明责任理论的一大贡献。其被称为少数说的原因是莱昂哈特认为没有必要像多数说那样将引起法律效果发生的事实要件分为原因事实、通常事实或特有事实及障碍事实、异常事实和一般要件欠缺事实。该学说的最突出特征在于，其将包括一般要件事实和特别要件事实在内的、能够引起权利发生法律效果所必须具备的一切要件事实，全部归由主张权利的一方当事人负相应的证明责任。莱昂哈特在全备说中严格区分了“客观证明责任”和“主观证明责任”，并对证明责任的转换问题进行了研究。

2. 规范说

近百年以来，罗森贝克创设的法律要件说中的规范说及在此基础上形成的修正规范说，在传统大陆法系国家占据通说地位，成为证明责任分配的理论基础。

罗森贝克的规范说包括两方面内容。一方面是证明责任可以进行抽象的分配。证明责任的分配应当遵循的基本原则是每一方当事人承担对其有利的法律规范的前提要件的证明责任，而该基本规则又是与实体法律规范的内容和文义相联系的。“若无某特定法条适用将遭败诉之当事人，应就该法条要件于实际上已存在（实现）之事实，负主张及举证责任。”[②]基于对德国民法典的研究，罗森贝克认为民法规范已经包含证明责任的分配规则，立法者在立法时已将证明责任问题考虑并安排在相应的法条中，法官分析民法法条就会发现证明责任分配的一般原则。法律规范相互之间要么形成相互补助关系，要么

① Hellwing System，Bd I. S. 475f。转引自骆永家：《民事举证责任论》，台北：台湾商务印书馆，1981 年，第 75 页。

② Rosenberg，Die Beweislast，5，Aufl，1965，S. 98f。转引自姜世明：《新民事证据法论》，台北：学林文化事业有限公司，2003 年，第 199 页。

形成对立或者排斥关系。可分为权利发生规范、权利障碍规范、权利消灭规范和权利制约规范，与此相应的证明责任分配原则是：凡主张权利存在的当事人，应就权利发生法律要件存在的事实予以证明；凡否定权利存在的当事人，应就权利妨碍法律要件、权利消灭法律要件或权利制约法律要件的存在事实负证明责任。另一方面是不适用规范说。罗森贝克认为证明的结果应当是三分而不是二分，即除了“被证明”和“被驳回”之外，还存在一种单独的结果，即“真伪不明”。在证明落空时，也不能适用规范，因为对规范的适用是以事实的存在为前提的。当出现真伪不明的情况时，应当对负有证明责任的一方采用“驳回”的方式，判决其承担败诉后果。也就是说，当事实陷入真伪不明时，法官只能视为该法律要件不存在，拒绝适用该方当事人主张有利的规范。

罗森贝克在规范说中沿袭了罗马法以来的证明责任传统理论，“各当事人应就其有利之规范要件为主张及举证”；同时承认了法官办案过程中，案件事实存在真伪不明的可能性，并提出了相应的解决之道。但是罗森贝克规范说过于注重法律规范的形式，一味拘泥于法律条文，对法律规范本身所蕴含的实质公平理念较少考虑，不能从法律价值的角度对证明责任分配作出规范，导致当事人在平等接近证据方面存在较大障碍。

3. 法官裁量说

法官裁量说认为法官可以根据公平、正义、合理等原则，通过行使自由裁量权对个案中证明责任的分配进行掌控。法官裁量说形成的基础在于证明责任的分配并非是一开始就确定的，而是在具体案件中根据法官的详细裁判形成。例如，我国《最高人民法院关于民事诉讼证据的若干规定》第 7 条规定：“在法律没有具体规定，依本规定及其他司法解释无法确定举证责任承担时，人民法院可以根据公平原则和诚实信用原则，综合当事人举证能力等因素确定举证责任的承担。”该规定也认可了在没有法律规定的前提下，根据公平、诚实信用等普适的价值判断标准，法院可以在分析当事人综合举证能力的基础上对当事人的证明责任进行分配。

（四）当代证明责任学说的主要流派

当代证明责任学说大致从 20 世纪 60 年代开始。正如普维庭所言：证明责任理论正处在一个突变时期。倘若说罗森贝克于 1953 年断言，证明责任领域存在的争论问题已经不多；倘若说阿维德·布罗梅尔 1966 年还认为，罗森贝克的学说在当时依然是法学界和司法界牢固的基石，那么，从那时起，随着所谓“当代证明责任理论对规范说的背离”，形势就发生了变化。攻击规范说的手段是如此多样，以至于在如何才能打败规范说方面尚未达成共识。这些形形色色的新理论之间唯一的共同点在于对罗森贝克的理论所发起的批判[①]。反对规范说的学者从危险领域、利益衡量等角度对证明责任进行研究，形成了具有各自特色的当代证明责任理论。

1. 危险领域说

危险领域说由德国学者普霍斯创立，是对规范说进行修正的结果。该学说认为在划定的危险领域内应由加害人承担证明责任。因为在危险领域中，从加害人角度来讲，在

---

① 〔德〕汉斯·普维庭：《现代证明责任问题》，吴越译，北京：法律出版社，2006 年，第 1 页。

客观及能力上更为接近和掌控证据；从受害人角度来讲，危险领域内所发生的纠纷大多具有专业知识作铺垫，受害人受到各种局限往往无从提供证据。危险领域说的缺陷在于无法对“危险领域”作严格、清晰的界定，但该缺陷也成就了法官对具体案件的自由裁量。该学说缺乏法律的稳定性，影响了其在证明责任理论研究中的地位，但从确立之初，危险领域说就成为加重加害人证明责任的理论支点，在环境污染、医疗责任等案件中为减轻受害人证明责任具有重要意义。

2. 盖然性说

1976年德国学者莱纳克和瓦亨多夫发表了有关盖然性的学术论文，标志着盖然性说的创建。该学说认为证明责任的分配应当以事物的盖然性为依据，事物的原则与例外之间的关系是识别盖然性的依据。也就是说，从盖然性角度将事物的原则视为一种常态，而将事物的例外视为一种非常态。在具体确定证明责任分配时以待证事实发生的盖然性的高低作为分配证明责任的依据。按照盖然性发生的原理，当待证事实出现不明情形时，根据分析，就有关事实发生盖然性高的，主张成立者不承担证明责任，由对方当事人就该事实不发生承担证明责任；事实发生盖然性低的，主张成立者承担证明责任。当待证事实不明而当事人又无法提供证据加以证明时，法官认定盖然性高的事实的发生比盖然性低的事实发生更接近真实，从而避免误判。盖然性说的主要缺陷在于，并非任何案件所遇到的情形都能按照盖然性发生的高低作出证明责任的分配，因为就许多事实而言，无法采取自然科学的方法对其盖然性的高低作出判定。

3. 损害归属说

损害归属说又称“多重原则说”或“多样原则说”，是由瓦亨多夫在全面否定罗森贝克规范说的基础上创建的。瓦亨多夫认为应以实体法确定的证明责任归属或损害归属作为证明责任分配标准。按照瓦亨多夫的证明责任分配方法，事先就实体法所规定的损害赔偿制度当中的责任归属的各种具体原理加以研究，如果在实体法上能够正确地确认责任归属或损害归属的基本原理，那么对于证明责任分配的原则而言，也可以依据损害归属原理作为标准对证明责任进行分配。证明责任是以公平为最基本的抽象原理，但公平是以抽象的观念作为存在的形式，无法对其加以应用，只能将其设为证明责任分配的具体标准，因此有将公平正义的抽象原理加以具体化的必要。公平正义原则能够被具体化为盖然性原则、保护原则、担保原则、信赖原则、责任固定原则、惩罚原则及社会风险分配原则。在实际运用这些具体原则来确定损害归属，从而确定证明责任应归何方当事人承担时，必须同时将上述各种适用原则进行综合分析后才能取舍①。

4. 利益衡量说

利益衡量说由日本学者石田穰于 1973 年创设。石田穰认为证明责任的分配应依照以下顺序：首先，如果立法者意思是明确的，则依据这种明确的立法意思；如果立法意思并不明确，就按照当事人与证据距离的远近。其次，依据举证的难易程度。再次，依据盖然性的高低。最后，由当事人对规定于己有利法律效果的权利，根据规定与权利消

① 陈荣宗：《举证责任分配与民事程序法》（第 2 册），台北：三民书局股份有限公司，1984 年，第 56-59 页。

灭规定进行证明。该说的特点表现在，使证明责任的分配标准显示出明显的顺序性[①]。

利益均衡说的另一代表人物日本学者新堂幸司认为不应按照顺序来适用证明责任的分配，应根据双方当事人公平的观点和法规的立法目的再决定证明责任的分配。影响双方当事人公平的因素包括举证的难易、与证据距离的远近及盖然性的高低等[②]。

利益均衡说强调法官在个案审判中的作用，法官可以通过普适的法律价值、社会流行的价值观念等作为评判个案的标准，实现社会实质公平，弱化因为规范说过于强调形式带来的弊端。该学说在英美法系国家得到推崇，演化为证明责任的分配没有统一的标准，应取决于对公平、便利及政策性等的综合考量。例如，《麦考密克论证据》中提到，证明责任分配的确定，取决于对于一个或数个因素的衡量，这些因素包括请求变更现状的当事人承担证明责任的自然倾向、特别的政策因素如不利于抗辩的因素、方便、公正及裁判上对盖然性的评估[③]。

5. 证明说

以莱昂哈特为代表的证明说认为，真伪不明的问题只能按照实体法的规范来判决。对实体法规范的适用不是依据客观事实的存在，而是与诉讼中的所谓可证明性相联系，当请求的前提条件被证明时，法官应当且仅当按照诉讼的请求来判决。按照这种观点，把实体法律规范理解为诉讼上的内涵的证明说，在真伪不明时如何适用法律方面当然不存在困难，因为证明结果的三分法（被证明、被驳回、真伪不明）被证明说减为两分法："被证明"或"未被证明"（"证明说"一词因此而得名）。因此在证明说看来不存在证明责任判决，更不存在证明责任规范[④]。

6. 消极性规则说

消极性规则说由德国学者穆兹拉克创立。该学说认为，在真伪不明条件下法官的判决也处于未决状态。为了克服真伪不明也需要一个特别规范，即一种消极性（否定性）的基本规则，这种规则把真伪不明虚拟为要件事实的不存在（也就是"被驳回"领域）[⑤]。

穆兹拉克认为证明责任规范将某个争议事实消极地拟制为不存在，而这就是一个通用的证明责任规范的基本原则。这种消极规则的后果就是"如果一个法律规范的要件事实不被认定，那么该法律规范不视为满足"[⑥]。

7. 特别规范说

德国学者莱波尔特在继承穆兹拉克学说的基础上形成了特别规范说。莱波尔特认为，在真伪不明条件下既不能适用规范，也不能不适用规范，判决应当处于未决状态。除了一般的证明责任规范之外，为克服证明责任问题还存在一个特别规范，这种特别的

---

① 陈刚：《证明责任法研究》，北京：中国人民大学出版社，2000 年，第 209 页。

② 〔日〕高桥宏志：《民事诉讼法——制度与理论的深层分析》，林剑锋译，北京：法律出版社，2003 年，第 445 页。

③ 〔美〕约翰·W. 斯特龙主编：《麦考密克论证据》，汤维建，等译，北京：中国政法大学出版社，2004 年，第 5 版，第 652 页。

④ 〔德〕汉斯·普维庭：《现代证明责任问题》，吴越译，北京：法律出版社，2006 年，第 160 页。

⑤ 〔德〕汉斯·普维庭：《现代证明责任问题》，吴越译，北京：法律出版社，2006 年，第 162 页。

⑥ 〔德〕汉斯·普维庭：《现代证明责任问题》，吴越译，北京：法律出版社，2006 年，第 217 页。

证明责任规范（“特别规范说”因此而得名）如同其他的证明责任规范一样，其法律要件就是真伪不明，而其法律后果是对法律事实要件的虚拟和证明责任的分配[①]。

莱波尔特第一次清楚地阐明了在生活事实真伪不明时，进行法律推理是不可能的，克服真伪不明只能设置特别规范，并且第一次精确定义和详细论证了特别规范的内容。莱波尔特形成的结论是，证明责任规范的要件必须是“关于一个事实的存在的诉讼上的真伪不明，而该事实又符合一个法律要件”，即证明责任规范是以真伪不明为内容的。相应地，证明责任规范的法律后果就是对作为其前提要件真伪不明的法律要件事实满足（或者不能满足）的拟制[②]。

8. 修正规范说

20 世纪 80 年代，德国学者普维庭在《现代证明责任问题》一书中批判地继承了罗森贝克的规范说，提出了修正规范说，建构了“以客观证明责任为核心，同时由主观证明责任和主张责任构成”的证明责任基本范畴体系。

普维庭认为就证明责任的分配而言，罗森贝克规范说的有效性从本质上已经得到了验证。不过要从三方面予以修正：不能以罗森贝克的方法论解释来认识规范说，亦即在真伪不明时不适用法律规范，证明责任也不是不适用法律规范的结果。相反规范说应当建立在积极构造的法律风险分配之上。权利妨碍要件这个概念并不是实体法的组成部分，相反它只是对权利规范的目的性分析中的一个概念，按照这个概念，证明责任要作与基本规范相反的分配。此外，规范说也不能绝对限制在法律文义和规范构造上。其实，所有的解释方法都是值得考虑的，如果这样来理解罗森贝克的规范说，那么规范说将是有生命力的[③]。

同时普维庭认为证明责任的分配是极其复杂的，必须采取一般抽象的形式。按照法官自由心证或者按照公正性、盖然性对证明责任进行个案式的分配是不可想象的。不过，一些抽象性的原则，如盖然性学说、危险领域学说或者对各种原则的综合等，也不能作为证明责任分配的基本规则。相反，要考虑一系列的实质性依据，将其作为立法目的、辅助解释手段或者作为法官法上的评价手段。将证明责任分配的基本规则与众多的实质性原则作一番比较可以得出结论，基本规则和规范说不是程序法的形式上的构造，相反它由各个实质性依据所决定，因而具备实体公正性。

普维庭对主观证明责任和客观证明责任进行了深入的研究，他认为主观证明责任可能是抽象的，在诉讼程序开始前，问谁应当证明什么时尤其如此；而在诉讼程序进行中，一旦问及谁这时必须举出特定的证明时，它也就可能是具体的[④]。在诉讼程序开始之时，主观抽象的证明责任和具体的证明提供责任二者一定是相符的。当法官形成了临时的心证，导致证明法上的出发点发生转移时，二者才可能出现分离。若争议事实真伪不明，就要按照客观证明责任来判决，由此可以得出三个结论：对法官来说最重要的成功就是克服了真伪不明，证明责任使法官在事实不清时也可能对实体争议作出裁决。对双方当

① 〔德〕汉斯·普维庭：《现代证明责任问题》，吴越译，北京：法律出版社，2006 年，第 161 页。

② 〔德〕汉斯·普维庭：《现代证明责任问题》，吴越译，北京：法律出版社，2006 年，第 212 页。

③ 〔德〕汉斯·普维庭：《现代证明责任问题》，吴越译，北京：法律出版社，2006 年，第 485 页。

④ 〔德〕汉斯·普维庭：《现代证明责任问题》，吴越译，北京：法律出版社，2006 年，第 14 页。

事人来说，莫过于承担客观证明责任之分配所引起的胜诉或者败诉后果。证明责任判决是对当事人（主观）活动的反映。当事人的这种活动导致他承担真伪不明的不利后果，从而表明，他本应做点什么来避免不利后果的发生，即从证明责任判决的后果中派生出了（抽象）提供证明责任或者主观证明责任[①]。普维庭认为客观证明责任比主观证明责任更重要，他批评了证明责任转换的观点，强调客观证明责任是不可转换的。但是在证明责任的分配标准上，他提出了“为了克服真伪不明有必要借助于辅助手段，亦即一套指示法官对不清楚的事实要件作存在或者不存在进行虚拟的操作规则”[②]。但对于该“操作规则”具体如何把握，他没有进行探讨。

第三节　证明责任的性质

一、权利说

权利说认为证明责任是当事人主张和证实对自己有利事实的权利。该观点是早期诉讼法学者的观点。“因为古日尔曼诉讼中的正式的证明制度，仅允许一方当事人加以证明，排除另一方当事人进行反证，所以，证明被视为被允许加以证明的当事人的权利。”[③]随着证据制度的发展，双方当事人都有在诉讼中提出有利于自己的诉讼主张并加以证明的自由，权利说逐渐失去了其主张的基础。

权利说不能自圆其说之处在于：第一，权利是为维护当事人利益所设，基于维护自身利益的目的，权利人既可行使权利，也可放弃权利，放弃权利也不能产生不利的后果。但在证明责任制度中，负有证明责任的当事人放弃提出证据的权利，必然产生不利的后果，最为严重的是导致败诉，这与权利本身的属性不符。第二，权利属于当事人，其行使或放弃是当事人的自由，应由当事人自由选择。但在证明责任制度中，法院可以根据案件审理进程或对方当事人的行为对当事人的证明责任减轻或免除，如自认规则、司法认知、证明妨碍等，这与权利的属性也不相符。第三，权利的行使必然与义务的履行相对应，如若认定证明责任是当事人的权利，如何认定义务主体，是对方当事人还是法院？而事实是在诉讼中，负有证明责任的主体没有相应的义务主体，其提出证据完全是对自己诉讼主张的支持，不需他人的配合即可行为。第四，依据民事诉讼辩论原则，直接决定法律效果发生或消灭的主要事实必须在当事人的辩论中出现，法院不能以当事人没有主张过的事实作为判决的事实依据。如若证明责任是当事人的权利，意味着当事人可以选择证明或放弃，这会导致案件真伪不明的概率增加、法院丧失诉讼的控制权、当事人主导案件的审理。

① 〔德〕汉斯·普维庭：《现代证明责任问题》，吴越译，北京：法律出版社，2006年，第33-34页。
② 〔德〕汉斯·普维庭：《现代证明责任问题》，吴越译，北京：法律出版社，2006年，第488页。
③ 〔德〕莱奥·罗森贝克：《证明责任论》，庄敬华译，北京：中国法制出版社，2002年，第4版，第61页。

二、义务说

义务说认为当事人承担证明责任是一种履行义务的行为，如果没有履行义务，将假定未被证明的事实不存在，当事实陷入真伪不明时将承担不利后果。例如，德国学者棱特认为，义务的本质在于，法律要求人们对义务无条件遵守，违反了义务就等于违法；而在存在责任的场合，当事人的行为是自愿的。与此相应，当事人违反责任，并不等于违法；而违反义务就是违法，是应当被禁止的[①]。义务说建构的理论基础在于提出诉讼主张是当事人的权利，为支持自己的诉讼主张，当事人有承担证明责任的义务。

义务说的不足之处在于：第一，义务的不履行将会使权利人的利益受到损害，而证明责任的不履行只会对承担证明责任的当事人产生不利后果，对对方当事人而言是一项有益的行为，这与义务的特性不相符。第二，义务是通过法律规定或双方当事人的约定强加给一方主体的，但证明责任是当事人为支持自己的诉讼主张而承担的，并不以法律的规定和当事人的约定为前提。第三，义务可以以作为或不作为来履行，但义务是不可以放弃的，在证明责任中承担该证明责任的一方当事人可以以放弃的形式面对自己或对方的诉讼主张，这违背了义务的特性。第四，从司法实践来看，将当事人证明责任视为义务，法院对任何案件的审理会呈现消极的状态，即法院会认为提供证据是当事人的义务，在当事人不履行义务无法证明事实或事实真伪不明时，会直接裁定该当事人承担不利后果，这会抑制法院对职务上已显属明了的事实直接予以认知的热情[②]，也会延误对某些需要法院依职权查明案件的证据调查。

三、权利义务说

权利义务说认为，从当事人角度而言，证明责任是从诉权中派生出的权利，当事人享有收集、提供证据证明诉讼主张的权利；从法院角度而言，当事人提起民事诉讼，要求法院保护其诉讼权利，就有义务提供证据证明自己的诉讼主张，当无法提供证据或证据不充分时，应承担不利后果。1982 年《中华人民共和国民事诉讼法（试行）》采取了该学说，认定当事人有举证的权利和义务，法院应当按照法定程序，全面地、客观地收集和调查证据。随着证明责任理论研究的深入，权利义务说逐渐失去了意义。证明说本身的初衷在于克服权利说和义务说各自的不足，但是从理论建构来看，该学说没有解决原来的问题，反而造成了新的混淆。任何一方当事人在诉讼中提供证据是为了对自己的诉讼主张或对方的诉讼主张进行证明或反驳，避免受到不利裁判，既非行使权利，也非履行义务。

四、负担说、败诉危险说、必要性说

负担说认为证明责任是诉讼当事人为了使法院能够确认他所主张的事实，作出对其有利的裁判，不得不负担的一种法律责任[③]。败诉危险说认为危险一词不论从拉丁文

① 〔德〕汉斯·普维庭：《现代证明责任问题》，吴越译，北京：法律出版社，2006 年，第 45 页。
② 毕玉谦：《民事证据法及其程序功能》，北京：法律出版社，1997 年，第 152 页。
③ 李浩：《民事证明责任研究》，北京：法律出版社，2003 年，第 41 页。

"onus probandi"，还是英文"burden of proof"，抑或法文"charge de prueve"等，都可引申为负担之意，而揭示其作为危险的负担，也就是有举证证明负担的当事人，如不能举证证明其主张，则负担不能依其主张作出裁判的危险①。证明责任必要性说认为当事人的主张行为和证明行为是当事人胜诉的当然利益出现的结果，没有该必要性的实现，当事人就必然败诉②。

以上几种学说均以主观证明责任为核心，对证明责任的性质进行研究。主观证明责任是行为意义上的证明责任，是当事人行为上的一种负担，要求当事人在提出自己诉讼主张的同时，为获取相应的利益，必须通过行为证明支撑诉讼主张事实的真实性。因此，我们得出证明责任的原则：不适用特定法律规范其诉讼请求就不可能得到支持的当事人，承担法律规范要素在实际发生的事件中被实现的证明责任，或者简单地说，对拟适用的法律规范的条件承担证明责任，他之所以承担证明责任，是因为，如果该要素的存在未予澄清，就不适用对其有利的法律规范，该事实上的不确定性成为他的负担。在证据提供中，当事人尽可能地避免不确定因素的出现，实质也是避免真伪不明的出现，杜绝客观证明责任的适用。也就是说，负担说、败诉危险说、必要性说都是针对主观证明责任，排斥客观证明责任适用的。

五、法律风险分配说、败诉风险负担说

法律风险分配说、败诉风险负担说是针对客观证明责任而言的。法律风险分配说由德国学者普维庭首先提出，该观点认为"实际上客观证明责任不过是实体法上的风险分配。因为立法者已经事先对损害的风险和责任风险的承担或免除作出了分配，也对真伪不明情况下的风险作出了分配。从证明责任是对风险的分配这一点来看，证明责任分配就像别的实体法一样，实际上必须是通过立法者依法设定的"③。客观证明责任与当事人的行为无关，是一种法定的风险分配形式，这种抽象的风险分配在每一个诉讼开始时就已经存在，当事人只能通过证明活动避免客观证明责任的适用。

败诉风险负担说认为证明责任的性质是事实处于真伪不明时产生的不利诉讼结果，这种不利结果在诉讼开始时成为一方当事人的负担，但该不利后果在诉讼结束时不一定出现，是一种潜在的败诉风险。该学说包含了负担和败诉风险两个方面的内容，负担强调不利后果的分担，败诉风险则强调分担的内容是风险④。证明责任既非当事人的权利，亦非义务，更非违反义务的结果，并且都与责任承担者主观上有无过错无关，都不具有制裁性质⑤。败诉风险负担说不同于败诉风险说，败诉风险负担说针对客观证明责任，强调诉讼不利结果的承担；败诉风险说针对主观证明责任，注重当事人提出证据的行为。

---

① 李学灯：《证据法比较研究》，台北：五南图书出版股份有限公司，1992 年，第 354-358 页。

② 〔德〕莱奥·罗森贝克：《证明责任论》，庄敬华译，北京：中国法制出版社，2002 年，第 4 版，第 63 页。

③ 〔德〕汉斯·普维庭：《现代证明责任问题》，吴越译，北京：法律出版社，2006 年，第 29 页。

④ 肖建国、包建华：《证明责任——事实判断的辅助方法》，北京：北京大学出版社，2012 年，第 23-24 页。

⑤ 肖建国：《民事诉讼程序价值论》，北京：中国人民大学出版社，2000 年，第 488 页。

第五章　民事证明标准分层化及其检讨

第一节　民事证明标准的基本理论

对案件事实的证明是任何诉讼的核心任务，民事诉讼的证明是提出事实主张的当事人用证据向法官说明和表明案件事实存在与否的活动，其目的是满足法官认定案件事实的需要。受人的认识能力的非至上性、有限性及证据灭失后的无法恢复性等因素的影响，当事人对法官认定案件事实需要的满足是相对的和有限的。在当事人提供有限的或不完整的证据的前提下，由一个中立的裁判者作出裁决时，证明责任及证明标准对诉讼结果将产生关键性影响。

作为证明过程中两个紧密相连的概念，证明责任决定由谁证明以及无法证明时责任和风险的承担问题；而证明标准是在确定了由谁证明的基础上决定该主体的证明行为是否达到了证明要求，从而卸除因证明责任所需承担的不利风险，是对证明活动的结果加以衡量和评价的尺度。只有当一项事实或主张达到了证明标准以上的确定程度，法官才能认定为真，否则只能是伪或真伪不明，进而影响着法官的判断和案件最终的判决，维护当事人利益或受到二次侵害，证明标准在整个证据法体系中的地位由此可见。

关于证明标准的概念，学者们从不同的角度进行了论证。例如，学者摩菲（Murphy）认为："证明标准是指证明责任被卸除所要达到的范围和程度，它实际上是在事实裁判者的大脑中证据所产生的确定性或可能性的衡量标尺；也是负有证明责任的当事人最终获得胜诉或所证明的争议事实获得有利的事实裁判结果之前，必须通过证据使事实裁判者形成信赖的标准。"[①]丹宁勋爵在米勒诉财政大臣案中作出了可能是最清晰也是引用最频繁的阐释。他在解释刑事证明标准后，接着说："在民事案件中卸除证明责任所要求……说明力的程度……已经得到很好的解决。它必须采纳一个合理的盖然性程度，但无须与刑事案件一样高。如果证明能够使法院认为'我们与其信其无，毋宁信其有'，那么当事人的证明责任就可卸除。但如果两种盖然性势均力敌，那就没有达到要求。"[②]也有学者

① 毕玉谦：《民事证据法判例实务研究》，北京：法律出版社，1999 年，第 419 页。

② 齐树洁主编：《英国证据法》，厦门：厦门大学出版社，2014 年，第 2 版，第 132 页。

认为证明标准是“承担举证责任的当事人举证的分量相对于对方当事人举证分量来说，应当超过多少”[①]。

我国学者也对证明标准谈论了自己的看法。江伟教授认为证明标准是“负担证明责任的人提供证据对案件事实加以证明所要达到的程度”[②]。陈光中教授认为证明标准是法律规定的，证明责任主体运用证据对待证事实加以证明所要达到的要求和程度，又被称为证明要求和证明程度[③]。我国台湾学者黄国昌认为证明标准是法院认定系争事实存否所要求的最低心证度[④]。也有学者认为证明标准是一种注定无法实现的“乌托邦”。例如，张卫平教授认为如何建构科学判断诉讼中当事人证明是否成立的标准、正确作出判决，是法院也是当事人所企望的。但作为认定事实的正义之剑，证明到何种程度才算已经证明、达到证明标准，决定了证明标准必须是具体化的、外在化的尺度。基于标准的客观化、具体化的要求，获得一种抽象的、又依赖于法官主观认识的证明标准是不可能的，这种标准的建构只能是一种“乌托邦”式的空想。只能在一种“指导性”的标准之下通过提高法官素质以及心证公开、强化审判中言辞原则、真正贯彻平等原则、强化合议功能、保证当事人质证权等间接制约措施，依靠法官的良知和知识，根据案情的具体情况来把握[⑤]。李浩教授也认为证明标准适用正确与否的判断具有相当的难度，其具有“主观性”和“模糊性”的特征[⑥]。毕玉谦教授认为民事证明标准应从不同的角度对其进行分析和认识：关于民事证明标准的理解可以从两个角度分析，从法官层面看，证明标准是达到最低心证的程度；对其他民众（包括当事人）而言是某一基础性事实是否适用法律并产生相应法律后果所需要的最低程度[⑦]。

第二节　国外关于证明标准的相关研究

一、大陆法系国家关于证明标准的规定

较多的大陆法系国家在证据法的研究上受到德国理论的影响，长期关注对证明责任问题的研究，关于证明标准问题的讨论比较晚，并且缺乏充分深入的讨论。“因为所有涉及证明责任的理论都卷入到证明责任分配理论中去了，而且焦点也仅仅集中于间接反证是否转移证明责任的问题，如此一来，就使得间接反证中的表见证明构造、证明标准问题就被忽视了。”[⑧]在为数不多的讨论中，学界的争议焦点也主要集中在原则性民事证明

① 卞建林、郭志媛、韩阳：《诉讼证明：一个亟待重塑的概念》，《证据学论坛》，2001 年第 2 期，第 62 页。

② 江伟主编：《证据法学》，北京：法律出版社，1999 年，第 108 页。

③ 陈光中主编：《证据法学》，北京：法律出版社，2013 年，第 355 页。

④ 黄国昌：《民事诉讼理论之新开展》，台北：元照出版有限公司，2005 年，第 83 页。

⑤ 张卫平：《证明标准建构的乌托邦》，《法学研究》2003 年第 4 期，第 60-69 页。

⑥ 李浩：《证明标准新探》，《中国法学》2002 年第 4 期，第 139 页。

⑦ 毕玉谦：《证据制度的核心基础理论》，北京：北京大学出版社，2013 年，第 196 页。

⑧〔日〕春日伟知郎：《自由心证主义的现代意义》，见〔日〕春日伟知郎：《民事证据法论集——情报开示、证据收集与事案的解明》，东京：有斐阁，1995 年，第 127 页。

标准是采用“高度盖然性”抑或“盖然性占优”，以及民事证明标准的降低和证明标准与其相邻的问题，尤其是证明标准与证明责任的关系。但是在证明标准的认定方面也同样形成了较多一致的认识，最重要的表现为大陆法系国家关于证明标准的要求，不论是民事还是刑事案件，除非法律有明文规定，法官都必须达到“超越合理怀疑”的心证。

在德国，虽然随着“盖然性优势”等学说的提倡，在学界掀起了如何确定原则性证明标准的讨论，但是，无论是传统学说还是司法实践都较多采用证明程度较高的“高度盖然性”，虽然关于“高度盖然性”的认识也存在不同。德国立法中较早确定了认定案件事实是不可能达到 100%的客观真实的，采用“高度盖然性”“对真相的心证”“如此高的盖然性，以至于理性的人都不怀疑”等不同的语言描述其对证明标准的规定，但是语言的不统一泯灭了清晰的证明标准。关于证明标准的立法，德国《民事诉讼法》第 286 条规定了原则性的证明标准，当法官获得很高的盖然性，即被视为真实；同时在其他相关法条中又对该原则性标准进行了修改：一种为原则性标准的提高，1956 年联邦德国《联邦赔偿法》9V“如果损害具有确信的盖然性”，即需达到显然的证明；另一种是证明标准的降低，《民事诉讼法》44II、《刑事诉讼法》26II 等仅需达到“令人相信”。

日本关于证明标准的研究基本接纳了德国“高度盖然性”的观点。大多数学者认为证明标准是“按照社会一般人在日常生活上赖以行为的程度”的“高度盖然性”，并在此基础上使法官对此形成“确实心证”的学说。1975 年 10 月 24 日，日本最高法院对一起医疗事故事件作出的判决践行了学者关于证明标准的研究。该判决所涉事实为：一位因患化脓性髓膜炎在东大医院接受治疗的幼儿，在实施一种通过腰椎穿刺采集骨髓，并注入盘尼西林的手术，15~20 分钟后突然呕吐、痉挛，右半身部分麻木，并造成性格、智能、运动障碍，家长以此提出要求医院赔偿。而被告方医院认为发作及其后来所产生的障碍是化脓性髓膜炎所致，并非手术引起。该案的判决书指出：“诉讼上因果关系的举证不属于‘不容半点怀疑’的自然科学上的证明，而是按照经验法则并综合斟酌所有证据，对使法官能够认定特定事实引发特定结果之关系高度盖然性的证明，该判决必须能够使一般人毫无疑虑地报以真实性的确信，而且只要达到该程度即可。”[①]对此判决又有两种理解：第一，证明必须包含“高度盖然性”与“主观性确信”两个要件才能形成；第二，证明并不必然以“高度盖然性”与“主观性确信”两个要件为必要，而将“主观性确信”作为客观的“高度盖然性”的判断基准加以定位。也就是说，日本依旧采用了“高度盖然性与确信”的证明标准，虽然在如何构成完整的证明这个问题上有着不同的理解。同时受英美法系证据法的影响，日本也有学者提出“证据优势”“盖然性优势”等不同的观点，促进了日本民事诉讼证明标准多元化的发展[②]。

二、英美法系国家关于证明标准的规定

在英美证据法上，依据证明所需的确定性承担划分，证明标准由高到低有以下几个

---

① 〔日〕春日伟知郎：《自由心证主义的现代意义》，见〔日〕春日伟知郎：《民事证据法论集——情报开示、证据收集与事案的解明》，东京：有斐阁，1995 年，第 127 页。

② 张卫平主编：《外国民事证据制度研究》，北京：清华大学出版社，2003 年，第 447-448 页。

层次：①绝对的确定，由于认识论的限制，认为这一标准无法达到，因为无论出于何种法律目的，均无这样的要求；②“排除合理怀疑”，为刑事案件中有罪认定所必需，也是诉讼证明的最高标准；③清楚且具有说明力的证据，在某些司法区，在死刑案件中拒绝保释时，以及作出某些民事判决有这样的要求；④优势证据，在多数民事案件及刑事诉讼中被告人的肯定性抗辩时适用；⑤合理根据，适用于逮捕令的签发，无证逮捕、搜查及扣押，控诉书和起诉书的发布，缓刑及假释的撤销，以及对公民逮捕的执行；⑥有理由相信，适用于“阻截和搜身”；⑦有合理的怀疑，是无罪释放被告人的充足理由；⑧怀疑，适用于调查的开始；⑨无线索，不足以采取任何法律行为[①]。民事诉讼中的原则性证明标准则定位于第四个层次，即“盖然性优势”，特殊民事案件适用第三个层次，即“清楚且具有说明力的证据”。一般来讲“优势证据”（preponderance of the evidence）是美国常用的术语，“盖然性占优势”（balance of probabilities）则通用于英国。这些术语都意指原告主张的事实虽然不要求非常可能，但它存在的可能性一定大于不可能性，即有50%以上的确信度即可。

英美法系的证明标准与证明责任紧密相关，是负有证明的当事人为了卸除其证明责任而对其主张的事实所必须达到的程度，证明标准直接与案件的胜诉败诉紧密相关。从法官角度来看，法官对证明标准的把握拥有较为广泛的自由心证，“法官通常解释说所谓证据之优势与证人之多寡或证据的数量无关，证据之优势乃在使人信服的力量。有时并建议陪审团，其心如秤，以双方当事人之证据置于其左右之秤盘，并从而权衡何者有较大之重量”[②]。法官在权衡当事人呈现的证据后，认为其可能性大于不可能性时，证明责任即可卸除。从当事人角度来看，“凡于特定事实之存在有说服负担之当事人，必须以证据之优势确立其存在”[③]，即在事实认定过程中，负有证明责任的当事人只需证明其主张的真实性大于不真实性即可。同时针对特殊民事案件，如口头遗嘱、口头信托，英美法系确定了比普通案件更高的证明标准，即清楚且具有说明力的证据。从社会民众角度来看，在英美法系国家中，民众普遍认为任何纠纷“最为关键的并非审判结果的实际标准性，而是人们对其标准性的相信程度”[④]。所以，社会民众并没有过分强调对客观真实的追求，完全可以接受51%的证明标准，并严格遵守程序要求。

第三节 我国民事证明标准的历史演变

一、理论层面[⑤]

证明标准和证明责任是证据法的两大基本内容，基于证据法律制度完善的考虑，我

① 《美国联邦民事诉讼规则证明规则》，白绿铉、卞建林译，北京：中国法制出版社，2000年，第202-203页。

② 〔美〕摩根：《证据法之基本问题》，李学灯译，台北：“台湾教育部”，1982年，第48页。

③ 〔美〕摩根：《证据法之基本问题》，李学灯译，台北：“台湾教育部”，1982年，第48页。

④ 〔英〕乔纳森·科恩：《证明的自由》，何家弘译，《外国法译评》1997年第3期，第3页。

⑤ 本部分内容较多参照何家弘、刘品新：《证据法学》，北京：法律出版社，2013年，第5版，第330-335页。

国学者一直在对证明标准的确定问题进行讨论，希望通过研讨使证明责任问题清晰化。在考量证明标准的确定必须反映正义性的基础上，我国关于证明标准的研究也发生了观念的转变。

（一）从客观真实说走向法律真实说

客观真实说在我国长期占据通说地位。这种观点认为查明案件客观真实是任何诉讼的基本要求，法官在认定案件事实时必须达到“事实清楚、证据确实充分”的要求，自然要求当事人对案件事实的证明也应达到此标准。也就是说，我国长期形成了不论案件性质的“一元化证明标准”，其标志是：第一，据以定案的证据均已查证属实；第二，案件事实均有必要的证据加以证明；第三，证据之间、证据与案件事实之间的矛盾得到合理排除；第四，得出的结论是唯一的，排除了其他的可能性①。

客观真实说认为人类的力量是无穷尽的，只要努力就可以发现任何已经发生的客观事实，其作为一种理想的价值追求是具有意义的，不应随意放弃。但客观真实说具有一系列的局限性。首先，该学说忽略了任何事实的发生已经是过去，我们只能努力去接近客观真实，而无法恢复客观真实，在这一努力过程中，任何证据的选取和使用，以及证明过程的发展都是我们在尽可能接近客观真实的主观指导下努力的结果。其次，客观真实说对案件不加区别一律使用同一标准，尤其是对处理私权纠纷的民事案件适用同刑事案件一样的标准并不是很恰当。再次，客观真实证明标准的实现有赖于一批品德优秀、精通法律、经验丰富的法官，忘却了法官也是普通的社会成员，必然有认识上的局限性。最后，客观真实说完全抹杀了程序价值、诉讼制度对诉讼证明的要求，遗忘了诉讼时效、诉讼效益等程序价值的追求也不能保证该理想模式的实现。

多年来，我国一直坚持客观真实说，司法实务界也坚持践行该学说，对客观真实说的任何质疑都是不可思议的。随着思想的解放和客观真实说的弊端被越来越多地发现和认识，有些学者对客观真实说作为证明标准的“适格性”提出了挑战，并提出将法律真实说作为民事证明标准的观点。

法律真实说也被称为“推定真实说”，是指裁判人员运用证据认定的案件事实达到了法律所规定的视为真实的标准。也就是说，所要求的案件事实是证据所证明的事实，或者说从证据角度分析是真实的事实。学者认为，第一，所有对案件事实进行证明的证据类型、证据的搜集、证明程序等都严格依照法律的规定，甚至于如何评价案件事实在部分法律中也有规定。所以，作为裁判依据的事实是依照法律规定在民事诉讼程序中形成的，在这种情况下，再现于法庭上的案件事实，并非冲突过程中的所有客观事实，仅为具有特定法律意义的冲突过程中的部分事实。并且该部分事实也仅为法官依据法律规定的事实证明标准及规则而得出的法律上认为是真实的事实。第二，在民事案件事实证明过程中，虽然所有的冲突事实都要求具有客观性，但能够在诉讼过程中呈现的冲突事实，是法官在主观认定的基础上选择的结果，法官的主观判断对该事实的选取及证明力的大小具有决定性作用，法官根据具体的案件对每一个证据赋予其应有的具体含义。所

① 王圣扬：《论诉讼证明标准的二元制》，《中国法学》1999 年第 3 期，第 138-139 页。

以，任何一个证据的真实只能是一种法律的真实，它的分析、判断、认定是法官运用法律的结果。第三，民事诉讼中，当事人有义务提供证据对案件事实进行证明，以实现法官用于定案的事实与客观事实相一致。而法院则是运用法律对当事人提供的证据进行审查判断、选择剔除，尽可能地追求客观事实。第四，法律的尊严和社会的稳定需要司法判决具有既判力，经过正当合理审理形成的生效判决即使事实认定中可能存在与客观事实不符的情形，法律也会认可其效力，不容随意更改。因此，法律真实说认为，在民事诉讼中再现的事实，只是法律意义上的事实，而非原始状态下的客观事实。任何原始状态下的事实，必须根据法律的规定、依照法定程序、由法定人员进行审查判断才能成为法律事实，并受制于法律评价。基于对审查人员和审查程序、条件等的限制，保障了法律真实的客观性，杜绝了审查人员的随意主观性①。

20 世纪 90 年代客观真实说和法律真实说之间爆发了激烈的争论。虽然支持法律真实说的学者认为“客观真实说在实践中不但无法实现，而且会带来一系列严重后果，如任意司法、藐视法律和法治等”，坚持客观真实说的学者主张法律真实无法替代客观真实标准，因为无论从认识论的角度还是从法律理论的角度，法律真实说都不能成立，但是二者不乏相通之处。从法律真实说的角度来看，该学说并不排除追求客观真实，这正是客观真实说的核心观点。法律真实说的学者认为，“对于我们每个人来说，如果在诉讼过程中能够发现案件的客观真实情况，是最好不过的事情，或者说，就再没有任何一种主张比这种主张更完美了。正因为如此，人们对于如何发现客观真实，不知道倾注了多少热情和精力”②。从客观真实说的角度来看，学者们也承认在司法实践中每一个案件或多或少存在无法查明的客观真实。客观真实说的学者认为，“司法实践中，并非对每个案件的证明均达到了客观真实的程度。其原因是多方面的，或因证据未及时收集而损坏消失，或因未深入调查而没有获得必要证据，或因缺乏、没有运用必要的科学技术手段，或因办案人员思想方法主观片面作出错误判断，或因慑于权势、徇于私情故意歪曲事实，等等”③。客观真实说和法律真实说之间的分歧在一定程度上归咎于概念使用上的不统一，也在一定程度上反映了司法理想与司法现实之间的冲突。作为理想的标准，司法活动应追求百分之百的“客观真实”，但是，面对现实，人们在确定证据标准时，既要考虑司法证明的目的，也要考虑司法公正、司法效率等其他价值目标的实现，“客观真实”只是理想化的司法证明的标准，“法律真实”才是切合实际的证明标准。

（二）从一元化证明标准走向多元化证明标准

在我国传统法律规定中，不论是刑事案件、行政案件，还是民事纠纷，都适用“案件事实清楚、证据确实充分”的一元化的证明标准。20 世纪 90 年代，随着理论研究的深入，学者对一元化的证明标准提出了批评。有学者提出，应当区别对待民事诉讼与刑事诉讼的证明标准，实行二元制的证明标准理论④。也有学者提出司法证明的目的是客

① 邵增兴：《论民事证明标准及其程序保障机制》，《证据学论坛》2001 年第 2 期，第 83-84 页。

② 樊崇义、锁正杰、吴宏耀，等：《刑事证据前沿问题研究》，《证据学论坛》2000 年第 1 期，第 202-203 页。

③ 陈一云主编：《证据学》，北京：中国人民大学出版社，2000 年，第 2 版，第 117 页。

④ 李浩：《民事证明责任研究》，北京：法律出版社，2003 年，第 234 页。

观真实，标准是法律真实，前者是一元化的，后者则具有多元化的特征[①]。有学者认为法律真实应当取代客观真实成为司法实践中的证明标准，在具体适用中，对民事诉讼和刑事诉讼应当区别对待[②]。也有学者认为，我国民事诉讼立法和有关司法解释中对民事证明标准的规定，并没有一个始终如一的理论基础和指导原则。在这一问题上，既有客观真实证明标准的规定，又有法律真实证明标准的规定，体现为一种双重规定混合的标准[③]。学者们在激烈的讨论中摒弃客观真实说，采纳了法律真实说。同时法学理论和司法实务中首先认定刑事案件的证明标准应高于民事和行政案件，采用“排除合理怀疑”的证明标准；其次在不同的案件和案件的不同阶段，由于证明对象的不同，证明标准也应有所区别。对于民事纠纷，我国基本确立了以“高度盖然性”为原则性的证明标准，针对特殊案件，如“欺诈、胁迫、恶意串通”类、“对口头遗嘱或赠予事实”的证明，将证明标准提高到“排除合理怀疑”的程度。虽然目前关于法定的分层状态学者们有不同的认识和争议[④]，但从立法层面初次明确我国民事诉讼证明标准的多层次化，是我国证明标准研究成果的体现。

二、立法层面

长期以来，我国民事诉讼法并没有关于证明标准的明确详细条款，但是从相关的法条中可以推导出其潜在的思想，也反映出我国理论界关于民事证明标准的研究和认识。

（一）2013 年以前关于证明标准的相关立法规定

20 世纪 90 年代的较长时间内，大多数学者认为从我国的立法中可以推导出民事诉讼采取了和刑事诉讼相同的证明标准，即“案件事实清楚、证据确实充分”的一元制证明标准。例如，1991 年《民事诉讼法》第 64 条第 3 款规定：人民法院应当按照法定程序，全面地、客观地审查核定证据。第 153 条第 3 项规定：原判决认定事实错误，或者原判决认定事实不清，证据不足，裁定撤销原判决，发回人民法院重审，或者查清事实后改判。第 179 条第 2 项、第 185 条第 1 项，“原判决、裁定认定事实的主要证据不足的”是当事人申请再审和检察机关提起抗诉的法定情形之一，等等。1996 年《刑事诉讼法》第 162 条第 1 项规定“案件事实清楚，证据确实、充分，依据法律认定被告人有罪的，应当作出有罪判决”，使用了与 1991 年《民事诉讼法》相同的一些词眼[⑤]。

---

① 何家弘：《论司法证明的目的和标准—— 兼论司法证明的基本概念和范畴》，《法学研究》2001 年第 6 期，第 44 页。

② 韩象乾：《民、刑事诉讼证明标准比较论》，《政法论坛》1996 年第 2 期，第 49-50 页。

③ 邵增兴：《论民事证明标准及其程序保障机制》，《证据学论坛》2001 年第 2 期，第 86 页。

④ 例如，刘学在教授在《民事诉讼中“排除合理怀疑”证明标准评析》中认为在民事诉讼中确立层次化的不同证明标准是应该的，但是目前我国《民事诉讼法司法解释》第 109 条将“欺诈、胁迫、恶意串通事实的证明，以及对口头遗嘱或者赠与事实的证明”的证明标准提升到与刑事案件相同的标准—— “排除合理怀疑”，忽视了民事案件与刑事案件的不同，违背民事诉讼的目的，有违当事人平等原则，不利于鼓励原告起诉，不能达到解决纠纷的目的。

⑤ 但是有些学者认为，无法从当时的立法规定中看出民事诉讼的证明标准是“案件事实清楚、证据确实充分”。例如，毕玉谦认为：“从我国民事诉讼与刑事诉讼立法上来看，我国实行的仍是二元制的证明标准。”参见毕玉谦：《民事证据法及其程序功能》，北京：法律出版社，1997 年，第 127-128 页。

2002 年 4 月 1 日施行的《最高人民法院关于民事诉讼证据的若干规定》第 73 条第 1 款规定："双方当事人对同一事实分别举出相反的证据，但都没有足够的依据否定对方证据的，人民法院应当结合案件情况，判断一方提供证据的证明力是否明显大于另一方提供证据的证明力，并对证明力较大的证据予以确认。"学者们认为该条确立了"高度盖然性"的证明标准，我国民事诉讼证明标准逐渐开始摆脱刑事诉讼证明标准的束缚，建立自己独立的体系。

2007 年修订的《民事诉讼法》第 153 条规定："第二审人民法院对上诉案件，经过审理，按照下列情形，分别处理：（一）原判决认定事实清楚，适用法律正确的，判决驳回上诉，维持原判决；（二）原判决适用法律错误的，依法改判；（三）原判决认定事实错误，或者原判决认定事实不清，证据不足，裁定撤销原判决，发回原审人民法院重审，或者查清事实后改判；（四）原判决违反法定程序，可能影响案件正确判决的，裁定撤销原判决，发回原审人民法院重审。当事人对重审案件的判决、裁定，可以上诉。"该条从否定的方面表示了不符民事证明标准的行为是"事实不清、证据不足"，即表明了我国对民事证明标准的认识是"事实清楚、证据充分"。关于证明标准的立法似乎又出现了反复和后退。

总之 2013 年现行《民事诉讼法》颁布之前，我国民事诉讼法的立法条文中没有具体的关于民事证明标准的规定，我们只能从一些相关规定中推导出"案件事实清楚、证据确实充分"的一元化证明标准。

我国传统的法律对民事证明标准的规定存在的缺陷是很明显的。第一，通过对比可以看出，我国民事、刑事、行政诉讼三法的证明标准是相同的，并未区别案件性质的不同。《刑事诉讼法》、《行政诉讼法》同《民事诉讼法》一样，虽然都没有对证明标准作明确的规定，但从其相关规定中，可以推断出，不论是刑事案件还是行政案件，证明标准都是"案件事实清楚、证据确实充分"。一般来讲，案件的性质决定了案件的证明标准。刑事诉讼所要解决的是被告人是否构成犯罪以及如何刑罚的问题，案件的处理结果不单涉及被告人的财产、名誉等问题，严重的有可能影响其自由、生命；案件社会关注度高，尤其是一旦造成冤假错案，对社会的负面影响极大，各国对刑事案件一般采用"排除合理怀疑"的最高证明标准。相比刑事案件，民事纠纷和行政纠纷所涉及的财产权利、人身权利等都是较低层次的。我国对三种案件不加区分采取一元化的统一证明标准是不合理的。第二，关于事实的认识不确定。法条中只是简单地描述审理案件必须达到"事实"清楚，但是对该事实到底应当是客观意义上的事实还是法律意义上的事实，没有在立法和相关的司法解释中进行详细解读，于是形成了学者对此问题的不同理解，也导致实务界的人士对"事实"的不同认定。第三，混淆了证明标准和证明目的。证明目的是说服裁判者作出对己有利的事实判定，从而追求有利的诉讼后果。从当事人的角度讲，是最终说服了法官，使法官形成了确定的心证，对案件事实有了明确的判断；从法官的角度讲，是获得对案件事实的确定性判断，产生了肯定或否定事实的确信，认为双方无须继续进行证明活动；从案件事实讲，是原本存在争议的事实经过双方举证证明穷尽所有证据后，无法或不必要继续证明，案件呈现出真、伪、真伪不明，在这三种事实状态下，法官司法均属依法而行[①]。证明标准是当事人卸除证明责任必须达成的程度，是法官判定当事人证明度的标杆。证明目的的实现要考虑证明主体、证明对象、证明环节、证明责任等，而证明标准是实现证明目的的过程中必须考量的条件之一。简单地在立法中提出“案件事实清楚、证据确实充分”的事实认定条件，是在对证明标准和证明目的混淆的思维下形成的结论。

（二）2013年之后《民事诉讼法》中关于证明标准的规定

我国现行民事诉讼法首先确定了以“法律事实”为基准的民事证明标准，2014年《民事诉讼法司法解释》在此基础上建构了在确定民事诉讼一般证明标准的前提下，对不同的案件、不同的主体在证明标准上实行分层约束的体系。

（1）《民事诉讼法》第63条规定：“证据包括：（一）当事人的陈述；（二）书证；（三）物证；（四）视听资料；（五）电子数据；（六）证人证言；（七）鉴定意见；（八）勘验笔录。证据必须查证属实，才能作为认定事实的根据。”在关于证据的概念中，“查证属实”“认定事实”一般认定为“法律事实”。

（2）《民事诉讼法司法解释》第108条第1款规定：对负有举证证明责任的当事人提供的证据，人民法院经审查并结合相关事实，确信待证事实的存在具有高度可能性的，应当认定该事实存在。该款确定了我国在一般民事诉讼案件中采取负有举证证明责任的当事人按照“高度盖然性”的证明标准对自己的主张进行举证证明，即相对于英美法系的“证据优越”的证明标准，我国采取了“高度盖然性”的证明标准，要求待证事实发生的可能性远远超出不发生的可能性，同时赋予法官“结合相关事实”对超出多少具体判断。第108条第2款规定：对一方当事人为反驳负有举证证明责任的当事人所主张事实而提供的证据，人民法院经审查并结合相关事实，认为待证事实真伪不明的，应当认定该事实不存在。该款内容确定在诉讼中承担反驳举证证明责任的当事人在对对方当事人的主张进行反驳时，证明标准被降低，只需要达到法官内心确信的怀疑，认为待证事实真伪不明时即达到了证明标准，而无须达到“高度盖然性”。第108条第3款规定：法律对于待证事实所应达到的标准另有规定的，从其规定。该款确定了在法律对于证明标准另有规定时，法定证明标准优先适用。第109条规定：当事人对欺诈、胁迫、恶意串通事实的证明，以及对口头遗嘱或者赠予事实的证明，人民法院确信该待证事实存在的可能性能够排除合理怀疑的，应当认定该事实存在。第109条是关于提高民事证明标准至“排除合理怀疑”的规定，使“排除合理怀疑”标准在我国民事诉讼中首次被确认。第一，对欺诈、胁迫、恶意串通行为的证明标准。根据相关法律的规定，欺诈是一方当事人故意告知对方虚假情况，或者隐瞒真实情况，诱使对方当事人作出错误的意思表示的行为；胁迫是以给自然人及其亲友的生命、健康、财产、名誉等造成损害，或者给法人的财产、名誉等造成损害为要挟，迫使对方作出违背真实的意思表示的行为；恶意串通是指两个或两个以上的当事人事先交换信息，在其他当事人不知情的情况下与之进行

① 汤维建：《诉讼证明的构成环节及运行法则》，见汤维建：《民事证据立法的理论立场》，北京：北京大学出版社，2008年，第92-93页。

交易等活动，利用他方不知情的弱势地位谋取不当利益的行为。以上三种行为一旦发生就会导致现有的法律关系可撤销或者无效，为保障交易安全、维护法律秩序的稳定，需要对此类事实的认定赋予更高的证明标准。第二，对口头遗嘱或者赠予事实的证明标准。遗嘱是被继承人处分自己遗产、发生遗嘱继承的载体，其有不同的形式，如公证、书面、录音、口头等，口头遗嘱是在危急情况下才能采取的特殊形式。基于口头遗嘱是在危急情况下作出的，事后很难进行查证，而遗嘱又是对被继承人财产进行处分的行为，所以对口头遗嘱应给予谨慎对待，以排除合理怀疑的标准进行查证。赠予是当事人一方对自己的财产进行处分，将其无偿转移给他方，他方获得该财产所有权的行为，可以以书面或口头形式作出。基于口头赠与行为容易捏造，又是赠予人对自己财产进行永久性转移的行为，在事实认定上以“排除合理怀疑”为证明标准是较为谨慎的选择。并且基于利益平衡原则，即使口头赠予未被认定，对被赠予人而言损失的仅为可期利益，相对于赠予人有可能造成财产损失来讲更容易被接受。

基于以上分析，我们对我国现行民事诉讼证明标准形成的认识是：第一，法律对民事诉讼证明标准原则性的规定是“高度盖然性”，即普通案件中负有证明责任的一方必须对其主张的待证事实发生的可能性远远高于未发生的可能性作出证明。第二，法律对证明标准的特殊规定优先适用。例如，目前依照《民事诉讼法司法解释》第 109 条的规定，对欺诈、胁迫、恶意串通行为和口头遗嘱或者赠予事实采取了“排除合理怀疑”的最高证明标准。2016 年 10 月国务院法制办公室在《中华人民共和国食品安全法实施条例（修订草案送审稿）》中规定，食品药品监督管理部门采用技术手段检出食品中含有非食用物质时，食品生产经营者不能提供相关证据排除合理怀疑的，应当承担相应法律责任。第三，诉讼证明中对本证方采用“高度盖然性”的证明标准，即要求本证方主张的待证事实发生的可能性远远高于未发生的可能性。第四，诉讼证明中反证方仅需证明待证事实“真伪不明”，即要求反证方只需要证明待证事实处于“真伪不明”状态，引起法官内心确信的怀疑就达到了证明标准。

第四节　当事人平等视角下民事证明标准的完善

我国现行的民事证明标准可以概括为：一般案件采用“高度盖然性”的证明标准；欺诈、胁迫、恶意串通事实的证明，以及对口头遗嘱或者赠予事实的证明需达到“排除合理怀疑”。我国在确定原则性证明标准的基础上正面承认了法官对证明标准的主观影响，法官可以根据案件性质的不同依据不同的证明标准进行审理。

一、我国现行民事证明标准评析

（一）“高度盖然性”作为民事证明原则性标准的利弊

“高度盖然性”作为我国民事诉讼证明标准意味着法官在案件审理中虽未形成事实

必定如此的确定,但内心形成事实极有可能或者非常有可能的判断,该可能性应达到85%以上。学者们认为选择“高度盖然性”作为我国民事诉讼证明标准的主要理由是:第一,该标准在一定程度上沿袭了我国“发现真实”的传统,与民众的心理承受能力相符。虽然我国民事诉讼证明已经由传统的“客观真实”转而成为追求“法律真实”,但“客观真实”永远是司法证明的最高追求,在我国司法传统中的地位不可动摇。第二,该标准符合我国“纠问式”审判模式。英美法系“盖然性占优”的证明标准以对抗制诉讼作为背景,诉讼程序由当事人启动并由当事人控制,当事人在整个诉讼过程中承担调查、证据搜集出示、辩论等责任。而我国纠问式的审判模式一直强调法院在诉讼中发现真实、保护当事人合法权益的法定职责,是对“求真”的执着,而非对“平等对抗”的保障①。

“高度盖然性”作为民事证明标准,其追求真实的理想是肯定的,但是我们也能看到“高度盖然性”是证明层次中要求程度比较高的证明标准,其要求证明尺度必须达到85%以上,与仅需51%以上的“盖然性占优”标准相比,高出30%以上。证明标准越高,看似越能对案件有一个高标准的“真实发现”的要求,这是一种比“证据优越”更为严格的要求,也更多地表明了发现真实的决心。但实际上由于高标准的证明度的要求,使证明责任的分配呈现出不公平的态势,负有举证责任的当事人承担了更多的不利益。本来在诉讼中应保持平等地位的双方当事人,由于证明责任的分配和证明标准的高要求,往往使原告需要在诉讼中付出更多,才有可能实现胜诉的目的,而被告在诉讼提起上的被动性使其避免了这种风险的承担,原告与被告在诉讼初始便是不平等的。诉讼过程中,由于当事人证据搜集能力、财力、法律意识等因素的影响,加剧了负有证明责任的一方的不利情势,似乎表现出一种“举证之所在,败诉之所在”②的情况,这对于我国公民初步形成的法律意识的巩固和增强不是一件值得欣喜的事情。或许高证明标准由于要求原告更多的责任承担,只有原告在获得足够的证据可以对自己的诉讼事实和主张的证明达到“高度盖然性”的前提下,通过诉讼才有可能使自己的利益得到保护。这似乎在一定程度上可以减少诉讼的发生,即达到抑制诉讼的意图和目的,但在实行高证明标准的国家,并没有低民事诉讼率的表现;而且抑制诉讼隐形地意味着权利人尽量减少通过诉讼、法院、公力救济等方式保护自己的合法权利,应使用诉讼外纠纷解决机制、私力救济等方式处理争议,这与诉讼制度本身的设置目的是相违背的,而“高度盖然性”民事证明标准的适用恰是这一主张的实际运行。

高标准的证明度在一定程度上抑制了法官对案件事实的认定,因为法官可以以双方当事人的证明没有达到“高度盖然性”或更高层次的要求为理由,不以证据为依据对案件进行裁判,而是以“事实陷入真伪不明”直接依照实体法中关于民事证明责任风险承担的规定直接判处某一方当事人承担不利后果,严重至败诉。这实际上造成了有些案件虽然结案,但并未达到“纠纷解决”的目的,诉讼存在的意义打折。无奈的是,即使在一个完全实行证据裁定主义的国家,我们也不能说法官依此裁判存在什么问题。

---

① 季卫东:《宪政新论——全球化时代的法与社会变迁》,北京:北京大学出版社,2005年,第2版,第106页。

② 黄国昌:《民事诉讼理论之新开展》,台北:元照出版有限公司,2005年,第80页。

结合我国的现实而言，在我国的民事诉讼历史上，法院依职权收集和调查是一种传统，是传统民事审判方式的特征之一。无论是在作为革命根据地的陕甘宁边区，还是1949年中华人民共和国成立以后《民事诉讼法》(试行)以前，独立收集、调查证据都被视为一项法院当然的权力”[①]。20世纪80年代初，中华人民共和国第一部《民事诉讼法》(试行)适应当时计划经济的时代要求，为了发现案件的客观真实，继承了这一传统，确立了“当事人动动嘴，法官跑断腿”的人民法院垄断证据调查权限的超职权主义的民事诉讼体制，以表达民事司法追求真实的决心和价值。在这一体制下，裁判者不受当事人主张的限制就可以独立地收集和提出证据，往往把自己处于与当事人对立的位置，“由于证据的收集和提出总是难免不受主观因素的影响，这样就打破了个案中当事人之间的平等，裁判者的中立性便自动丧失”[②]。当事人不承担证明责任，也不存在证明责任风险的分配问题。认定事实与正确适用法律是司法的首要任务和核心功能，诉讼证明是以司法职权为中心的自向证明，其目的是满足法官行使司法裁判权的需要，而不是保障双方当事人在诉讼中的平等对抗。为了展现司法实现客观真实，体现阶级专政的功能外观，首部《民事诉讼法》确立了与刑事诉讼一样的近乎 100%的高要求的证明标准。这一高要求的证明标准与法院垄断证据收集、调查的权力相结合，成为达到国家民事司法制度所追求的真正目的的关键。然而，高要求的民事证明标准打破了当事人之间的平等性，造成了诉讼的低效率。而原告、被告对诉讼效率的不同期待，也会影响当事人之间的平等对抗。如果法律未赋予负证明责任的当事人以广泛的收集证据的手段，平等对抗的诉讼体制只能以牺牲负证明责任的一方当事人的利益为代价，达到所谓的发现真实的司法目的。

任何改革的实质都是权力的重新配置，我国从20世纪80年代后期开始的民事审判改革也不例外。在证据制度方面采取的强化当事人的举证责任、弱化法院的依职权主动调查收集证据的权力的措施，同时并没有同步地赋予当事人广泛地收集证据的权限，使民事证据收集手段质量发生了变化，导致呈现在法官面前的证据数量下降且残缺不全，若再配置以高要求的证明标准，其诉讼实践的真正后果是导致负证明责任的当事人的证明困难和诉讼的非效率性，更进一步加剧了当事人之间的不平等性，最终损害司法的公正性。因此，随着我国司法改革的深入推进，诉讼结构由职权主义向当事人主义的转型，司法的专业化、职业化程度不断提高，理论界和实务界已认识到在裁判中对待证事实的证明是一个盖然性问题，缺乏绝对的确定，应降低民事诉讼的证明标准。尤其是从保障双方当事人平等对抗的角度考虑，一个低要求的证明标准，在解决负举证责任的当事人的证明困难与收集证据手段欠缺的矛盾中，保障当事人之间诉讼地位的平等，更有利于构建理性的诉讼结构，形成当事人之间真正平等的沟通、对话，在此基础上能提高诉讼发现真实的准确度，降低错误裁判发生的概率及成本，并使当事人对此平等地分担。故民事证明标准的确定，实质上不仅涉及法官与当事人诉讼权利(力)的合理配置，也涉及当事人之间利益的平等分配。在我国民事司法改革日益推进的今天，面对不断增加的具有明显证据偏在的现代型诉讼的情况，民事司法改革应着力解决负举证责任当事人的

---

① 张卫平:《论人民法院在民事诉讼中的职权》,《法学论坛》2004年第5期，第14页。

② 张卫平:《论人民法院在民事诉讼中的职权》,《法学论坛》2004年第5期，第14页。

证明困难的问题，保障当事人诉讼进行能力的实质平等，才能实现民事司法的公正，提高司法效率。为此，民事司法改革应沿着降低证明标准和扩充当事人收集证据的手段两个方面展开[①]。并且目前我国民众法律意识的提升、律师队伍的建设等都使纠纷解决中的“对抗”成为可能，公民愿意通过司法解决纠纷，如果在民事领域，人为地用法律的规定为公力解决纠纷设置障碍，会形成不鼓励民众起诉、起诉后原告风险扩大化、不利于纠纷解决的局面，这与我国司法改革的目标是不一致的。

（二）对“排除合理怀疑”标准在民事诉讼特殊案件中适用的质疑

《民事诉讼法司法解释》第 108 条第 3 款规定：法律对于待证事实所应达到的证明标准另有规定的，从其规定。第 109 条规定：当事人对欺诈、胁迫、恶意串通事实的证明，以及对口头遗嘱或者赠予事实的证明，人民法院确信该待证事实存在的可能性能够排除合理怀疑的，应当认定该事实存在。从法律规定来看，中国对“欺诈、胁迫、恶意串通事实”以及“口头遗嘱或赠予事实”的证明采用了高出“高度盖然性”标准，与刑事案件相同的“排除合理怀疑”的证明标准。该条将证明标准提高到“排除合理怀疑”，本身的目的在于维护民商事交易安全，促进法律关系的稳定。也有学者认为该制度出现的另一种可能解释是，希望“以确立比‘高度盖然性’更高标准的方式防范‘高度盖然性’标准在实践中被‘折扣执行’”[②]。我们看到此种做法本意在于借鉴英美两国的相关规则[③]，完善中国民事证明标准体系，但现在来看，该制度的设置从理论到实践还是需要重新思考的。

1. 忽视民刑案件的区别

案件性质的不同直接决定了证明标准的设置，民事、刑事案件在案件性质方面存在很大的区别，这决定了二者的证明标准是不可相提并论的。刑事案件大多涉及当事人的人身自由权，甚至涉及生命权，对社会秩序的破坏程度严重，一旦出现错误判决，不仅社会影响恶劣，而且有可能对当事人造成无法挽回的健康、自由、生命损害。因此，刑事诉讼特别强调对犯罪嫌疑人的人权保障，不仅是出于对犯罪行为的严惩，也是基于保障无辜主体的合法权益，法律也认可在一定程度上牺牲对真正罪犯的错误放纵来避免对无辜主体有可能造成的侵害，这也决定了刑事案件的证明标准自然会很高。民事案件的社会影响力一般小于刑事案件，大多涉及平等主体间的财产和人身权益，即使因为错误判决对该类权益造成侵害，其严重性远不及对生命权、自由权和健康权的剥夺。因此，

---

① 杜睿哲、张芸：《确定民事证明标准的一般法理——基于当事人诉讼平等的思考》，《西北师大学报》（社会科学版）2010 年第 4 期，第 131 页。

② 霍海红教授在《提高民事诉讼证明标准的理论反思》中认为之所以规定第 109 条，是因为实践中在我国确定“高度盖然性”民事证明标准之后，仍存在证明标准适用不统一的情况。而且理论界和实务界都存在将“高度盖然性”和优势证据标准作等同看待的情形。参见霍海红：《提高民事诉讼证明标准的理论反思》，《中国法学》2016 年第 2 期，第 258-279 页。

③ 在英国，其民事诉讼的一般证明标准是“盖然性优势”，在此基础上，英国在一些判例中确立了“灵活的证明标准”或“弹性的证明标准”，即民事诉讼的证明标准视案件事实严重程度的不同而有所变动，所主张的事实的性质越严重，证明所达到的盖然性程度越高，但也并非实行刑事诉讼中的“排除合理怀疑”之标准。在美国，针对欺诈证明或可能涉及刑事行为的民事案件的主张，要求达到“清晰和有说服力的证明标准”，美国所确立的“清晰和有说服力的证明标准”更接近大陆法系国家的“高度盖然性”证明标准，更准确意义上是比普通民事案件高、比刑事案件低的证明标准。而且，英美两国只是在特殊情形下使用该规则，一般情况下仍使用原则性的民事证明标准。

民事案件的证明标准理应低于刑事案件，即使是特殊民事案件也不应该采取与刑事案件相同的证明标准。

在任何诉讼中当事人的利益应当得到均衡的保护，禁止为保护一方当事人的利益而损害另一方的利益，体现在具体诉讼中就是通过诉讼制度的设置维持当事人平衡的格局，但是由于双方当事人能力的不同，证明标准制度的设置和调整有可能打破该平衡，导致双方的利益维护中出现失衡状态，通过人为地提高或降低某一方当事人的案件证明标准可以重回平衡，所以，一般涉及国家公职机关承担证明责任时，法律通常设置较高的证明标准。在刑事案件中，检察机关作为国家司法机关，享有较多的司法资源，拥有较多机构尤其是公安机关的配合，在证据搜集方面的能力远高于刑事被告；审判期间被告人可能暂时失去人身自由而无法亲自调取证据，即使拥有律师进行代理，在取证能力方面也无法同检察机关抗衡，双方处于严重失衡状态。因此为达到诉讼中的“平等对抗”，提高强势主体即检察机关的证明标准，其需要达到“排除合理怀疑”的证明程度；降低弱小者被告人的证明标准，给予其更多保护。虽然表面上似乎产生了二者不平等对待的现象，但体现了一种最终实现“实质公平”的价值理念。民事案件中当事人双方是平等的，即使在财力、能力等方面有差别，也没有刑事案件中双方主体般悬殊，二者本身处于平衡状态，而人为地提高某一方主体的证明标准，则打破了该平衡，使某一方主体成为“人为的弱者”，形成了双方不对等的状态。民事、刑事案件的性质不同决定了“在民事案件里，判错任何一边的风险是平等的，我们在任何一种可能的错误中并不偏好哪一种。但在刑事诉讼中，我们宁可判错让可能有罪的被告被释放，也不愿一个无辜的被告被监禁或被处死”①。

2. 民刑证明标准形成混搭

证明标准一方面是当事人卸除证明责任的尺度；另一方面是法官审判案件的标杆。当事人和法官在民事证明标准和刑事证明标准适用时的出发点和方向是不同的。作为民事证明标准的“高度盖然性标准着眼于从正面审视既有证据对待证事实的证明效果，确认其达到较高证明程度即可，反映了民事诉讼法既要确保事实发现的证据要求，又要防止有违民事诉讼特点和规律的平衡性追求”。作为刑事案件证明标准的“排除合理怀疑标准则立足于从反面审查既有证据对待证事实的证明效果及其面临的任何合理挑战或质疑，通过确保怀疑被排除，最大限度防止被告人被错误定罪，甚至不惜冒错放罪犯的风险，反映了刑事诉讼法保护人权的倾向性价值追求和对涉及人身权利甚至生命权的极度慎重态度”②。在民事案件中针对特殊案件适用刑事案件的证明标准，无疑是对民事、刑事两类案件的混淆，也是对民事诉讼法和刑事诉讼法精神和特点的模糊。

3. 证明标准体系内部混乱

法律体系内在的统一性要求同样情形适用相同规则或标准，避免形成“双重标准”，导致体系内部混乱，而将欺诈、胁迫、恶意串通的事实证明标准从“高度盖然性”提高

① 〔美〕亚伦·德肖维茨：《合理的怀疑：从辛普森案批判美国司法体系》，高忠义、侯荷婷译，北京：法律出版社，2010年，第60页。

② 霍海红：《提高民事诉讼证明标准的理论反思》，《中国法学》2016年第2期，第262页。

到“排除合理怀疑”则面临着“双重标准”的质疑。2002 年 4 月 1 日实施的《最高人民法院关于民事诉讼证据的若干规定》第 5 条第 1 款规定：在合同纠纷案件中，主张合同关系成立并生效的一方当事人对合同订立和生效的事实承担举证责任；主张合同关系变更、解除、终止、撤销的一方当事人对引起合同关系变动的事实承担举证责任。《中华人民共和国合同法》第 52 条规定，有下列情形之一的，合同无效：①一方以欺诈、胁迫的手段订立合同，损害国家利益；②恶意串通，损害国家、集体或者第三人利益；③以合法形式掩盖非法目的；④损害社会公共利益；⑤违反法律、行政法规的强制性规定。第 54 条规定，下列合同，当事人一方有权请求人民法院或者仲裁机构变更或者撤销：①因重大误解订立的；②在订立合同时显失公平的。一方以欺诈、胁迫的手段或者乘人之危，使对方在违背真实意思的情况下订立的合同，受损害方有权请求人民法院或者仲裁机构变更或者撤销。当事人请求变更的，人民法院或者仲裁机构不得撤销。根据以上法律规定以及我国现行民事证明标准的要求，当事人对合同的成立存在疑问时，适用“高度盖然性”标准，由主张合同成立的一方进行举证，承担相应的证明责任；当一方主张合同存在欺诈、胁迫、恶意串通行为而要求变更或撤销合同时，由主张合同变更、撤销的一方当事人根据“排除合理怀疑”标准进行举证。这形成了同样是合同行为但在“成立”证明和“妨碍”证明方面的双重标准，导致民事证明标准内部脱节的混乱状态。

4. 违背立法初衷

《民事诉讼法司法解释》第 109 条的规定本意在于对“欺诈、胁迫、恶意串通”及“口头遗嘱或者赠予”事实通过高标准的证明难度减少该类事实的发生，但实际上在该类案件发生后，对于此类事实的证明责任是受欺诈、胁迫、恶意串通的受害人或口头遗嘱、赠予的受益人，即使在“高度盖然性”的证明标准下，基于案件的特殊性，该类主体也很难搜集相关证据证明事实的存在，更不用说提高证明标准到“排除合理怀疑”的程度。该条的规定无疑将扩大该类当事人的证明责任风险，抑制其通过诉讼解决纠纷的念想，不利于纠纷的有效解决。相反，对于欺诈、胁迫、恶意串通的实施主体而言，其逃避法律制裁的成功率相应地提升了。这有可能导致一种现象的出现，即实施主体在成本降低、收益扩大时，增加实施欺诈、胁迫、恶意串通的可能性。所以该制度的设置，有可能会出现不仅抑制了受欺诈、胁迫、恶意串通的受害人的权益保护机会和力度，而且降低了不法行为主体实施不法行为的成本，鼓励其实施不法行为。提高受害主体证明标准的同时也意味着对欺诈等行为的行为人防范标准的降低，即第 109 条的规定可以理解为我们一方面通过提高证明标准希望达到防范不诚信交易的目的；另一方面又对不诚信主体表现出宽容的心态。

二、完善现有民事证明标准体系

在对我国民事证明标准进行分析后，我们认为民事证明标准的立法确立是对我国理论界研究成果的最高肯定和体现，是学者们辛勤耕耘和激烈讨论的结果；同时也对司法实务界的行为提供了审判方向和判决标杆，这都是值得肯定的。虽然也有各种质疑存在，但目的都在于使我国民事证明标准体系的设置更完善，更符合我国的实际。

首先，《民事诉讼法司法解释》第108条提出的“高度盖然性标准”需要法官对事实的确定度达到 85%，甚至更高，随着我国司法模式逐渐由职权主义向当事人主义过渡，法官在民事诉讼中的主角地位逐渐发生改变，当事人在民事案件中承担起推动诉讼进程、承担证明责任的角色。随着当事人法律意识的提升、证据保护和搜集能力的提高，律师队伍的不断庞大和律师素养的提升，当事人之间的平等对抗成为可能。降低民事诉讼的证明标准更有利于构建理性的诉讼结构，形成当事人之间真正平等的沟通、对话。同时，也能够激发当事人证据搜集的积极性，提高诉讼发现真实的准确度，降低错误裁判发生的概率及成本，并使当事人对此平等地予以分担。

其次，我们对《民事诉讼法司法解释》第109条提出质疑，但并不反对证明标准的层析性和体系化，我们主张在强调降低“高度盖然性”的高证明标准的基础上，未来证明标准的研究应是特殊案件证明标准的“提高”或“证明责任的转移”。哪些案件在民事证明标准分层时应特别考虑呢？一般应考虑以下对案件有重要影响的因素。

第一，当事人的因素。《民事诉讼法》以同一标准对待所有的当事人，赋予当事人平等使用民事诉讼程序的机会，在双方当事人相互举证、质证的过程中，真实的外壳被层层剥离，事实呈现在众人面前。但是，一旦当事人实力完全不均等，会造成对“客观真实”追求标准的降低。现实生活中，由于当事人在证据拥有程度、法律知识的多寡等方面的差别，必然会造成诉讼遂行能力的不平等，在双方当事人武器不平等的情况下同台竞技，无疑是对独占、多占证据的一方当事人的纵容，他可以利用优势证据左右诉讼的胜负。同时在武器不对等的情况下，当事人无法获得足够的证据来证明案件的事实关系，发现真实的目的无法达到。如果不论当事人的个人情况并考虑案件的特殊性，一味地强调形式平等，统一适用较高的证明标准，会导致当事人在举证时难以达到证明高度，权益无法得到充分的保护，或出现当事人害怕麻烦而放弃诉讼的情形；如果证明标准制定的过低，则容易诱发滥诉，法院办案压力过大。

第二，法官的因素。《民事诉讼法》在一定程度上赋予了法官对案件自由心证的权力，法官在诉讼中的作用举足轻重，需要对证据的证明能力、证明力进行认证，并在综合分析的基础上对案件作出最终裁判。由此可见，法官自身的法律素养的高低会对证明标准的设定产生影响。目前我国法官的素养虽然较先前有所提升，但离“精英法官”还有一定的差距。此外，法官的职业道德对案件也有一定的影响，法官心中要有一杆“天平”，他对于案件的处理才能做到公平[①]。法官作出的真实裁判要建立在发现真实的基础之上，裁判的正确与否会对诉讼公正产生直接影响，在武器不对等的情况下，当事人会面临证明困难，“将造成法院经常以其未能尽其举证责任，而非实体上真正权利义务所应有的归属下判决，造成不公正的结果”[②]。

第三，案件的性质。“在民事诉讼中，作为证明对象的案件事实不同，其证明的难易程度往往也存在着相当大的差异”[③]。一般的案件中，双方当事人对证据的拥有是相

① 刘春梅：《自由心证制度研究：以民事诉讼为中心》，厦门：厦门大学出版社，2005年，第411页。

② 黄国昌：《民事诉讼理论之新开展》，台北：元照出版有限公司，2005年，第42页。

③ 李浩：《证明标准新探》，《中国法学》2002年第4期，第136页。

当的，但在有些案件中，证据偏在的情况十分严重。例如，在医疗纠纷、产品质量责任、消费者权益保护、环境污染等类案件中，往往原告是普通民众，案件所涉证据具有专业性、独占性、隐藏性等特点，如果按照原则性的证明责任分配原则和证明标准要求原告，必然导致原告诉讼风险提高，败诉概率大增，原告与被告不平等情况凸显。通过人为的调整证明标准和证明责任倒置，恢复原告与被告的平衡状态，不失为一种较好的策略。

第四，事实的重要程度。不同的事实，具有不同的重要程度，也会引起不同的法律后果，反之不同法律后果也会间接地反映出事实本身的重要程度的不同。如果对重要事实本身造成误认，就会产生严重后果，所以，适用证明标准的高低程度应当与事实的重要程度成正比。《民事诉讼法》事实分为实体法事实与程序法事实，实体法事实之所以要适用相较于程序法事实更高的证明标准，是因为实体法事实的存在与否关系到当事人之间权利义务关系的产生、变更或消灭。程序法事实在诉讼上引起的后果不尽相同，原因是尽管当事人也负有举证责任，但是证据的认证最终还是由法院进行的。有些程序法的事实如原告与被告是否有正当当事人的资格，关系到诉讼能否进行，又如诉讼代理人是否在得到当事人授权后对诉讼请求进行变更等，关系到诉讼行为是否有效，对诉讼有重要影响的程序法事实就应当适用较高的证明标准。还有一些不是很重要的程序性事实，就算产生认识错误，后果也不会很严重，这类的程序性事实当然可以适用相对较低的证明标准。对有关程序法事实的证明标准，证据法一般不作严格意义上的规定，只要求自由的证明。例如，对于违反法定程序可能影响正确判决的事实的证明，只需要该违反法定程序的事实存在有影响正确判决的可能性就达到了证明标准，不需要证明确实已经对判决产生了消极的影响。例如，回避的提出，只需要提供能够证明存在某种法定的回避理由的证据即可。

第五，诉权行使的难易。法治国家保障人们诉讼权利的行使，并为其提供便利，不过此便利并非毫无节制，人们在行使诉权时，要正当行使，不得超越行使权限，要有节制的行使，纠纷发生时是否付诸法律以保障自身权益，受到包括证明标准在内的多种因素的制约。民事诉讼中，当事人需要对自己主张的权利承担证明责任，一般原告多是主张权利的一方，需要对自己提出的主张担负举证责任，在该权利取得证明前，即使被告有反对意见，可不对此积极抗辩，也无须承担败诉风险。在原告举证成功后，被告才会产生对自己提出的主张是否举证的问题。如果证明标准定得过高，原告在对自己主张的权利进行举证时，或许经常出现这种情况，即证明标准很大程度上无法满足证明要求而经常导致诉讼请求被驳回，从而使原告承担的诉讼风险变大，高风险会让原告在法律面前瞻前顾后，究竟该不该行使诉权，胜算如何等因素制约原告行使诉权。证明标准过低，有可能会引发滥诉，如普维庭所说："同时，不能低估的另外一个危险在于，由于较易获胜的希望很大，大量增加以虚假的事实主张起诉的案件，将导致讼灾。"[①]证明标准定得过低，原告对其虚假的诉讼请求可以轻而易举地进行证明，法官在原告的证据达到证明标准后，也不得不满足原告的请求，于是，诉讼变成了谋求不正当利益的手段和工具。所以，证明标准不宜定得过高或过低。

---

① 〔德〕汉斯·普维庭：《现代证明责任问题》，吴越译，北京：法律出版社，2006年，第117页。

第六，诉讼效率的高低。“一般认为，真实之发现与诉讼之促进系民事诉讼所追求之两大目标，由于两者处于二律反背之紧张关系，因此如何决定其优劣顺位，乃成为运作民事诉讼制度之基本课题”①。证明标准制定的高低不仅要结合案件真实来考虑，而且要对诉讼成本进行探究。证明标准定得越高，事实发现会越接近客观真实，可是诉讼成本也会跟着增长，为了达到高度真实的证明标准，需要更为充足的证据对案件事实进行证明，则须投入更多的成本。如果证明标准定得过高，事实裁判者在事实已经得到认定时，也不会轻易对其作出裁判，如此会产生诉讼的拖延。

最后，应通过完善相关的配套制度，从技术层面为证明标准制度的落实保驾护航。

第一，完善案例指导制度。证明标准作为一种标杆必然具有客观性，同时证明标准又呈现出一定的模糊性和主观性，其需要审判人员根据案情主观地分析和把握。我国在立法中缺少对证明标准的具体解释和定性，在一定程度上造成了证明标准适用的困难，但这并不意味着对民事证明的“证明度”无法掌控，当前实务部门大力推进的案例指导制度，是统一对证明标准认识和适用的良好契机。关于指导性案例的拘束力，理论界存在肯定和否定两种对立观点，但2010年最高人民法院颁布的《关于案例指导工作的规定》和最高人民检察院颁布的《最高人民检察院关于案例指导工作的规定》标志着我国案例指导制度的建立，2015年4月27日通过的最高人民法院《〈关于案例指导工作的规定〉实施细则》进一步强化了该制度在实践中的指导作用。在司法实务界，审判人员一般会遵循指导性案例制度。因此，在我国，案例指导制度具有事实上的约束力，最高人民法院选择具有代表性的案例进行发布，对具体的证据的选择、认定提出明确意见，对证据和事实之间的关联性进行分析，引导审判人员把握案件逻辑链条的形成，逐渐建立对证明标准的统一认识，随着相关指导性案例数量的增加，在“裁判要点”和“要旨”中归纳总结出关于民事证明标准的一般情况、特殊情形等，使审判人员逐渐形成关于证明标准的直观认识和经验判断②。

第二，规范判决书的事实说理。证明标准为法官的事实判定设立了尺度，为法官自

---

① 邱联恭：《程序制度机能论》，台北：三民书局股份有限公司，1996年，第5页。

② 例如，《中华人民共和国最高人民法院公报》2016年第1期《洪秀凤与昆明安钡佳房地产开发有限公司房屋买卖合同纠纷案》的判决书中，法官提出“证明标准是负担证明责任的人提供证据证明其所主张法律事实所要达到的证明程度。本案中，洪秀凤已经完成双方当事人之间存在房屋买卖法律关系的举证证明责任，安钡佳公司主张其与洪秀凤之间存在民间借贷法律关系。按照《最高人民法院关于适用〈中华人民共和国民事诉讼法〉的解释》第一百零八条规定，安钡佳公司之举证应当在证明力上足以使人民法院确信该待证事实的存在具有高度可能性。而基于前述，安钡佳公司为反驳洪秀凤所主张事实所作举证，没有达到高度可能性之证明标准。较之高度可能性这一一般证明标准而言，合理怀疑排除属于特殊证明标准。《最高人民法院关于适用〈中华人民共和国民事诉讼法〉的解释》第一百零九条对排除合理怀疑原则适用的特殊类型民事案件范围有明确规定。一审法院认定双方当事人一系列行为明显不符合房屋买卖的‘交易习惯’，进而基于合理怀疑得出其间系名为房屋买卖实为借贷民事法律关系的认定结论，没有充分的事实及法律依据，也不符合前述司法解释的规定精神，本院予以纠正”。又如，《中华人民共和国最高人民法院公报》2015年第7期《孙卫与南通百川面粉有限公司不当得利纠纷案》中江苏省海安县人民法院认为：刑事案件与民事案件的证明标准不同，不应以刑事案件的高标准取代民事证明标准。处理法律问题，应以现代法律思维和方式进行。随着时代的快速发展，民事证明标准已从刑事证明标准中脱离出来，建立了自己独立的体系，人们不应将刑事证明思维完全带入民事证明之中。刑事案件强调犯罪事实清楚，证据确凿充分，民事案件采行高度盖然性规则，可在一定证据基础上，根据日常生活经验综合判断“推定”。相对而言，民事证明标准一般要低于刑事证明标准。刑事案件认定孙卫侵占赃款时，从十几万元、十万余元逐渐压缩固定为十万元，体现了刑事案件严格的证据标准。本案中，双方当事人陈述、刑事案件中孙卫的供述、审计报告、证人证言等基本统一，按照“高度盖然性”标准，相关事实足以证明。

由心证的形成划定了边界，似乎只要合理地设计并严格执行法定的证明标准，法官对事实的认定就成为可预测和可控制的。但实际上，除非初审法官明确表达了他对证明标准的理解明显不同于公认的证明标准，否则其他人包括上诉法院很难对法官是否正确使用了法定证明标准进行判断和审查。但是，并不是说证明标准对法官的行为无法构成约束，证明标准之所以是标准，并非对法官适用法律的任何情形作出明确的规定，而是对法官的行为规定了一个大致的方向，引导法官对事实进行认定。此时法官向世人表示其依照法定证明标准审理案件最直接的途径就是判决书的制作。判决书的事实说理部分必须能对法官的心证形成进行严格的具有逻辑性的描述，才能对证明法官是否严格适用法定证明标准作一证明。

第三，加强证据搜集权。我国目前的民事诉讼主要依靠当事人收集证据，法院很少介入证据的收集，而在司法实践中，当事人取证难是比较普遍的现象。取证难的原因是多方面的，包括我国的审判模式、当事人的证据意识、普通民众的法律意识等。在我国传统的纠问式审判模式下，与律师相比，法官数量相对较多，法官依职权对证据进行搜集；而律师队伍相对弱小，当事人的证据搜集权不被重视。随着辩论式审判模式的建构，律师队伍逐渐庞大，每一个民事案件的审理都需要当事人自己或借助律师自主取得相关证据。但是"从我国目前的诉讼环境来看，社会诚信和责任感还有待于培育，人们对作证即提出证据的义务缺乏理解和认同。如果规定由当事人及律师直接向对方当事人或第三人收集证据，很难获得对方的配合。如果规定由法院依当事人申请，令对方当事人或第三人向法院提出证据，则证据持有人会更直观的感觉其对法院负有证据提出义务，会摄于法院作为国家司法机关的权威性，更自觉地履行证据提出义务"。所以，当事人证据搜集权的强化必须借助法院之手，可以通过立法赋权于当事人，但在具体操作方面，可以通过向法院申请，法院发出传票令证人出庭作证等方式进行。同时应立法明确规定履行证据义务的法律后果，改善证人出庭率低的状况。配套建立准备书状交换制度、书证、视听资料和电子数据提出命令制度、申请勘验制度、庭外证言录取制度等具体制度扩充当事人证据收集方法[①]。

---

① 李永泉：《民事诉讼当事人证据收集权研究》，北京：中国法制出版社，2013年，第115-134页。

第六章 民事自认制度的理论解读

起源于古罗马时代“诬告宣誓”的自认是民事诉讼法上一项重要的制度，有利于简化诉讼程序，提高诉讼效率，大多数国家都对自认制度有相应的规定。例如，《日本民事诉讼法》（1996 年）第 179 条规定：当事人在法院自认的事实以及众所周知的事实，无须证明。《意大利民事诉讼法》第 229 条规定：任意的自认，除第 117 条的规定外，可以在当事人签名的所有诉讼文书中予以表示。《德国民事诉讼法》第 288 条规定：①当事人一方所主张的事实，在诉讼进行中经对方当事人于言词辩论中自认，或者在受命法官或受托法官面前自认而做成记录时，无须再要证据。②审判上自认的效果，不以（对方当事人的）承认为必要。中国台湾地区相关规定：当事人主张之事实，经他造于准备书状内或言词辩论时或在受命法官、受托法官前自认者，毋庸举证。当事人于自认有所附加或限制者，应否视有自认，由法院审酌情形断定之。自认之撤销，除另有规定外，以自认人能证明与事实不符或经他造同意者，始得为之。各国的相关规定，反映出对自认制度的认可和通过自认制度追求高效率诉讼的意愿。自认制度也是我国立法和司法实践中不可或缺的制度之一，如何厘清理论基础，发挥其更为突出的作用是本书研究的重点。

第一节 民事自认制度概述

一、自认的概念

关于自认的概念，学者们一般都认为，民事诉讼上的自认是指在民事诉讼中的当事人一方就对方所主张的于己不利的事实表示承认或视为表示承认。例如，日本学者兼子一认为：自认是“当事人在诉讼的口头辩论或者准备程序中作出的与对方当事人主张一致且于己方不利之陈述”[①]。新堂幸司认为自认是“当事人表明‘不对对方当事人主张的于己不利之事实进行争执’之意思的辩论陈述（事实主张的一种）”[②]。中国学者关于

---

① 〔日〕兼子一：《民事诉讼法体系》，东京：酒井书店，1954 年，第 245 页。

② 〔日〕新堂幸司：《新民事诉讼法》，东京：弘文堂，1998 年，第 464 页。

自认也进行了深入研究，有学者认为自认是指当事人一方对他方在诉讼中所主张事实作出的陈述，特别是于己不利的事实陈述，以言辞或行为表示承认，从而使该事实主张者的举证负担转由承认者承受的一项证据法制度[①]。有学者认为自认分为广义和狭义，广义的自认是指一方法律主体对相对方法律主体或其他具有利害关系的法律主体所为的一种以特定事由或特定法律关系为对象的一致性陈述或表示，包括诉讼外自认和诉讼内自认。狭义的自认仅指在诉讼过程中，一方当事人对另一方当事人所主张的不利于己的事实，明示或默示地作出相一致的陈述或表示[②]。也有学者否定了自认仅包括自认人对不利于己的事实的承认，认为民事诉讼中的自认是指在民事诉讼中的当事人一方就对方所主张的事实表示承认或视为表示承认[③]。

不论关于自认的概念是否存在争议，学者们一致认为在诉讼中自认一旦成立就产生相应的法律效果。法官受该自认事实的约束，不能将与自认相悖的事实作为判决的基础；作出自认主体也受自认的约束，并且不能自由地撤回自认；对方当事人无须对自认内容作出证明。自认的效力不仅表现在对某一事实认定中对当事人双方及法院的约束力，更有可能对自认之后的当事人的行为产生积极或消极的影响。例如，基于一方的自认，对方当事人作出无须证明的判断后，在证据保全等方面形成消极的回应，导致最终受到影响的不仅仅是自认的事实，甚至包括更为广泛的案件事实，有可能使该当事人陷入不利困境。因此“让自认产生拘束力，并禁止自认人自由撤回的意义也即自认的机能在于对对方当事人的信赖保护”[④]。

在对自认制度的认识中，应区别自认与司法认知。司法认知是对众所周知的事实和法官职务上的事实无须证明，即行接受。二者都是在案件审理中对某一事实免除了一方当事人的举证义务和法院对该事实再行审查的义务。但是司法认知属于法官主动的行为，是法官形成判决的心证基础，而自认必须以自认人的行为为前提，并且司法认知特指对众所周知的事实和法官职务上的显著事实，而自认仅针对案件中的主要事实。

自认也不同于推定。推定是一种经法律确认的，允许一方当事人从确定成立的前提事实出发，推认或假设和该事实有逻辑联系的另一事实存在的诉讼证明制度。由于推定不具有真理性，而仅是“高度盖然性”，所以允许对方当事人通过反证推翻推定。自认与推定的相同之处在于：首先，二者都涉及当事人对某一事实的认可。自认涉及对对方当事人提出的某一事实的认可；推定是在某一基础事实之上对推定事实的认可。其次，二者都允许作出主体在一定条件下对已确定的事实状态进行反驳。自认在符合法定条件时可以撤回；推定也允许一方当事人提出反证。自认与推定制度又有着明显的区别。第一，法律效果不同。自认成立后对双方当事人和法院都具有约束力；推定的法律后果主要表现为举证责任从适用推定的一方主体向对方当事人发生转移。第二，理论基础不同。自认是基于信赖对辩论主义原则、处分原则和诉讼效率原则的适用；推定则是基于经验规则对事实的分析。第三，形成基础不同。自认涉及的事实是与案件相关的

---

① 陈界融：《证据法学概论》，北京：中国人民大学出版社，2007 年，第 259-260 页。

② 杜闻：《民事诉讼自认若干问题研究》，《河北法学》2003 年第 6 期，第 73 页。

③ 宋朝武：《论民事诉讼中的自认》，《中国法学》2003 年第 2 期，第 115 页。

④ 〔日〕高桥宏志：《民事诉讼法——制度与理论的深层分析》，林剑锋译，北京：法律出版社，2003 年，第 385 页。

主要事实，不包括事实外的法规、经验法则等；推定是在基础事实的基础上结合法律法规、经验法则推导出推定事实。第四，性质不同。自认是一种特殊的证据形式；而推定是民事诉讼中基于直接证明过于困难或根本无法证明等原因对当事人举证责任的一种法定变通或例外。

二、自认的主体

自认的主体即自认人，从自认的概念中可以看出其特指当事人，包括原告和被告、共同诉讼人、诉讼代表人和第三人。不同的当事人在诉讼过程中由于诉讼能力、所涉利益等的不同，对自认行为的效力也产生相应的影响。

（一）当事人及其诉讼代理人

当事人是案件的核心主体，民事诉讼的目的就在于解决当事人之间的纠纷，每个当事人有权利在诉讼中维护自己的权利或放弃自己的利益，自然可以对对方提出的事实表示承认，形成自认。在当事人诉讼权利能力欠缺的情况下，其法定诉讼代理人可以代为诉讼，作出自认。委托代理人通常是当事人为维护自己合法权益所聘请的具有一定法律知识和诉讼技能的专业人士。在当事人和法定诉讼代理人的授权范围内，委托代理人有权进行一切诉讼行为，包括作出自认。较多国家和地区也在立法中对委托代理人的自认行为作出认可。例如，在法国，委托代理人必须有当事人的特殊授权才能作出自认。在英国，一般大律师和律师也被视为有自认的总的授权。

（二）共同诉讼人

共同诉讼是指一方或双方均为二人以上的诉讼，可分为普通共同诉讼和必要共同诉讼。普通共同诉讼是其中当事人一方或双方为两个以上，诉讼标的是同一种类，多数诉讼人对诉讼标的不必合一确定，各诉讼人相互独立地共同诉讼。由于普通共同诉讼人之间相互独立，其中某一共同诉讼人的行为或对方当事人对某一共同诉讼人的行为只对该当事人有效，对其他共同诉讼人没有效力。所以，其中一人的自认或对方当事人对其中一人的自认只对该人产生效力，对其他共同诉讼人没有约束力。必要共同诉讼是当事人一方或双方为两个以上，诉讼标的是同一的，法院必须合一审理并在裁判中对事实标的合一确定的共同诉讼。大陆法系国家对必要共同诉讼人一人的行为对其他必要共同诉讼人的影响采取的是有利原则，即必要共同诉讼人一人的行为在作出时从形式上判断有利于全体必要共同诉讼人的，及于全体必要共同诉讼人；该一人的行为在作出时从形式上判断不利于全体必要共同诉讼人的，仅对该人有效，不及于全体必要共同诉讼人。而对方当事人对必要共同诉讼人中某一人的行为，不论是否有利于全体必要共同诉讼人，其效力都及于全体必要共同诉讼人。因此，在大多数大陆法系国家，必要共同诉讼人中一人对对方当事人所作出的自认，只有在行为作出时从形式上判断有利于全体必要共同诉讼人的，其效力及于全体必要共同诉讼人；对方当事人对必要共同诉讼人中某一人所作出的自认，不论是否有利于全体必要共同诉讼人，其效力都及于全体必要共同诉讼人。

我国关于共同诉讼人的一般理论同通说观点较为一致，唯一区别在于我国必要共同诉讼人的行为的效力判定不以有利原则为条件，而以承认原则为基础，即必要共同诉讼人一人的行为经其他必要共同诉讼人明示或默示承认，对其他必要共同诉讼人产生效力。因此必要共同诉讼人中一人的自认行为，只有其他必要共同诉讼人承认的才对其具有约束力。

（三）第三人

民事诉讼的第三人是对当事人争议的诉讼标的具有独立请求权或虽无独立请求权，但案件处理结果同他有法律上的利害关系，从而参加到他人已开始的诉讼中去的人。根据我国《民事诉讼法》的相关规定，第三人分为有独立请求权的第三人和无独立请求权的第三人。有独立请求权的第三人是指对原告和被告争议的标的有独立的请求权而参加诉讼的人，其在诉讼中的地位等同于原告，判决会对其利益产生直接的影响，可以作出自认。无独立请求权的第三人是指对原告和被告之间争议的诉讼标的没有独立的请求权，但案件的处理结果对其有法律上的利害关系，所以，无独立请求权的第三人仅对涉及自己利益的有关事实，可以作出自认。

三、自认的客体

自认的客体即自认的对象，通说认为，自认的客体是对方当事人主张的案件事实。“大陆法系民事诉讼理论将事实分为主要事实、间接事实和辅助事实三类。所谓主要事实又称为直接事实，是指对权利发生、变更或消灭之法律效果有直接作用的，并且是必要的那些事实，换言之，是指构成适用该法律规范内容的要件事实，或者说法律条文中规定的要件事实。”①“所谓间接事实是指借助于经验规则、理论原理能够推定主要事实存在与否的事实。”“辅助事实是指能够明确其证据能力和证据力的事实。”②三种不同的事实类型对当事人利益的维护起到不同的作用，对法院的判决也产生不同程度的影响，当事人对不同案件事实的自认是否应有不同呢?

（一）主要事实

主要事实的存在与否对案件中权利的发生、变更、消灭产生直接的法律影响。一般学者针对主要事实的自认是没有争议的，一致认为当事人对主要事实的自认行为对双方当事人和法院产生约束力。对主要事实的自认具有最强的约束力，即使推翻或否定该自认事实的其他事实获得认定，当事人尤其是法官仍然受到该自认的约束。讨论该问题的核心不在于主要事实在自认中的地位，而是主要事实和间接事实的界限所在。原来学界认为主要事实是作为法律规范构成要件所列举的事实，而间接事实是推导主要事实存否或真伪的事实，此观点一度成为日本的通说观点。但是随着《日本民法》第709条规定的“过失”以及日本《借地借家法》第28条规定的“正当理由”等此类不确定概念的出

① 〔日〕金子宏、新堂幸司、平井宜雄编集：《法律学小辞典》，东京：有斐阁，1972年，第3版，第446页。
② 张卫平：《诉讼构架与程式——民事诉讼的法理分析》，北京：清华大学出版社，2000年，第423-424页。

现，此学说的地位不得不面临重新解释的危机。学术界对此问题提出了两类替代性方案：第一，无论是主要事实还是间接事实，只要足以影响诉讼的胜负结果或者可能作为判决基础的事实，都要求当事人必须提出主张；第二，不仅从实体法，还应从考虑事实本身的重要性、该事实在诉讼中呈现出的方式和过程、当事人本身对此事实的重要程度等因素综合考虑，并在视诉讼进展的情况来判断是否会对当事人造成突袭的基础上，分个案确定主要事实[①]。现在学术界基本以第一种观点为通说，即能成为审理对象且成为证明或证据调查对象的具体事实为主要事实。

（二）间接事实

间接事实在案件审理中的地位次于主要事实，但有可能存在法院依据自由心证借助间接事实对主要事实进行认定，所以间接事实在案件审理中的作用不容小觑。间接事实是否也可以成立自认呢？学术界有不同的观点。

第一种观点认为间接事实的自认不成立。这样的考虑，完全是基于自由心证主义的要求。具体而言，由于在双方当事人之间存在着的是关于主要事实的争议，因此法官应当基于自由心证来对主要事实的存在与否作出认定，而如果肯定间接事实自认的成立，那么法院就不得不以“该‘被自认’的间接事实当然地存在”为前提来对主要事实的存在与否作出认定，其与自由心证的原则相抵触，并且有可能存在导致法官被迫进行一种“不合理，或至少而言是不稳妥”的事实认定的嫌疑。间接事实是判断主要事实的手段和途径，其是否存在应由法官依据自由心证来进行判断，而不应受当事人自认的约束。

第二种观点中对于当事人针对间接事实作出的自认，不能承认其对法院产生约束力，但当事人基于禁反言的要求，应当受到这种自认的约束，不能自由地予以撤回。基于此观点，意味着由于自认当事人不能自由地撤回自认，所以该当事人在进行辩论时不能提出与该自认事实相悖的观点；而法院不受该自认的约束，可以通过其他证据调查方式取得相关的调查结果，必然存在依据与该自认事实相悖的其他间接事实来对主要事实作出证明的可能。

第三种观点主张应当认可间接事实自认的成立，不过，与主要事实自认不同，法院可以依据自由心证进而基于其他的间接事实来对主要事实的存在与否作出认定。主张该观点的学者认为，对法官而言，只要足以推翻该自认间接事实的其他间接事实未获得认定，即便法官对该自认间接事实的存在有怀疑，让法官从被自认的间接事实来推动主要事实也应当是符合逻辑的。不过，对间接事实的自认毕竟不同于对主要事实的自认，在以下范围内，对该间接事实的自认对法官的约束力是受到限制的：第一，从该被自认间接事实到主要事实的推认形成障碍时法院可以不受该自认间接事实的约束；第二，当足以推翻自认间接事实的其他间接事实或证据获得认定时，该间接事实的自认不产生约束力。也就是说，在间接事实被自认时，当基于其他的间接事实或证据使该被自认的间接事实本身被否定时，该自认对当事人和法院的约束力消失[②]。

---

① 王亚新：《对抗与判定——日本民事诉讼的基本结构》，北京：清华大学出版社，2002 年，第 110 页。

② 〔日〕高桥宏志：《民事诉讼法——制度与理论的深层分析》，林剑锋译，北京：法律出版社，2003 年，第 396-400 页。

（三）辅助事实

较少有学者对关于辅助事实的自认来展开讨论，仅对其中“关于文书真伪与否的自认”进行研究和论述。学者们普遍认为关于文书真伪的自认应产生对当事人和法院的约束力。

同时，学者们普遍否认了违反众所周知事实的自认[①]，因为如果法院对此类自认不加区别地认可，会形成任何第三人都不可能相信的事实都会被作为判决依据适用的结果。

法律法规、法律解释和其他法律问题及经验法则是否属于自认的对象呢？案件所适用法律是法官应知悉的，即使不知也可以通过职权进行调查，一般情况不应成为自认的对象。所谓经验法则是人们从生活经验中归纳获得的关于事务因果关系或属性状态的知识，即包括日常生活中的常识，也包括科学、艺术、技术等方面的专业知识，经验法则能否成为自认的对象与经验法则是否是证明对象息息相关。案件审理中，当事人和法官经常使用经验法则对案件进行逻辑推理，其地位等同于作为逻辑推理中大前提的法律法规，一般由法官根据案件实际情况作出调查，不属于当事人的证明对象。大多数国家在法律中明确规定了经验法则属于当事人无须举证的免证事实[②]。既然无须证明，经验法则自然不能成为自认的对象。

四、自认的性质

关于自认的性质，主要存在诉讼契约行为说和完善证据方式说两种不同的观点。

诉讼契约行为说认为，自认是当事人的一种意思表示，是处分诉讼权利，履行诉讼义务的诉讼行为，而且是双方当事人共同实施的“诉讼契约行为”[③]。有学者认为承认某一事实而不加争执的自认是当事人之间就事实的确定方法达成的合意，属于证据契约，是对权利关系的间接处分[④]。诉讼契约是当事人间针对已经系属或将要系属的民事诉讼，为产生一定直接或间接法律效果而达成的契约，对当事人具有当然的约束力，包括以直接产生诉讼法上效果为目的的诉讼法上的契约和以变更诉讼标的权利义务关系或发生当事人间的债权债务为目的的私法契约。自认被认为属于后者，双方当事人既受到民事债权债务契约的约束，也受到诉讼法上变更诉讼标的契约的约束。因此自认行为发生后，既发生诉讼上的契约关系，也发生民法上的债权债务关系。民法上债权债务关系的形成意味着自认一方主体对对方当事人构成了违约，对方当事人可以提起违约赔偿请求；而诉讼上的契约关系本身意味着当事人可以就变更诉讼标的涉及的权利义务关系提起新的诉讼，但既然诉讼已经进行或将要进行，另行提起诉讼并无必要，所以，该契约对当事

---

① 虽然也有学者坚持基于辩论主义和在当事人期许的范围内解决纠纷的基本立场，认为即便是违反众所周知的事实也应该成立。

② 也有学者认为，对于经验法则不能一概而论，属于日常生活领域内被一般人所知悉的经验无需证明；但是具有一定专业性，不为一般人所知晓的专业知识领域内的经验法则应该成为证明对象。

③ 〔日〕兼子一、竹下守夫：《民事诉讼法》，白绿铉译，北京：法律出版社，1995 年，第 10 页。

④ 〔日〕高桥宏志：《重点讲义民事诉讼法》，张卫平、许可译，北京：法律出版社，2007 年，第 55-56 页。

人形成约束；基于辩论主义原则的要求，法院也没有必要进行审理，直接受当事人契约的约束。

完善证据方式说认为，自认本身是一种完善的证据方式，当事人一旦对某一事实予以自认，该自认事实即成为没有争议的事实，对当事人双方具有约束力；法院基于作出裁判的基础是当事人无争议的事实的缘由，也受到自认行为的约束。自认本应归属于当事人陈述，是法定证据类型之一，因陈述内容的特殊性，有别于普通的当事人陈述，但其根基仍属当事人陈述，是具有较强证明力的人证，也是各国认可的一种最常用的完善证据方式，如美国民事诉讼法将当事人间互相要求自认作为审前证据开示中获得证据的重要方法。

五、自认的构成要件

（一）内容要件

自认必须是当事人对与案件相关事实的承认，而且一般是对主要事实的承认。诉讼中，当事人也可能形成对诉讼请求的承认或对法律上的主张以及作为适用法律结果之法律效果的承认，对于此类承认一般前者称为认诺，后者称为权利自认或权利自白，二者不同于纯粹的自认。

认诺是民事诉讼中的被告方承认原告所提出的诉讼请求部分或全部为正当。认诺和自认具有许多相似之处。例如，二者都是在诉讼过程中对对方的某种诉求给予认可，都免除了对方当事人对特定事实和特定诉讼请求进行举证的责任，在一定程度上对法院形成了约束力，基于信赖原则，自认和认诺行为一般都不可以随意撤回。但二者的区别也是很明显的：第一，二者针对的对象不同。自认针对的是案件事实，而认诺针对的是诉讼请求。第二，二者的法律效果不同。自认虽然免除了对方当事人对该自认事实的举证责任，但并不意味着自认人必然败诉，被自认人必然胜诉，法院还需要结合其他事实对案件进行判定；而认诺具有等同于判决的效力，法院无须继续进行诉讼，可直接根据认诺对案件进行判决。第三，二者的作出主体不同。不论原告或者被告都可以对某事实作出自认；但认诺只能是被告就原告的诉讼请求作出认可。

权利自认行为表现为未对主要事实进行承认，但越过主要事实对此类事实造成的法律效果进行了承认。权利自认是否会发生和自认相同的法律效力呢？一般认为在诉讼中，当事人只负责提供事实，关于该事实的法律判断是法官的专属权力，即“告诉我什么是事实，否则我将不能告诉你什么是法律”，基于此，权利自认对法官应当是没有约束力的，对当事人的约束力也因为对法官没有约束力而失去了意义。但是，我们并没有完全否定权利自认行为的法律效果，根据不同的情形，权利自认会产生不同的法律效果。当法官在审理中基于自由心证形成的法律判断与权利自认不同时，法官不受权利自认的约束而是根据自己的心证对案件进行处理。排除上述情况外，因为法律允许当事人对自己的民事权利在一定范围内进行处置，其理论基础是处分权主义，所以只要有了权利自认行为，法官就免除了对一定事实作出积极的认定和法律判断的负担，在法庭中无须为权利自认所涉及的事实进行调查；当事人也受到权利自认产生的法律效果的约束，一方不得随意撤回权利自认，一方取得因权利自认行为获得的有利地位，同时双方也无须为权利自认所涉及的事实进行全面的争议。

（二）时间要件

自认行为会对双方当事人和法院产生相应的约束力，尤其是对自认主体来讲，有可能直接影响其诉讼利益的得失，对自认的时间范围作较为严格的限定性规定成为必然。一般而言，自认必须属于“裁判上的自认”，即只有当事人在口头辩论或辩论程序中作出的辩论陈述才构成自认。目前各国的立法中，一般都将自认作出的时间明确限定在“诉讼中”，对自认的效力产生时间进行限定。例如，《德国民事诉讼法》中要求自认必须在法庭中作出，诉讼文件中自认没有法律上的作用，除非于言辞辩论中经当事人或其律师引证。《法国民法典》中自认是指当事人或经当事人专门委托授权的人在法庭中所作的声明。对于“裁判外自认”，并不是不具有任何意义，其虽然不对当事人及法官产生约束力，但该“自认”成为一种证据资料，当事人可以借助该证据资料对法官心证的形成产生影响，加强自己证据的证明力。对于一个案件而言，当事人在其他案件中的自认对本案的当事人及法官亦不具有约束力，但同样构成“裁判外自认”，属于证据资料，也会在一定程度上影响法官心证的形成。

一审中形成的自认对二审和再审是否产生效力呢？任何在一审中使用的证据，在二审和再审程序中同样可以继续使用，经过质证和认证，查证属实后可以作为定案依据。源于自认属于完善的证据方式，适用关于证据的相关要求。一审中形成的自认，在二审和再审程序中可以继续适用，对当事人和法院仍然产生相应的约束力，除非符合法定的自认撤销的情形，使其丧失效力。

（三）意思表示要件

在意思表示要件中，首先要求自认人的意思表示必须与对方当事人的事实主张一致。根据时间的前后，自认作出意思表示有两种情形。第一是一方当事人作出事实描述后，自认人作出与该事实描述一致的意思表示，此为典型意义的自认，对双方当事人和法院具有当然的约束力；第二是一方当事人首先作出某种不利于已的事实描述，对方当事人在之后对此陈述进行援用，构成先行自认或自发性自认，自认人不能随意撤回该不利陈述。先行自认成立的条件必须包含后作出意思表示的主体对该陈述的援用，若不存在援用行为，先行自认则不成立，对双方当事人和法官不具有约束力①。

其次自认人意思表示对象必须有所限制，只能是对对方当事人、法官或与案件事实相关的主体作出自认的意思表示，否则会构成“裁判外自认”，成为某种证据资料，而非会影响当事人利益的自认②。一般认为当自认人向该案审理法官以外的其他人作出自认

---

① 亦有观点认为当一方主体主动先行作出于己不利的事实陈述时，并没有完全考虑清楚该陈述对自己可能带来的不利后果，若立即成立自认，不允许其撤回不利陈述，会造成该当事人被突然袭击的感觉，在事实认定上会有不公平的嫌疑。所以应给予先行自认人一定时间考虑是否继续维持该不利于已的事实陈述。

② 也有学者认为，自认必须只能向审理该案的法官作出，向不是审理该案的法官，而是其他法官或者仅向对方当事人作出承认的意思表示都不构成正式自认。参见何家弘、刘品新：《证据法学》，北京：法律出版社，2013 年，第 5 版，第 275 页。

表示时，主张自认成立的主体应当证明该自认的存在，否则，该承认只能作为证据材料存在，由法官根据具体情况对是否构成自认进行自由裁量。

最后，关于自认的意思表示方式，因为对一方当事人的主张，另外一方当事人的回应“全集”应包括四种回答样态，即否认、承认、不知和沉默[①]。前两个样态分别构成了反驳和典型意义上的自认，而后两个样态需要法律对其内涵进行规制，是否构成自认取决于一国法律对拟制自认的范围限制。大多数国家认为自认的意思表示方式包括典型的承认以及法律认可的不知、沉默等拟制自认方式[②]。

（四）利益要件

该要件的内容牵涉双方当事人的利益，焦点主要在于自认人是否作出了于己不利的陈述，即是否只有自认人对于己不利的主张的承认才构成自认。关于该要件主要有三种不同的观点。第一种观点是“败诉可能性说”，该观点认为如果自认人的陈述有可能导致法院基于该事实陈述判决自认人败诉，自认就成立。第二种观点是“证明责任说”，即自认人对对方当事人负有证明责任的事实作出陈述，自认即成立，并不要求该事实陈述必然属于对自认人不利益的事实描述。第三种观点是“不利益要件不要说”，即自认是否成立并不需要考量该事实描述是否对自认人产生不利益的后果，只需要双方当事人达成事实描述的一致，自认即告成立。同时为了达到自认成立和撤回之间的平衡，对于自认的撤回也给予宽松的要求，只需要自认人作出“自认是违反真实”的证明即可。

在“不利益要件不要说”中，对于当事人而言，自认可以免除一方证明责任的原因是自认事实的无争议性，而非真实性，对于法院而言，自认产生约束力的原因也是基于自认事实的无争议性，其强调的是双方对陈述的一致性而非真实性。在案件审理中，基于个人趋利避害的天性，大多数当事人陈述不会对自己不利的事实用明确或法律推定成立的默认方式认可，但不能排除也会有一方当事人首先摆出对对方当事人有利的事实希望对方当事人认可，为后续更大利益的取得作出铺垫；或也可能存在对对方的利益损失事实主动作出表示或认为该自认事实在整个诉讼中并未占据重要地位，与造成本身不利的事实相比，去费时费力地调查证据消耗更大，不如提出对对方有利的观点，形成自认，或者双方当事人积极形成一致，并达成自认契约，将某事实排除在该诉讼证据调查对象之外，进而不进行争执等不同情形。同时自认事实对自认人有利还是不利是无法绝对确定的，不同主体所处的角度和角色不同，会产生不同的认识标准，也就无法对“利”与“不利”作出明确的定性，影响到自认制度的操作性。“利”与“不利”在很大程度上是事后对诉讼发生过程和利益的归属问题所作的评价，“败诉可能性说”和“证明责任说”都会在一定程度上成为一种无指导意义的事后性拟制或操作。而仅从形式上把握自认，只要某一当事人主张的事实由对方当事人予以认可即形成无争议的事实自认，无须对该事实有利于何方进行判断，更加有利于自认制度的践行。同时一旦自认成立，证据调查无须进行，可以促使诉讼尽早结束，有利于提升诉讼效率。与之相应的是自认的撤回要

---

① 〔日〕新堂幸司：《新民事诉讼法》，东京：弘文堂，1998 年，第 372 页。

② 对于拟制自认方式在本章第三节中进行详细论述。

件也应当宽松化，即只要自认人作出自认是违反事实的证明，就允许当事人撤回自认，以实现自认在成立和撤回之间的平衡[①]。

六、自认的撤回或撤销[②]

自认一旦成立就对当事人形成约束，而且法官会自然地、必须地将自认的内容作为判决的基础，并且不需要证据调查，原则上应不允许自认人随意地撤回该自认[③]。但是自认行为对当事人的实体权益有较大的影响，自认人完全可能存在由于错误自认而陷入败诉或诉讼利益受损的状态，从保护当事人的角度来看，自认行为是可以撤回的。自认一旦撤回，其法律效果随之消失，等同于自始没有自认存在。不过，自认行为的作出以及其法律效力的存在以信赖原则为基础，任由自认人不加限制地随意撤回，会出现忽而自认、忽而撤回、忽而又自认、忽而又撤回的混乱情形，扰乱正常的诉讼程序、破坏诉讼安定和造成诉讼迟延，浪费司法资源，破坏当事人之间的信赖。法律应对自认的撤回设置相应的限制性条件，明确自认人在何期限内，在符合何种条件的基础上，用何种方式撤回自认，既有利于发挥自认的作用，又能遏制自认的恶意撤回。

（一）基于合意产生的自认撤回

自认形成的原因是多方面的，有可能是为了防止证据遗失或者节约诉讼成本等，但都是当事人双方基于对对方的信赖，对某事实意思表示一致的结果。如果针对自认撤回，双方当事人也形成了撤回的合意，自然可以接受。

（二）基于更正权产生的自认撤回

诉讼代理人可以在授权范围内代理当事人对某事实作出自认，其产生与当事人自认同等的法律效力。但诉讼代理人并非事实的亲历者，诉讼的成败与其没有直接的利害关系，有可能作出不符合当事人意愿的自认，该自认在没有撤回时对被代理人具有约束力。为保护被代理当事人的合法权益，在诉讼代理人对某事实作出自认后，当事人本人可以立即对该事实予以否定，该自认视为撤回，自始不产生约束力。该类撤回一般在时间上有严格的要求，当事人本人应当在知道或推定知道之时，立即作出撤回的意思表示，否则不得撤回。

（三）基于“违反真实”与“错误”而作出的自认是可以撤回的

关于“违反真实”与“错误”的要件，存在不同的学说。第一种观点认为只要自认

---

① 〔日〕高桥宏志：《民事诉讼法——制度与理论的深层分析》，林剑锋译，北京：法律出版社，2003年，第388-389页。

② 对自认的撤回和撤销未作严格的区别，二者可以互换使用。

③ 一般认为，于己有利的自认是可以自由地被撤回的，于己不利的自认在被对方当事人援用之前可以自由地被撤回，之后则不能自由地被撤回。之所以形成这样的观点，是因为任何作出于己不利的自认的当事人都会是在对自认后果进行严谨考量的基础上的谨慎之举，不允许自认人对于己不利的自认任意撤回并无不妥。至于，“于己有利的自认是可以自由地被撤回的”，其根据在于由于是对自认人有利的主要事实，即使自认人是基于最低程度的谨慎和关注作出自认也无可厚非；如果禁止自认人撤回该类自认，会过于苛刻，引起自认人的不满。

人作出“违反真实”的证明就可以撤回自认。以此为前提又存在两种不同的理论思考，第一种以保护对方当事人利益为核心，认为自认成立后，对方当事人被免除了相应的证明义务，基于这样的考虑该当事人在有关自认内容的证据搜集方面会抱有懈怠心理，如果任由自认人撤回自认，对方当事人的证据搜集有丧失最佳时机的可能性。而要求自认人对“违反真实”进行证明，一方面是对对方当事人丧失时机的弥补；另一方面是对自认人“禁反言及其违反的制裁”。第二种以法院应以真实进行裁判为核心，认为自认人如果提出自认的作出是“违反真实”的，并且进行了相应的证明，应允许自认人撤回，因为此时法院仍不允许其撤回自认时，最终的判决将存在违背真实的可能。第二种观点认为应当以“错误”作为自认撤回核心要件。自认是当事人的主张，基于“禁反言”的要求，不存在自认人先行陈述是否违反真实的问题，而应当是当事人前后陈述和态度的矛盾而导致后陈述行为被驳回，除非自认人能够证明在作出自认时存在着使自认人作出错误认知的客观状况。

（四）基于对方当事人或第三人实施的应受刑法上惩罚行为而作出的自认允许撤回

从程序的正当性来看，此类行为属于无效诉讼行为，本就不应产生法律效力，基于此作出的有可能对自认人不利的行为是可以撤回的。例如，对方当事人或第三人伪造或变造作为判决证据的文书或其他物件的行为本身是无效诉讼行为，自认人基于此作出的自认是允许撤回的。

第二节 民事自认制度的法理基础

自认制度的形成和适用同一国的诉讼模式紧密相关，实行当事人主义诉讼模式的国家，裁判者只能在当事人提供的证据范围内根据法律判断取舍证据，不能自行调查也不能超出当事人提供的证据范围。这种限制一定程度上成就了当事人自认制度。根据自认制度，一方当事人对对方当事人提出的某一事实予以承认时，法院在裁判中应以该事实作为判决的依据。自认对法院产生的约束力，并不源于该事实的真实性，而是源于辩论主义原则。根据辩论主义的基本原理，当事人所主张的事实对法院具有约束力，法院不得以当事人没有主张的主要事实作为裁判的依据。当一方当事人对对方提出的主要事实进行承认时，即形成自认时，意味着当事人自认的事实已经成立，该事实对法院具有约束力，法院受到该事实的约束。实行职权主义模式的国家，裁判者可以依据职权探知事实，当事人提供的事实可能仅仅是裁判者探知事实的线索。而自认制度本质上是排斥裁判者对事实的职权探知的，任何自认一旦成立，则意味着裁判者无权对该事实的真实性进行调查。所以，完全意义上的自认制度只能在实行当事人主义诉讼模式的国家实施。根据我国《民事诉讼法》第 64 条的规定：当事人对自己提出的主张，有责任提供证据。当事人及其诉讼代理人因客观原因不能自行收集的证据，或者人民法院认为审理案件需要的证据，人民法院应当调查收集。人民法院应当按照法定程序，全面地、客观地审查核实证据。我国实行以当事人举证为主、法院调查收集为辅的举证模式。其与自认的制度环境在大的方向是一致的，但法院的审查也在一定程度上形成了与自认制度相矛盾之处。尽管存在制度上的矛盾，但是随着当事人诉讼模式在我国的逐渐建立和完善，维护当事人诉讼权利、限制法院依职权过多干涉当事人诉讼权利成为一种趋势，对于自认而言，是当事人处分自己诉讼权利的一种表现，所以在自认制度的法理基础上，我国逐渐形成了与世界大多数国家相同的理论架构。

一、辩论主义

辩论主义是一项不言自明的原则，与职权探知主义相对，一般将提出“确定作为裁判基础之事实”所必需材料的（主张事实、提出证据申请）权能及责任赋予当事人行使及承担就是辩论主义[①]。辩论主义包括以下三个层次：第一，直接决定法律效果发生或者消灭的主要事实只有在当事人的辩论中出现，才能作为判决的基础，换而言之，当事人未主张之事实，法院不得认定；第二，当事人无争议之事实，法院必须遵从并认定；第三，当事人未申请之证据，法院不得依职权收集调查[②]。自认制度的形成和发展则主要基于辩论主义的第二个层次。法院应当将双方当事人无所争议的主要事实当然地作为判决的基础，就这一意义而言，法院也受其约束。

基于辩论主义的第一个层次衍生出了主张责任的概念，即在辩论主义下，只要是未被当事人主张的主要事实就不能作为法院的裁判基础，为了使主要事实能够作为裁判的基础，当事人就必须对其进行主张，如果当事人未主张该事实，那么该事实不能成为判决基础。因此，在诉讼过程中，如果在对方当事人已就某一主要事实提出主张的情况下，自认人明示或默示承认该主要事实，就应承担该事实所带来的不利后果，对方也免除了对该事实进行举证的义务。依据辩论主义的第二个层次，法院作出判决的基础是当事人无争议的事实，在一方提出某主要事实，另一方承认该事实时，法院自然也应受到该事实承认的约束。

二、处分权主义

源于自然法思想的私法自治原则，在近代自由主义思潮的影响下，到 19 世纪达到顶峰，甚至将“法律关系的本质”定义为“私人意志独立统治的领域”，认为法律是确保私法自治的工具，法律规则对单个意志规定一个领域，在该领域中，单个意志独立于他人的意志而具有统治地位[③]。处分权主义则是该原则在诉讼领域的延伸和发展，表现为在民事纠纷解决程序中应充分尊重当事人的意愿。也就是说，私人之间关乎生活利益的追求与调整及矛盾的解决，原则上应由争议当事人自行解决，法院不必强行介入，无诉无裁判。“在诉讼程序中的私法自由处分，与在诉讼程序外权利人拥有的自由处分并

---

① 〔日〕高桥宏志：《民事诉讼法——制度与理论的深层分析》，林剑锋译，北京：法律出版社，2003 年，第 329 页。

② 〔日〕谷口安平：《程序的正义与诉讼》，王亚新、刘荣军译，北京：中国政法大学出版社，1996 年，第 130 页。

③ 〔德〕罗尔夫·克尼佩尔：《法律与历史——论〈德国民法典〉的形成与变迁》，朱岩译，北京：法律出版社，2003 年，第 64 页。

无两样”[①]，处分权主义是私权自治在请求层面的体现。大多数国家当事人处分权主义的主要内容是：第一，诉讼只能根据当事人的申请而开始，法院不能依照职权去寻找纠纷并主张开始诉讼程序。第二，由当事人决定审判对象及其范围。第三，关于诉讼标的的变更和诉讼的终止，当事人也享有决定权，当事人可以通过撤诉、承认或放弃诉讼请求、进行和解等形式使诉讼终了。对当事人行使处分权的行为，法院原则上受其约束。自认中一方当事人对自认事实的认可，是该当事人在诉讼领域行使处分权的一种表现，意味着当事人对该待证事实的争执权予以放弃，不论该待证事实的真实性，只需符合自认的基本条件即可，该自认行为即形成对双方当事人的约束，也对法院具有拘束力。

三、诉讼效率原则

公正和效率一直被视为司法制度设计与运行的基本价值目标，从表面上看，二者虽然是泾渭分明的，司法公正表明人们对司法活动的正当性的追求，司法效率则表明人们对司法活动所产生的效益的追求。但二者又具有内在的统一性，“从某种意义上说，司法效率也是司法公正的题中之意，因为任何社会纠纷的存在都意味着权利不确定状态的延续，都意味着秩序被破坏状态的延续，也都意味着社会公正正处在待实现的状态。所以说，对纠纷的解决不仅应当是公正的，而且应当是尽可能迅速的，在这里，效率就意味着公正的迅速实现”[②]。正如王利明教授指出，“任何一套法律程序，之所以是公正的，在很大程度上是符合效率原则的，至少和这一原则是不冲突的”[③]。也正如西方法谚所言“迟来的正义非正义”，“正义的迟延，常常是正义的否定”。同时二者又是具有差异性的，因为“司法公正追求一种永恒的正义与完美，司法资源的投入被赋予了崇高的价值意义，时间的流逝是实现这一追求的必要条件；而司法效率却要求司法制度能够在最短的时间里对进入诉讼程序的纠纷给出一个具有最终意义的、权威性的结论，以便尽快地恢复法律秩序”[④]。而“无论采取何种法制，司法资源都是‘有限财产’，不可能无限制地扩张”[⑤]，所以在尽可能地保证司法公正的前提下，“司法效率是人类社会在诉讼过程中永远无法回避的一个问题。因为只要人类还存在于一个资源稀缺的环境中，不管是出于自觉还是被迫，为了种族的可持续发展，就不得不考虑自己所作所为的效率性”[⑥]。而且在市场经济条件下，以尽可能少的资源耗费换取尽可能多的收益已经成为社会最基本的价值取向，人们的思维与行动都不可避免地打上了“经济理性”的烙印，工作生活各个方面都要讲求效率。“司法活动是现代人类生存方式中一个重要的组成部分，其同样要耗费稀缺资源，消耗大量的人力、物力、财力和时间，而且同样存在着供给与需求之间的紧张关系。由此，在‘经济理性’的影响下，人们要求在这类活动中讲求效率，注

---

① 〔德〕拉德布鲁赫：《法学导论》，米健、朱林译，北京：中国大百科全书出版社，1997 年，第 126 页。

② 姚莉：《司法效率：理论分析与制度构建》，《法商研究》2006 年第 3 期，第 94 页。

③ 王利明：《司法改革研究》，北京：法律出版社，2000 年，第 76 页。

④ 姚莉：《司法效率：理论分析与制度构建》，《法商研究》2006 年第 3 期，第 95 页。

⑤ 林钰雄：《刑事诉讼法》（下册），北京：中国人民大学出版社，2005 年，第 197 页。

⑥ 谭世贵主编：《中国司法原理》，北京：高等教育出版社，2004 年，第 50 页。

意投入与产出、成本与效益之间的比例关系，也就顺理成章。”[①]讲求司法效率也就意味着不论是国家还是公民个人，都希望在尽可能短的时间内，在司法制度中投入的资源较少，而获得的收益较大。

现实生活中每一个面对纠纷的当事人，纠纷的存在就意味着他的权利处于受到侵害，并等待救济的状态；而纠纷的解决就意味着当事人的权利获得救济，其受到的侵害获得补偿。所以，尽快地解决纠纷、恢复秩序是利益受到侵害的当事人的向往，是讲求司法效率的应有之意。同时司法活动是一个多方主体参与的互动过程，纠纷的解决需要冲突双方的实际参与，并且因其参与而进行资源的投入，这种投入构成了公民参与司法程序的成本。从我国的实际情况来看，公民个人的诉讼成本主要是指当事人支付的各种诉讼费用，包括诉讼费、聘请律师及其代理人支出的费用、参与诉讼活动（如收集证据、准备答辩、调解、参与庭审等）支出的费用和其他耗费、因采取诉讼保全和强制执行等措施而支出的费用，等等。当然，当事人通过诉讼也可以获取收获，其中最主要和直接的收益就是在纠纷中受到侵害的权益得到补偿（包括物质的和精神的）。故，每个当事人都希望通过较小的成本支出获得较大的收益[②]。通过自认等司法制度的设置，能在一定程度上缩短证据调查时间，提升司法效率。因为法院不进行调查就不能知道的事实，如果有当事者自认，照此认定可以提高诉讼效率，这才是自认约束力的根据。诉讼开始时当事者的主张未必一一对应，案情常常显得不必要地过分错综复杂。这时法官以行使诉讼指挥权和释明权的方式促使当事者对争执之点进行清理，在能够获得一致认识的地方通过自认把今后不再争执的事项确定下来，就可以使诉讼围绕少数几个明确的争点而展开。自认不仅约束法院，也拘束着双方当事者在此之后的诉讼行为，因此一旦作出自认，即使想反悔也很难随便撤回。自认作为一项重要的有拘束力的诉讼行为，要求当事者必须慎重而且负责任地作出决定[③]。

第三节　特殊的民事自认制度

一、拟制自认

拟制自认是指当事人在诉讼过程中对对方当事人所主张的事实不争执、作不知陈述或作出其他应当认定为有承认意思的行为所构成的自认。拟制自认并非典型意义上的自认，它是基于法律的强制规定对一方当事人对对方当事人的主张的反应的效力作出的硬性规定。根据拟制自认的形成原因的不同，可以将其分为不争执型拟制自认、不知陈述型拟制自认和消极行为型拟制自认三种。

不争执型拟制自认是指在诉讼过程中，一方当事人对对方当事人所主张的事实不置

① 谭世贵主编：《中国司法原理》，北京：高等教育出版社，2004 年，第 51 页。

② 此处排除较少出现的富有个性的诉讼，如标的额为 1 元人民币的诉讼。主要因为当事人对诉讼成本和收益的权衡尺度有差异。

③ 〔日〕谷口安平：《程序的正义与诉讼》，王亚新、刘荣军译，北京：中国政法大学出版社，1996 年，第 128 页。

可否、不作任何争执所构成的特殊自认。这是最常见的拟制自认类型，大多数国家通过立法对此类拟制自认进行了规定。因为当事人一方对他方主张的事实不予争执，就使该事实处于无争执状态，基于辩论主义的要求，在实行当事人主义模式的国家，法院自然受该自认的约束。不争执型拟制自认最典型的表现形式是“沉默”，但保持“沉默”并不一定成为拟制自认，没有明显争执的事实，而且从辩论的总的意图来看不能认为有争执时，才能赋予其自认的效力。在言辞辩论中，虽然表示沉默或不作任何争执，但是从其他陈述中认定具有争执的，不能认定为拟制自认。例如，《日本民事诉讼法》第159条第1款规定：“当事人在口头辩论之中，对对方当事人所主张的事实不明确地争执时，视为对该事实已经自认。但依据辩论的全部旨趣认为争执时不在此限。”又如中国台湾地区相关规定：“当事人对于他造主张之事实，于言词辩论时不争执者，视同自认。但因他项陈述可认为争执者，不在此限。”

不知陈述型拟制自认是指在诉讼过程中一方当事人对对方当事人所主张的事实作不知道、不记得之类的陈述所构成的自认。不知陈述型拟制自认的效力由于各国及地区研究的不同，呈现出不同的效力状态。第一种是肯定说，以德国为代表。《德国民事诉讼法》第138条第4款规定：“对于某种事实，只有在它既非涉及当事人自己的行为，又非当事人自己所亲自感知的对象时，才准许说‘不知’。”也就是说，不知情表示只有当涉及他人的行为或他人的感受时才合法。对自己的行为和感受作这样的表示是不合法的，并因而被看作是不争执[①]。既然当事人作出不知道、不记得的行为被视为不争执的外在表现，该行为就对当事人和法院产生了自认的约束力。肯定说强调当事人的主观表现在诉讼中的地位，顺应了自然规律，因为任何一个当事人对已经发生的客观事实都存在遗忘或疏忽的可能性，不能因为“不知道”或“不记得”就推定当事人对该事实不存在争议。第二种是否定说，以日本、美国为代表。《日本民事诉讼法》第159条第2款规定：“陈述不知道对方当事人主张的事实时推定争执。”即当事人在作出不知道的陈述时，推定对该事实具有争议，不能产生自认的约束力。《美国联邦民事诉讼规则》第8条第2款规定：“当事人应当以简要明确的措辞对每一请求作出答辩，并应对于对方当事人所主张的事实加以自认或否认。如果他对当事人主张的事实没有足够的知识或信息确信其真实性时，对此所作的陈述具有否认的效果。”否定说过于强调对当事人沉默权的保护，忽略了当事人的真实陈述义务，从而导致案件证据认证难度增加，诉讼效率降低。第三种是法官酌情判断说，以中国台湾地区为代表。台湾地区相关规定：“当事人对于他造主张之事实，为不知或不记忆之陈述者，应否视同自认，由法院审酌情形断定之。”也就是说，对于不知陈述型拟制自认是否成立，法官应当根据具体情况酌情判断，不应强行统一规定。“凡某事实于情理上不能责当事人知悉或记忆者，皆不得因其为不知或不记忆之陈述而视同自认。反之凡某事实于情理上当事人应能知悉或记忆而为不知或不记忆之陈述者，则应视同自认。例如，当事人一造主张之事实，为他造自己之行为或其自己所经验，时间距离，由非过久，而他造仍以不知或不记忆为陈述，则可审酌情

---

① 〔德〕奥特马·尧厄尼希：《民事诉讼法》，周翠译，北京：法律出版社，2003年，第238页。

形视同自认。”[①]法官酌情判断说调和了肯定说和否定说，授予法官根据案情情况灵活地对不知陈述型拟制自认的情形分不同的原因区别对待：对根据生活经验或其他可信赖的原因造成的确实不知道、不记得的情形不具有自认的效力；对当事人为避免自身利益受损，不愿承认某种事实，又不愿撒谎，为回避该事实而回答的不知道、不记得，要综合其他证据，赋予法官自由裁量判定是否构成拟制自认。

消极行为型拟制自认解决的问题是针对一方当事人主张于另一方不利的事实，而另一方在言词辩论期日缺席的，是否适用拟制自认。《日本民事诉讼法》第 159 条第 3 款规定：“第一款的规定准用于当事人在口头辩论期日不到庭的情形。但对当事人以公示送达进行传唤时不在此限。”也就是说，当事人对于对方当事人提出的事实，以缺席并且不提交答辩状的消极方式对待时，排除公示送达的情形，应视为对该事实构成了拟制自认。因为缺席并且不提交答辩状是当事人放弃抗辩权的一种表现，与拟制自认中自认人放弃抗辩权的本质相吻合。目前，消极行为型拟制自认中的消极行为仅限于非经公示送达后缺席开庭且不提交答辩状的情形，而实践中，伪造证据、当庭破坏证据、贿赂证人、引诱证人规避出庭等行为，也属于当事人对不利于自己的证据通过“消极”[②]的行为被动地表示出对该证据所证明事实是否承认，所以应适当扩大对“消极行为”的认定范围。

二、权利自认

关于自认制度的一般理论都将自认的对象界定为完全意义上的社会学事实[③]，但是，自认制度毕竟是法律规定，其生命在于实践，所以，诉讼中的事实往往与实体法的相关规定连接，成为被实体法构成要件所引证化的事实。并且随着人们对法律知识储备的增加，在涉及自己相关利益的诉讼中，面对法庭的质证，不是单纯地描述某一事实，更多地增加了在该事实的认识基础上自己对法律关系或对形成的法律效果的理解。单纯的自认制度只是解决了当事人对某一事实形成一致认识是否构成自认形成相应的约束力。如果双方当事人对在该事实基础上形成的法律关系或法律效果也形成一致意见是否也属于自认，是否形成对当事人和法官的约束力，则属于权利自认应当讨论的问题。

权利自认是当事人对对方当事人提出的关于权利关系和法律效果的主张予以认可，并对其自认适格性及其效果作出的论述。可能产生权利自认的情形包括以下几个方面：第一，以单纯的日常法律概念来表示某一事实，如赠予、租赁、买卖等。随着法律逐渐被人们认识和使用，这些词眼的出现会是一种常态。第二，单纯用含有判断成分的法律用语进行陈述，如过失、故意等。第三，单纯描述某一法律权利或法律关系的存在与否，如债权债务关系、所有权、继承权等。第二种情形和第三种情形对事实的使用都已经不再是对法律词语的简单应用，而是包含使用者对该术语的判断和理解。第四，结合事实

---

① 王甲乙、杨建华、郑健才：《民事诉讼法新论》，台北：三民书局股份有限公司，1999 年，第 353 页。

② 此处的消极可以理解为与正向的积极搜集有利于自己的证据相对而言。

③ 社会学意义上的事实是指不论是固定的还是不固定的，凡是能从外部给予个人约束的，或者换一句话说，普遍存在于该社会各处并具有其固有存在的，不管其在个人身上的表现如何的一切行为方式。社会学意义上的事实具有客观性、强制性和普遍性。

对某一权利或法律效果进行陈述，如“我借给他钱，我和他之间存在借贷关系”，此种是最为常见的可能产生权利自认的情形。从权利自认有可能产生的情形分析，权利自认不同于单纯的自认，其并非对事实的认可，而是涉及对法律的适用，这是否会影响法院对法律适用的专权呢？所以如何认识权利自认实际上也是如何协调“‘在纠纷解决基盘中，可以在何种程度上认可当事人在法律层面上的决定机能’之判断”、“‘在纠正当事人错误之法的判断方面，应当在何种程度上认可负有法律适用职责之法院的介入’之考量”，以及“‘保护自认当事人与保护对方当事人之信赖利益’之衡量”[①]三者之间的关系，为此学者们展开详细的论述，期间经历了“从否定说到中间性的处理，再到肯定说”的发展历程。

否定说认为自认是以事实为对象展开体系架构的，若允许权利自认的存在，则意味着当事人可以选择在涉及自己利益的案件中如何具体使用某种法律，这种行为在一定程度上剥夺了法院对法律的适用。当我们认可这种选择时，也就自然排除了法院对该案件适用法律的选择权。否定说重视当事人在诉讼中的主观能动性，认为在纠纷解决中当事人在法律层面上的决定机能大致是应当获得承认的。

在否定说与肯定说之间存在一些中间性的过渡。当事人在进行权利自认时，尽管表面上是作出了对法律术语的陈述，但实质上是一种包含着作为表达具体性事实关系的法律性陈述，进而权利自认的内容可以分为事实部分和法律论部分，不论关于法律论部分的效力认定存在何种争议，关于事实部分的效力都应当得到认定。中间性的认识虽然在理论上既认可了事实自认，同时又赋予法官可以根据具体情况对法律问题作出判断，这在理论上是合理的，但是其过于技巧的操作，实际上提升了具体的运作难度，削弱了权利自认制度的存在意义。

肯定说认为应当认定权利自认对当事人和法院的约束力，这样既节约了诉讼成本，提升了诉讼效率，又保障了当事人的处分权。但是由于当事人对法律的理解可能只是片面性的、主观性的，存在错误的可能性不可避免，因此应当对权利自认的成立设置必要的限制性条件，一般认定权利自认所涉及法律论部分应限于日常使用的并达到普通人能够理解其内容的法律概念。附有条件的肯定说逐渐被理论界和实务界认可。

所以，关于权利自认的具体使用应分不同的情况区别对待。第一，在双方当事人未涉及事实论，仅关于某法律关系或法律效果形成一致的认识时，为避免对法律理解的错误导致对各自利益的保护形成不公平的状态，法院应在对法律进行基本释明的基础上承认权利自认的效力。第二，在双方当事人既涉及事实论，又关于某法律关系或法律效果形成一致的认识时，首先应当承认事实自认。如果双方当事人在此事实基础上形成的认识与法院一致，应承认权利自认；如果双方当事人在此事实基础上形成的认识与法院存在差别，法院应当对当事人进行释明，经过释明后，法院与当事人形成一致意见，则不再存在权利自认效力的认定问题，如果当事人仍然坚持自己的意见，基于民事权利的属性应当认可权利自认的效力。同时不论何种情况，为维护法律的尊严和判决的客观性，权利自认的前提必须是权利自认中法律论部分的内容不得违背法律中的强制性规定。

---

① 〔日〕高桥宏志：《民事诉讼法——制度与理论的深层分析》，林剑锋译，北京：法律出版社，2003 年，第 413 页。

三、附条件的自认

附条件的自认，也称作附限制的自认，其属于当事人抗辩的一种方式，是当事人为了最终达到否定对方主张的法律效果，在肯定对方当事人所主张的事实的前提下，附加地提出自己负担证明责任的新事实主张。例如，在常见的借款合同纠纷中，一方当事人提出要求对方返回所借款项，而另一方当事人提出的抗辩内容是“我是借了你的钱，但这些钱我早都还清了”。该抗辩内容中前面部分“我是借了你的钱”就构成了自认，是该当事人（自认人）对该借款事实的承认，对方当事人免除了对借款事实的举证责任，法院也应当依据该事实作出相应的事实判断。“但这些钱我早都还清了”是该自认人在自认事实基础上提出的新的事实主张，需要由自认人承担相应的证明责任。

附条件的自认行为是当事人抗辩中常见的行为，在理解该行为时应区别于附条件的否认。否认是对对方当事人的事实主张仅是单纯地作出否定或存在争议，该事实主张的举证仍属于对方当事人。附条件的否认是基于某种理由对对方的事实主张进行否认。例如，在借款合同纠纷中，一方当事人提出要求对方返回所借款项，而另一方当事人主张“你是给了我钱，你给我的这些钱是用来偿还你以前欠我的钱的”。另一方当事人肯定了双方存在交付欠款的事实，对该部分事实构成了自认；但否定了借款事实，否定的理由是“你给我的这些钱是用来偿还你以前欠我的钱的”，是否存在借款事实，其举证责任仍属于提出该主张的当事人。

附条件的自认也应区别于抗辩假定。抗辩假定是当事人在抗辩过程中，假设存在对方当事人提出的某一事实，后提出自己的相应主张。例如，借款合同纠纷中，一方当事人提出“我没有借你的钱，如果我借了你的钱早都还了”，就属于抗辩假定，其结论的形成是以否定对方事实主张为前提的，并未形成自认。

四、不正当自认

不正当自认是双方当事人恶意串通，一方当事人对对方当事人陈述的虚假事实承认，而损坏国家、集体或者第三人合法利益的。例如，在借款合同纠纷中，贷款人甲怠于行使债权，丙作为甲的债权人申请行使代位追偿权，甲和乙恶意串通，甲称甲和乙之间的借款合同已超过诉讼时效，乙作出虚假承认，以实现逃避丙通过代位追偿权取得债权的目的。不正当自认行为从表面看似乎是双方当事人对某一事实是否存在形成合意，是“自认人”对自身利益进行维护的一种特殊方式，但实质是一种以侵害其他主体合法利益，实现自己利益的违法行为。对不正当自认行为，法官应当进行正当性审查，否定其自认效力；涉及相关利益的第三人也可以申请撤销该自认。

第四节 我国民事自认制度剖析

自认是涉及民事诉讼证明规则体系的一项重要制度。中国最早对自认制度有所涉及的法律是1982年颁布的《民事诉讼法》，该法第62条关于“诉讼承受”的规定间接涉及自认制度的部分内容。其后，1991年的《民事诉讼法》中没有对自认制度进行正面规定，而只是在一些法条中零星涉及“承认”的概念[①]。1992年《最高人民法院关于适用〈中华人民共和国民事诉讼法〉若干问题的意见》中就事实和诉讼请求的承认问题作了简明的补充性规定[②]。1998年实行的《最高人民法院关于民事经济审判方式改革问题的若干规定》也涉及一些诉讼承认的问题[③]。以上关于“承认”的相关法律规定，首先，否定了自认制度是一种特殊的证据形式，而将其简单地认定为一种证据材料，不具备解除一方当事人证明责任的约束力，同时对法院也不具有相应的约束力。其次，混淆了自认与认诺，从而在司法实务中无法对二者的效力进行有效的区别。最后，“承认”制度实际上是一种同超职权主义、对法官心证范围毫无拘束力的辩论原则和处分原则相配套的证据制度，完全不同于英美法系国家同当事人主义、辩论主义和处分主义相吻合的自认制度。

2002年4月颁布施行的《最高人民法院关于民事诉讼证据的若干规定》第8条第一次在法律层面对符合当事人主义的自认制度进行了规定[④]。虽然该司法解释只是在一个法条中简单地对自认制度进行了规定，法律效力较低，也没有详细地对诉讼外自认、限制自认、自认对二审和再审是否具有约束力等问题进行规定，但作为对典型意义上的自认制度的首次规定，该条规定明确了诉讼内自认对当事人和法院的约束力，同时也明确了涉及身份关系的案件不适用自认、诉讼上的默示自认制度、对诉讼内默示自认的追复及相应的条件、代理自认制度、自认撤回的条件，首次对自认制度和认诺制度进行了区别，初步构建了我国的自认制度。同时在第74条中对自认的撤回进行了规定[⑤]。该条规定存在的缺憾主要在于规定的内容过于简单，只在一个法律条文中对自认制度进行完善的规范是不可能的；该规定仅是最高人民法院的司法解释，并非民事诉讼法典的条文，法律效力较低；对涉及自认具体适用的一些问题，如自认效力的维持、自认主体的限制等未作出规定。

2013年1月1日生效的现行《民事诉讼法》对于自认制度没有进行相关的规定，实务界继续沿用2002年《最高人民法院关于民事诉讼证据的若干规定》第8条和第74条关于自认的相关规定，对涉及自认的民事案件中的自认效力进行认定。2015年实施

---

① 1991年《民事诉讼法》第52条、第54条、第55条第3款、第59条第2款等也涉及诉讼上的承认。

② 该司法解释第75条第1项规定：一方当事人对另一方当事人陈述的案件事实和提出的诉讼请求，明确表示承认的，当事人无须举证。

③ 该司法解释第22条规定：一方当事人提出的证据，对方当事人认可或不予反对的，可以确定其证明力。

④ 该司法解释第8条规定：诉讼过程中，一方当事人对另一方当事人陈述的案件事实明确表示承认的，另一方当事人无需举证。但涉及身份关系的案件除外。

对一方当事人陈述的事实，另一方当事人既未表示承认也未否认，经审判人员充分说明并询问后，其仍不明确表示肯定或者否定的，视为对该项事实的承认。

当事人委托代理人参加诉讼的，代理人的承认视为当事人的承认。但未经特别授权的代理人对事实的承认直接导致承认对方诉讼请求的除外；当事人在场但对其代理人的承认不作否认表示的，视为当事人的承认。

当事人在法庭辩论终结前撤回承认并经对方当事人同意，或者有充分证据证明其承认行为是在受胁迫或者重大误解情况下作出且与事实不符的，不能免除对方当事人的举证责任。

⑤ 该司法解释第74条规定：诉讼过程中，当事人在起诉状、答辩状、陈述及其委托代理人的代理词中承认的对己方不利的事实和认可的证据，人民法院应当予以确认，但当事人反悔并有相反证据足以推翻的除外。

的《民事诉讼法司法解释》第 92 条明确了我国的当事人自认制度[①]。该条文是在归纳整理《最高人民法院关于民事诉讼证据的若干规定》第 8 条和第 74 条的基础上形成的，在对自认制度的已有条文进行分析后，通过该条文旨在明确自认的认定条件和自认的限制，使自认制度能够很好地发挥作用。与以前的自认制度不同，首先，明确了自认的对象。自认是当事人行使处分权的一种行为，即使民事诉讼领域当事人享有较多的民事处分权，但前提是处分的对象仅涉及自认当事人私益的事实，即自认的当事人对其处分的对象是享有完全的处分权的，否则会受到法律的限制。所以，该条文中将涉及身份关系、国家利益、社会公益等应当由人民法院依职权调查的事实排除在自认范围之外，并且规定自认的对象仅限于“于己不利”的事实。其次，确定了自认的时间与形式。自认应当在法庭审理中，或者在起诉状、答辩状、代理词等书面材料中，我国现行法律只承认诉讼中的自认。最后，规定了法院对自认事实的审查。任何权利都有可能被滥用，需要法院审判权的约束。所以自认的事实与查明的事实不符的，人民法院不予确认。

虽然我国相关法律中已经建构了自认制度，但是该制度的设定也存在一些不足。第一，自认的时间和形式限定过窄。任何证据都必须经过质证，自认也不能例外。一方当事人从案件立案开始，只要在法院与案件相关的人员和场合下对事实表示承认的，都可以认定为自认。不过在程序上，必须在法庭庭审中，由法官进行说明。第二，自认的对象限定过小。自认并不限于“于己不利”的事实，只要没有对第三人、国家、社会利益造成干涉，不论是否不利于自己，都可以进行自认。第三，关于自认的主体。自认主体是否可以包括无民事诉讼行为能力人，法律没有规定；法定代理人能否替代被代理人作出自认等也缺乏相应的规定。第四，对于自认撤回的条件和程序，我国只是在《最高人民法院关于民事诉讼证据的若干规定》中规范了合意、受胁迫或重大误解情况下自认人作出的与事实不符的承认行为是可以撤回的，在现行《民事诉讼法》及其司法解释中亦未对自认撤回作出规定。自认的撤回对自认制度的效力问题会形成极大的影响，规范自认的撤回时间、方式、条件等是建构完善的自认制度的必须。例如，关于更正权自认、对方当事人或第三人实施的应受刑法上惩罚行为而作出的自认是否允许撤回会对案件的审判形成质的影响。第五，关于附条件的自认的效力也未作规定。司法实践中，附条件的自认出现的频率远远高于单纯的自认，当事人所附条件通常会引导其后续的诉讼行为，成为自认人“留一手”的表现。如何界定所附条件和自认的事实会对诉讼的进程起到重要的作用。第六，自认的表示方式是仅限于明示，还是可以用默示的方式进行表示，即以沉默方式表现出的拟制自认是否具有与典型自认同等的约束力，在该司法解释中没有规定。拟制自认有三种不同的表现形式，我国只是在《最高人民法院关于民事诉讼证据的若干规定》第 8 条第 2 款中对其中的不争执型拟制自认进行了简单的规定，对不知陈

---

① 该司法解释第 92 条规定：一方当事人在法庭审理中，或者在起诉状、答辩状、代理词等书面材料中，对于己不利的事实明确表示承认的，另一方当事人无需举证证明。

对于涉及身份关系、国家利益、社会公益等应当由人民法院依职权调查的事实，不适用前款自认的规定。自认的事实与查明的事实不符的，人民法院不予确认。

述型拟制自认和消极行为型拟制没有进行规定[①]。第七，关于权利自认是由法官进行酌情考虑其效力抑或其不是真正意义上的自认，不应具有自认的法律效力，在相关法律中没有规定，等等。所以，通过完善的法律规定，发挥自认在司法实务中的作用，仍有许多工作需要完成。

---

① 《最高人民法院关于民事诉讼证据的若干规定》第8条第2款：对一方当事人陈述的事实，另一方当事人既未表示承认也未否认，经审判人员充分说明并询问后，其仍不明确表示肯定或者否定的，视为对该项事实的承认。

第七章　已知与未知的桥梁：民事推定制度

任何案件的裁判都以查明案件争议事实为基础。在直接证据无法查明，间接证据无法形成证据链条时，法官对案件的裁判陷入两难状态：不能适用现有法律裁判案件，也不能拒绝裁判。解决这种困难，可以适用证明责任关于事实陷入真伪不明时证明风险的分配，对案件败诉责任的承担作出判定。然而，证明责任规范的复杂性和本身规定的不完备，让多数法官望而却步。推定制度因其真实、高效、便利、公正，与证明责任制度的设定目的相似，便以证明责任规范的替代性措施进入法官的视野。

作为一种古老的证据规则，推定的渊源可以追溯到古罗马时期。从法谚“一切主张在未证明之前推定其不存在”可以初步感受到推定的魅力。而罗马法官在断案时并不单纯依赖学理和法条，庞杂而丰富的案例和学说赋予法官借助事实及事实间的相互关系推演出定案结论的机会，立法也在一定程度上认可了这种断案技术。例如，《十二铜表法》第 8 表第 26 条规定：“任何人不得在城市里举行夜间集会。”否则，就推定为聚众叛国。之后大陆法系和英美法系的法学者们从不同的角度通过理论和实践层面对推定制度进行研究。但推定永远是一个令许多证据法学家头疼的概念，罗森贝克在《证明责任论》中说：“没有哪个学说会像推定学说这样，对推定的概念十分混乱。可以肯定地说，迄今为止人们还不能成功地阐明推定的概念。”①普维庭也认为：“所谓推定概念及其内涵在法学界长期处于不确定的状态。”②

为了更好地阐释推定的概念和内涵，法学界产生了事实推定和法律推定、可反驳推定和不可反驳推定、绝对性推定和条件性推定等相关概念。创设性概念的提出不仅没有解决明确推定概念和内涵的目的，反倒使推定一词显得更加混乱。也有些学者在推定范畴如此混乱的情况下采取了务实的回避态度③。本书的写作旨在介绍学者关于民事推定理论的基本认识。

---

① 〔德〕莱奥·罗森贝克：《证明责任论》，庄敬华译，北京：中国法制出版社，2002 年，第 4 版，第 206 页。

② 〔德〕汉斯·普维庭：《现代证明责任问题》，吴越译，北京：法律出版社，2006 年，第 72 页。

③ 例如，澳大利亚学者威特和威廉姆斯在《证据学：评价与材料》一书中提出：推定及其分类的准确性质是如此模糊，用埃德蒙·摩根的话说，“每个具有足够智慧来评价研究主题之难度的作者都是带着一种无望的预感走近推定问题并带着绝望的感觉离去”。

第一节 民事推定解读

一、推定的概念和内涵

何为推定，明确这一问题是推定制度研究的出发点，是推定制度建构的基石，对推定概念的准确定义成为解决特定法律问题的必需。不论是大陆法系还是英美法系都承认推定是一种有效的事实认定机制，并且形成了相同或相似的推定规则。《布莱克法律辞典》指出，推定是一个立法或司法上的法律规则，是一种根据既定事实得出推定事实的法律规则，推定是在缺乏其他证明方法时所使用的一种根据已知证据作出确定性推断的法律设计。推定是依法从已知事实或诉讼中确定的事实出发所作出的假定[①]。《牛津法律大辞典》指出，推定，在证据法中，指从其他已经确定的事实必然或可以推断出的事实推论或结论[②]。

在我国，学者们大概从 20 世纪 80 年代开始研究推定问题，逐渐形成了关于推定的各自认识。最早介绍推定制度的陈一云教授认为：推定即法律上的推定，它是根据法律的规定，基于一定的事实，应当假定另一事实的存在[③]。之后关于推定概念的研究大多大同小异。例如，江伟教授认为，所谓推定，乃指由法律规定或者法院按照经验法则，从已知的前提事实推断未知的结果事实存在，并允许当事人举证推翻的一种证据法则[④]。何家弘教授认为，推定是指由法律规定或者由法官作出的带有假定性质的事实判断。推定必须以一定的事实为基础，然后根据客观事物之间联系的规律推导出另一事实的存在。推定的主要作用是减少不必要的证明和避免难以完成的证明；推定的后果，主要是举证责任的免除和转移[⑤]。季桥龙教授认为，“推定在有反证前属实”（Stabit praesumptio donec probetur in contraium）。从某事实推定出其他事实的行为就是推定。其中，按照适用法律规定的方式进行的推定被称为法律上的推定，而在法官自由心证范围内实施的推定则是事实上的推定。法律上的推定包括两种类型：对事实进行的推定和对权利或法律关系本身进行推定的权利推定。法律上的推定通过对易于证明事实的证明来替代对难以证明事实之证明的方式，使法官能够作出一定的裁判，如此一来可以尽可能地避免出现事实“真伪不明”的情形[⑥]。简单归纳起来，我国关于推定的学理概念大致有“假定说”“假设说”“拟制说”“证明方法说”“手段说”等。“假定说”认为推定是根据某一基础

① Henry Campbell Black. Black’s Law Dictionary，St. Paul：West Publishing Co.，1990. 6th ed.，p. 1203.

② 〔英〕戴维·M. 沃克编辑：《牛津法律大辞典》，北京社会与科技发展研究所译，北京：光明日报出版社，1988 年，第 715 页。

③ 陈一云主编：《证据学》，北京：中国人民大学出版社，1991 年，第 165 页。

④ 江伟主编：《证据法学》，北京：法律出版社，1999 年，第 124 页。

⑤ 何家弘：《论司法证明中的推定》，《国家检察官学院学报》2001 年第 2 期，第 10 页。

⑥ 季桥龙：《民事举证责任概念研究》，北京：中国政法大学出版社，2011 年，第 69 页。

事实的存在，对另一推定事实的存在作出的假定[①]。“假设说”认为推定是借助于一存在的事实，据以推出另一相关事实存在的一种假设[②]。“拟制说”认为推定是一种拟制，是根据事实之间的常态联系，当某一事实存在时，推定另一不明事实为存在[③]。“证明方法说”认为推定是根据法律规定，某一事实存在时，即应据以认为另一事实的存在的证明方法[④]。“手段说”认为推定是司法审判者据以认识和判断材料并最终认定案件事实的常规手段[⑤]。推定概念的多种观点，反映出推定的复杂性和重要性。

虽然关于推定的概念形成了不同的学说，但关于推定的内涵，学者普遍认为推定是指基础事实与推定事实之间的一种关系，关于这种关系的性质主要存在着逻辑关系说和法律关系说两种观点。逻辑关系说认为应以常态联系或逻辑关系来界定推定。例如，有学者认为，推定是根据两个事实之间的一般联系规律或常态联系，当一个事实存在的时候便可以认定另外一个事实的存在[⑥]。也有学者认为所谓推定，是指依照法律规定或者由法院按照经验法则，从已知的基础事实推断未知的推定事实存在，并允许当事人提出反证推翻的一种证据法则[⑦]。法律关系说认为推定是法院和评论者用来描述规制一种证明过程诸规则的术语，这种证明过程是在一个已证明的事实A——导致推定的事实，和另一个推定的事实B之间创设一种特定法律关系；推定意味着两项事实间的某种特定法律关系[⑧]。

笔者认为，推定是解决模糊状态下案件事实或争议事实认定问题时的一种认识活动，以基础事实与推定事实之间的常态或偶然性联系为依据，以基础事实、推定事实和联系纽带为构成要素。其基本功能是解决模糊状态下的事实认定问题。关于推定内涵一般认定包含以下四方面：第一，任何推定的使用均以没有关于该特定事项的直接证据存在为前提，即推定的适用必须是事实认定处于模糊状态，当有直接证据证明事实时不可以适用推定。第二，推定依赖于一个或一批导致推定事实成立的基础事实或前提事实。任何推定都是以基础事实的存在为前提的，虽然有的基础事实具有高度盖然性，有的可能性较低。第三，经验法则和逻辑法则连接了基础事实（前提事实）和推定事实（结果事实）。经验法则和逻辑法则意味着基础事实和推定事实之间存在一定的伴生关系或常态联系。任何一个推定均产生于下面这种思维过程，即根据已知的基础事实的证明来推断出一个未知的事实，因为常识和经验表明该已知的基础事实通常会与该未知事实并存[⑨]。第四，推定事实只有在无反证推翻的情况下才具有效力，即推

① 陈桂明：《论推定》，《法学研究》1993年第5期，第45页；李浩：《民事举证责任研究》，北京：中国政法大学出版社，1993年，第183页。

② 毕玉谦：《民事推定析解》，《研究生法学》1997年第2期，第5页。

③ 刘金友主编：《证据理论与实务》，北京：法律出版社，1992年，第173页。

④ 肖胜喜：《刑事诉讼证明论》，北京：中国政法大学出版社，1994年，第114页。

⑤ 毕玉谦：《民事证据法判例实务研究》，北京：法律出版社，1999年，第332页。

⑥ 何家弘、刘品新：《证据法学》，北京：法律出版社，2004年，第273页。

⑦ 裴苍龄：《再论推定》，《法学研究》2006年第3期，第120页。

⑧〔美〕罗纳德·J. 艾伦、理查德·B. 库恩斯、埃莉诺·斯威夫特：《证据法：文本、问题和案例》，张保生、王进喜、赵滢译，北京：高等教育出版社，2006年，第3版，第852页。

⑨〔美〕乔恩·R. 华尔兹：《刑事证据大全》，何家弘，等译，北京：中国人民公安大学出版社，1993年，第314页。

定是允许对方当事人提出反证的，只有在对方不能提出反证或反证不成立时[①]，推定事实才能成立。

理解证据法意义上的推定应区别其与假定、拟制等的区别。

推定与假定有质的区别。假定有假设之意，是对不存在的某种事实进行猜测的一种思维方式，不产生法律效力。推定是在法律允许的范围内，基于一定的事实认定某种事实，产生一定的法律效力。推定必须由反证证明其为伪，假定必须以证据证明其为真。

推定和拟制都是立法者所常用的制度技术，但二者有本质的不同。拟制是根据实际需要，把某种事实视为另一种事实，使其产生与另一种事实相同的法律效果。拟制实为立法者有意将不同者等同视之，并赋予不同者相同的法律效果，其不能通过反证否定，也与证明责任无关，是一种实体法的规则，具有执行限制或说明、指示参照等作用。推定也是根据基础事实得出推定事实，但推定一般可以通过反证反驳，只有反证不成立时，推定事实才能被认定。不可反驳的推定和拟制之间是较为容易形成混淆的。一般认为不可反驳的推定与拟制之间的主要区别在于：第一，不可反驳的推定是将推定事实视为已经予以证明；拟制则是法律强制将拟制要件事实视为存在。第二，不可反驳的推定基于生活逻辑和经验在基础事实和推定事实之间存在必然的联系；拟制是立法者强行制定的，目的在于获得违背现实生活逻辑的相似性。第三，不可反驳的推定可以通过对基础事实或推定事实的直接认定形成适用效果；拟制由于后一事实本身的不存在，拟制使用者只能对前一事实进行证明。第四，不可反驳的推定中推定事实是未知的、真伪不明的、需要进行推定才能知晓的；而拟制中立法者明知后一事实与前一事实不同，为保护特定的利益或实现特定的目的，赋予后一事实同前一事实相同的法律效果。

二、推定的分类[②]

随着推定理论研究的深入，学者们对推定的分类形成了较大的争议，如有学者认为推定包括法律推定和事实推定，法律推定又分为可反驳推定和不可反驳推定[③]。有的学者认为所有的推定均可反驳，推定仅包括可反驳的法律推定和事实推定。不可反驳的推定并非真正意义上的推定，而是一种具有强制力的用来规定证明责任的证据法则[④]。有学者认为推定仅包括法律推定而不包括事实推定[⑤]。总体来讲，学界关于推定分类的认识存在较大争论，这主要集中在：第一，推定是否包括事实推定；第二，推定是否包括不可反驳的推定。

---

① 对方不能提出反证或反证不成立，意味着基础事实成立或推定事实成立。

② 虽然中国也存在反对将推定分为法律推定和事实推定、可反驳推定和不可反驳推定等观点的学者，但大多数学者都在不同程度上接受了对于推定的这些分类方式。

③ 《法国民法典》第1349条和第1352条规定，推定分为法律上的推定和非法律上的推定，法律上的推定又可分为不可反驳的推定和可反驳的推定。

④ 叶峰、叶自强：《推定对举证责任分担的影响》，《法学研究》2002年第3期，第85页。

⑤ 何家弘：《论推定概念的界定标准》，《法学》2008年第10期，第43页。

（一）法律推定与事实推定

法律推定是根据法律的明确规定确定的推定。事实推定，又称允许性推定，被视为一种虚弱推定，不是根据法律的强制性规定，而是考虑个案的情况，由法官根据事实综合作出的推定。法律推定和事实推定共享同一逻辑结构，都由一个或数个基础事实推出推定事实，两者的主要区别在于是否具有明确的法律依据。而法律推定的形成依赖于立法者对事实推定的长期关注和总结，任何一个法律推定的产生都是建立在对事实推定长时间的印证基础上的。

《牛津现代法律用语词典》明确指出了美国法律学者和英国法律学者在划分推定种类问题上的不同观点："在美国法中，最基本的划分是法律推定和事实推定。法律推定是一种法律规则，根据这一规则，一个基础事实的认定就导致一个可以反驳的推定事实的成立。事实推定仅是一种论点，是一种可以从一个基础事实的成立得出的推论，但不必作为法律规定来得出，例如，持有最近被窃财物者就是窃贼。……英国的法律人把推定划分为：（1）于法于权的推定，这是不可反驳的；（2）合法的推定，这是可以用证据反驳的；（3）事实推定，这仅仅是一种推断。"①《布莱克法律词典》中法律推定是"一种当某些事实已经确立而且没有反证提出的情况下要求法庭做出的法律假定"；事实推定是"一种可以反驳的推定，它可以—— 但是作为法律问题来说并不必须——从已经确立的一个或一组事实得出"②。《元照英汉法词典》中解释：事实推定是指从其他已知的确定事实推定某一事实成立。事实推定并非必然成立，允许通过反证予以推翻。法律推定是指当特定的事实已经证明，且无相反的证据提出时，要求法庭作出法律上的假定，即裁决推定的事实成立，法律推定允许反驳③。美国西北大学法学院的华尔兹教授在《刑事证据大全》一书中指出："事实推定产生于下面这种思维过程，即根据已知的基础事实的证明来推断出一个未知的事实，因为常识和经验表明该已知的基础事实通常会与该未知事实并存。……法律推定即法律要求事实认定者在特定的基础事实被证实时就必须做出的推断，当然其前提是没有关于该特定事项的直接证据。"④

在英美法系国家作出这样的划分具有一定的合理性。首先，英美法系国家的法官享有"造法权"，可以在法律没有明确规定的情况下根据案件的具体情况进行推定并创造出关于推定的判例法。其次，这种划分可以使法官知晓哪些推定的依据是法律已经明确认可的事实之间的伴生关系，哪些推定的依据是法官必须酌情考量的事实之间的伴生关系。对于前者，法官无须审查论证；对于后者，法官则要慎重地审查论证。从历史发展来看，法律推定往往是从事实推定发展或转化而成的⑤。

---

① 布莱恩·A. 加纳主编：《牛津现代法律用语词典》，北京：法律出版社，2003 年，第 2 版，第 689 页。

② Bryan A. Garner. Black's Law Dictionary，St. Paul：West Publishing Co.，1999. 7th ed.，p. 1204.

③ 薛波：《元照英美法词典》，北京：法律出版社，2003 年，第 1085 页。

④〔美〕乔恩·R. 华尔兹：《刑事证据大全》，何家弘，等译，北京：中国人民公安大学出版社，2004 年，第 2 版，第 396 页。

⑤ 何家弘：《从自然推定到人造推定——关于推定范畴的反思》，《法学研究》2008 年第 4 期，第 112 页。

中国的证据学者一般都接受了法律推定和事实推定的划分。例如，有的学者指出："所谓法律上的推定，就是通过法律明文确立下来的推定。所谓事实上的推定……是指法律规定法院有权依据已知事实，根据经验法则，进行逻辑上的演绎，从而得出待证事实存否真伪的结论。有无法律明文规定，乃区别法律推定与事实推定的明显标志。从演变过程来看，事实推定在先，法律推定在后。据此可以认为，法律推定是事实推定的法律化、定型化，事实推定是法律推定的初级阶段，有待于上升为法律推定。"[①]从法律辞典到理论研究对推定的分类研究可以看出，推定分为法律推定和事实推定两类得到较大程度的认可，但是也有学者对法律推定和事实推定提出反对。例如，美国学者威格摩尔指出："法律推定与事实推定的区别仅仅是借用已被误用的大陆法的词语。实际上只有一种推定，而'事实推定'一词应当作为无用和引起混乱的东西予以废弃。"[②]美国学者罗纳德·艾伦教授甚至提出推定概念中没有什么固有的独立内容，推定仅仅是一个标签，法院、立法机关和评论者都把操作证明过程的不同方法附着在上面。抛弃推定这一法律术语，这种改革的确是令人向往的[③]。德国学者普维庭认为事实推定作为一种现象是多余的，在实践中要避免使用该概念。如果法官必须拿生活经验来辩护，那么他得清楚地说明，他到底指的是可以形成心证的表见证明还是指一般的情势。此外，他得说明事实推定在具体情况下的作用[④]。

中国也有学者对法律推定和事实推定的划分提出质疑。例如，龙宗智教授提出不应使用"事实推定"，该概念的使用会混淆推定机制与证明机制的界限，与国家法制原则发生冲突[⑤]。陈一云教授也认为任何推定都是法律推定，不存在事实推定[⑥]。何家弘教授认为法律推定和事实推定的划分不仅没有太大的实际意义，而且会造成推定概念的混乱，在尚未承认判例法的中国，这一弊端表现得尤其明显[⑦]。孙远教授认为事实推定与间接证明不存在差异，在中国现行法律概念体系中并无存在的必要性[⑧]。学者劳东燕认为事实上的推定对法官的自由裁量权并无法律上的约束力，不涉及法律问题，而是事实问题，属于法官自由心证的范围。对事实推定的不当用法，导致推定领域产生众多误解与混乱[⑨]。

（二）可反驳的推定与不可反驳的推定

将推定划分为可反驳的推定和不可反驳的推定，其主要理由是有些学者认为基础事实和推定事实之间的逻辑联系并不相同，有的联系紧密，有的反之。这也导致法律推定

---

① 江伟主编：《证据法学》，北京：法律出版社，1999年，第130、138页。

② 龙宗智：《推定的界限及适用》，《法学研究》2008年第1期，第113页。

③ 〔美〕罗纳德·J. 艾伦、理查德·B. 库恩斯、埃莉诺·斯威夫特：《证据法：文本、问题和案例》，张保生、王进喜、赵滢译，北京：高等教育出版社，2006年，第3版，第852页。

④ 〔德〕汉斯·普维庭：《现代证明责任问题》，吴越译，北京：法律出版社，2006年，第85页。

⑤ 龙宗智：《推定的界限及适用》，《法学研究》2008年第1期，第114页。

⑥ 陈一云主编：《证据学》，北京：中国人民大学出版社，2000年，第2版，第180页。

⑦ 何家弘：《从自然推定到人造推定——关于推定范畴的反思》，《法学研究》2008年第4期，第113页。

⑧ 孙远：《论事实推定》，《证据科学》2013年第6期，第647页。

⑨ 劳东燕：《推定研究中的认识误区》，《法律科学》2007年第5期，第119页。

和事实推定的效力应是有区别的。《布莱克法律词典》中解释，不可反驳的推定是一种不能用其他证据或论据来推翻的推定，如7岁以下的儿童不具备实施重罪的能力；可以反驳的推定是根据一定事实作出的构成表见证明的推断，可以通过提出相反证据来推翻[①]。也有学者认为不可反驳推定存在的原因是推定的创设理论之间并不存在非此即彼的排斥关系，很多推定可以同时被两个或两个以上理由所支持。创设推定的多元化理由之间并非地位平等的并列关系，其中逻辑价值和社会价值是推定应否被创设或者使用的支配性因素。大多数推定根植于两者的混合土壤中[②]。

可反驳的推定是受推定不利影响的当事人一方可以提出证据反驳推定事实，当反驳成立时，推定不发生法律效力。一般认为所有事实推定都是可以反驳的，法律推定包括了可反驳推定和不可反驳推定两部分。允许对推定事实进行反驳是基于所有事实推定的适用是人们认为推定是建立在基础事实和推定事实之间存在高概率性的或然性常态联系。毫无疑问证据的效力有确然性和或然性之分，如果是确然性证据，意味着证据和结论之间的关联作用是唯一的、一向性的，如果是或然性证据，则意味着证据和结论之间的关联性是多向性的，从一个证据可以得出多种结论。可反驳的推定中基础事实和推定事实之间既然是或然性联系，必然存在例外情形，自然允许受推定不利影响的当事人一方享有提出证据反驳推定事实的权利。

不可反驳的推定一般是由法律明确规定的，是指受推定不利影响的当事人一方不能提出任何证据来反驳推定事实，一般认为只有法律推定中存在不可反驳的推定[③]。该推定的形式是：若基础事实A得到证实，则法院应当作出推定事实B成立的裁判，对方不能提供非B的证据。所以不可反驳的推定是证明过程的中断，它以推测的方式在基础事实和推定事实之间创设了一种法律关系[④]。例如，民事诉讼中关于公告送达适用的是不可反驳的法律推定，公告期满即推定送达，不论被送达人提出何种反驳理由，法律都认定被送达人已知晓该公告。不可反驳的推定与可反驳的推定形成的价值基础不同，可反驳的推定基于当事人平等理念，允许当事人对每一个可能导致不利情况出现的事实进行反驳，对任何一种有可能成为证据的事实都必须在法庭中进行质证。不可反驳的推定是在对推定的合理程度和法律价值的重新评判的基础上形成的，如公告送达，一般认为在60天这样一个较长的期间内，关注自己权益的当事人未见公告的可能性是比较小的。

（三）自然推定与人造推定[⑤]

自然推定是在模糊状态下解决事实认定问题时，借助事物之间的自然属性、状态、

① Bryan A. Garner. Black's Law Dictionary，St. Paul：West Publishing Co.，1999. 7th ed.，p. 1204.

② 张海燕：《民事推定法律效果之再思考——以当事人诉讼权利的变动为视角》，《法学家》2014年第5期，第53页。

③ 因为法律推定大多来源于事实推定，所以法律推定的创设基础大多数是源于基础事实和推定事实之间的高概率的或然性常态联系，大多数法律推定是可以反驳的。但是为避免证据缺乏导致诉讼陷入僵局、诉讼效率的要求等原因，在法律推定中有时候也会出现基础事实和法律事实之间并非高概率的或然性联系，此类法律推定一般是不可反驳的，大多指向社会公益和公共政策。

④ 张保生：《推定是证明过程的中断》，《法学研究》2009年第5期，第182-183页。

⑤ 该部分内容较多借鉴何家弘教授《从自然推定到人造推定——关于推定范畴的反思》一文中关于推定的分类。

关系，尽可能准确认定相关事实的认识活动。作为推定的一种，自然推定的认识完全依赖于自身的形式和效能，其基础在于客观事实之间的自然关系和规律。自然推定所依据的客观存在的自然规律和自然联系，在人类的认识中表现为社会成员的常识性经验和经验法则。随着社会的发展变化，经验法则也会基于对以前错误经验法则的修正或事物自身发展规律的变化而发生变化，所以，自然推定的标准也是会发生变化的。

人造推定又被称为裁判规则推定，是在模糊状态下人为地确立一种可以作为裁判标准的规则，以免出现无法裁判的僵局。其结论的得出不仅取决于事物的自然关系和规律，而且取决于设立推定规则者的主观信念和价值取向。这种人为规则的制定通过两条途径实现：第一是在各方协商并达成共识的基础上签订“公约”；第二是由依法组成的权力机构按照有关程序制定并颁布“法律”。总之，人造推定是一种人为设置的事实认定方法，可以在面对“平局”时发挥“裁判规则”的作用。

自然推定与人造推定的基本区别在于：自然推定是自然形成的，人造推定是人为造就的。作为应然的推定，自然推定不依赖于人的行为而存在；但是作为实然的推定，自然推定则需要通过人的行为才能发挥作用。所以，自然推定在具体司法活动中的运用离不开人的行为，其要转化成普遍适用的法律规则也离不开人的行为。也就是说，所有在司法实践中使用的推定都带有人造的成分，因而都可以归入人造推定的范畴。并且人造推定往往都是从自然推定发展演化而来的，包含着自然推定的内容。所以，任何推定规则的设定都必须是人类在发现推定的客观规律和基本原则的基础上的行为，是自然推定之上的人造推定。

（四）立法推定与司法推定

立法推定是国家立法机关在有关法律中明确规定的推定规则，具有普适性、相对稳定性和较强的规范性。司法推定是由国家司法机关通过解释法律和创设判例等方式确定的推定规则，具有特殊性、灵活性和较为宽松的规范性等特点。

立法推定和司法推定相互配合应对实践中模糊状态下事实认定问题。立法推定的普适性决定了在面对复杂的个案时不可能面面俱到，而司法推定的特殊性对其进行了弥补；立法推定的相对稳定性使其在规定时必须对可能发生的变化留有一定的空间，而司法推定的灵活性补充了这一空白；基于推定规则制定主体的不同，立法推定与司法推定相比一般具有较强的约束力，决定了立法推定必须是在基础事实和推定事实之间关联性极高的情况下适用，司法推定则在二者关联性较低的情况下适用。

第二节　民事推定的功能与作用

推定作为一种诉讼证明方法，影响着案件的处理结果，是证据制度中不可缺少的内容，在诉讼证明中发挥着重要的作用。

一、推定约束和限制法官心证的形成

法律推定对法规裁判产生直接的影响。由于法律推定并不涉及证明规则，因此通过法律推定不可能“确定”任何生活事实。与一般的法定证明规则不同的是，法律推定是对法官的直接命令，亦即指示法官从方法上如何解决问题。法律推定十分明确地命令法官，把某个既定的要件事实视为已经被证明，尽管实际上法官无法从生活事实中获得对该要件事实的心证。对于法官而言，法律推定实际上是法律命令法官，把一个既定的要件事实视为存在，尽管事实可能不存在。法律推定虚构的不是推定的东西与客观事实的东西是否具有相符性，而仅仅是虚构的不需要法官获得心证的要件事实在某一诉讼中的存在[①]。人们可以通过日常生活经验判断事物之间密切而规律的联系，在没有意外发生时，某一事实的发生就会合乎逻辑地发生另一事实，法官可据此判定案件事实，所以推定影响着法官心证的形成，进而影响着案件的处理结果。

二、推定可以缓解事实证明困难并避免诉讼陷入僵局

从认识论的角度讲，客观世界是可以被人类主观认识的，但该认识过程受到诸多因素的影响，如认识主体的个人能力、认识客体的复杂性、客观事实发生时间的久远程度等，这在一定程度上决定了主观对客观认识的长久性。但基于诉讼效率的考虑，任何诉讼都不可能是无限延长的过程，任何诉讼都有诉讼期限的要求，不可能无限期延长。所以，当事实陷入一种模糊状态，通过推定这种法定的证明手段，根据已知的基础事实得出未知的推定事实不失为一种无奈之举，也是一种有效解决纠纷的方法。也就是说，推定在一定程度上可以缓解某些证明上的困难，避免诉讼陷入僵持状态。同时，在案件查证中也存在一些事实是可以查证的，但取证存在相当的难度，如对失踪人已经死亡的查证，不能说无法查证，但查证难度较大。在此类案件中，运用推定可以克服诉讼障碍，推动诉讼进程，节约诉讼成本，实现既解决纠纷又达到诉讼经济的目的。但是也因为推定是一种人为的事实认定方式，其推定形成的事实并不必然是事实，具有一定的盖然性，所以推定在使用时不得滥用，必须在法律有明文规定时或虽无明文规定但有相当的经验法则可以证明时才能运用。同时为尽可能避免推定的错误，应当允许反驳推定，只能在无反驳或反驳无法证明推定错误时，才能认定推定事实，尽可能将推定的错误概率降低到最小。

三、推定可弥补证明的不足

在现实生活中，有些事实的查证必须以推定的方式进行，如当事人主观状况的认定。因为任何人的内在主观世界是无法由外界主体加以认定的，只能通过外在的表现推定其内心的状态。例如，《中华人民共和国民法通则》规定明知他人以本人名义实施民事行为而不否认的，视为本人同意。负有证明责任的主体并不知晓该行为的发生是在本人同意

---

① 〔德〕汉斯·普维庭:《现代证明责任问题》，吴越译，北京：法律出版社，2006 年，第 74-75 页。

还是不同意的情况下而为，只能从外在行为“明知”实施该种行为这种状态来判定行为人的主观心理状态。推定在一定程度上填补了证明的不足。

四、推定贯彻和实现立法者所希望的一定社会价值

任何制度的设定都反映着一定的社会价值取向，推定制度在法律严格规定的基础上，赋予法官在一定条件下的自由裁量权。从法律对推定制度的规定中可以看出推定制度所追求的诉讼真实、效率、公正等价值追求。法官的自由裁量过程也是对这些社会价值的践行。

毋庸置疑，推定也存在消极的作用，主要表现为基础事实和推定事实之间并非绝对的一一对应关系，而是一种高概率的或然性关系，导致推定事实的产生也可能是错误的。所以对于推定的适用应怀着谨慎的心态，除非法律有特别规定，一般应尽量向因推定受不利影响的一方当事人释明，告知其有权对推定进行反驳，将推定可能产生的错误率降低到最小。

第三节　民事推定的适用

运用推定认定事实是一种证明技术，基于基础事实的存在并不必然导致推定事实的出现，推定只是一种逻辑演变的结果，具有结果或然性和不周延性。为保障推定事实的高度盖然性，推定的适用必须有严格的规范。

一、推定的适用范围

民事推定的适用范围是极其广泛的，只要当事人能够通过法律行为创造性地形成彼此的法律关系，那么，法律授权就可弥补通过法律行为，尤其是通过合同建立的事实推定。事实推定的适用范围与其要件事实被推定的法律范围一样广泛，凡适用此等规范之处，均可适用推定①。但任何推定的适用必须是在没有直接证据对案件进行证明或者间接证据不能形成证据链条，但该事实又必须查证的前提下使用的一种证明技术，所以明确推定的适用范围，可以提升推定的法律效果，也可以限制法官适用推定时的主观擅断。

一般认为推定的适用范围仅限于司法上必须予以查明但没有必然性的证据予以证明的案件事实。所谓“司法上必须予以查明”是指该推定事实如果不加以确认将阻碍司法程序的推进，影响案件的最终审判。所谓“没有必然性的证据予以证明”是指没有直接证据可以形成对该推定事实的确认，在该推定事实的证明中存在如关于当事人心理状态的证明、关于证据湮灭事实的证明等难以克服的证明障碍；或者存在相关的间接证据，但间接证据不能形成有效的证据链条对推定事实作出证明。

① 〔德〕莱奥·罗森贝克：《证明责任论》，庄敬华译，北京：中国法制出版社，2002年，第4版，第230页。

二、推定的适用条件

第一，推定适用的前提条件是基础事实得到充分证明。推定的基础事实是产生推定事实的证据，是推定的依赖所在，只有该证据被充分证明，被认定是一种客观真实的存在时，推定事实的产生才有可能，否则推定的适用便是空中楼阁。

第二，充分证明的基础事实存在盖然性效力。“证据盖然效力蕴含的两种可能性应为常态联系和变态联系的关系，也即应构成‘一般和个别’、‘常规和例外’的关系”，“一般和常规属于事实之间的常态联系；个别和例外属于变态联系”，“区分开常态联系和变态联系后，盖然性就具有了可供选择的基础”，而“推定的实质是选择。只有盖然效力的证据，其关联作用具有两种或两种以上的可能性，才有可能为推定的选择提供基础”[①]。如果基础事实和推定事实之间是一种必然，则推定没有存在的必要。

第三，推定是法律规定或经验法则限制基础上的择优性选择。推定作为一种证明技术，赋予法官高度自由裁量权，但任何推定的作出并不是法官的恣意，必须抓住事实之间的常态联系，在遵循法律规定或经验法则约束的基础上进行择优性选择。也就是说，推定只能肯定事实之间的常态性联系，不能肯定变态性联系，只能选择“一般和常规”，不能选择“个别和例外”。

第四，推定的成立必须无反证推翻。尽管基础事实是真实的，也有必要的法律规定或逻辑联系、经验法则，但推定事实也有可能是不真实的，法律赋予受推定不利影响的一方当事人反驳权，将该不真实性降低到最小。所以无反证推翻是推定的法律效果实现的必须，具体可表现为对基础事实、推定事实和连接基础事实与推定事实的法律和经验法则都不存在有效的反证。

推定的适用条件为推定在司法实践中的运用提供了标杆。在立法层面上表现为立法者将具有逻辑关系的事实通过民事实体法或民事程序法规定了其特殊的法律效力。在司法层面表现为执法者对已有推定的法律运用或对尚未有法律规定而又必须进行逻辑推断的不同事实通过经验法则建构具有法律约束力的关系。基于立法权与司法权的关系，在推定适用中应坚持先依照立法推定，只有在没有法律推定时，法官才可以进行事实推定。并且推定的适用存在可能造成对受推定不利影响的一方当事人利益的损害，所以推定的适用应贯彻慎用原则，尽可能地查清案件事实，依照一般证据原则解决纠纷，只有必须予以查明但又没有必然性的证据予以证明的案件事实，才可谨慎适用推定。

三、推定的适用程序

推定的适用是一个连续动态的过程，主要包括启动、反驳和裁定三个阶段。

（一）启动是推定程序开始的标志

在诉讼过程中适用推定既是当事人的诉讼权利，也是法官的权力。所以当事人在适

---

① 裴苍龄：《再论推定》，《法学研究》2006 年第 3 期，第 121 页。

当条件下可以申请适用推定，法官也可以在符合推定适用条件时主动使用推定。但不论是当事人申请推定还是法官主动决定适用推定，关于是否适用推定的最终决定权都在法官手中。为保障当事人在诉讼中的平等性，法官在启动推定程序后应主动进行释明，保证当事人明了推定适用的法律后果，尤其是保障因推定而受不利影响的一方当事人反驳权的行使。

（二）反驳是受推定影响的当事人保护自身权益的斗争

基于推定适用的主观性和结果的或然性，应尽可能地保障因推定受不利影响的一方当事人反驳权的行使。该当事人可通过三种不同的技术实施反驳：第一，反驳基础事实。任何推定都是以基础事实为前提的，动摇法官对基础事实的内心确信，也就动摇了推定事实存在的基石。第二，反驳连接基础事实和推定事实的经验法则。经验法则是推定事实存在的依据。任何经验都具有或然性，当经验法则被证明存在例外时，自然推定事实的存在也是值得怀疑的。第三，反驳推定事实。对推定事实直接进行反驳，动摇法官对推定事实形成的内心心证。不论以何种方式进行反驳，反驳需要达到的标准应低于普通证明标准，只需达到动摇法官对基础事实、经验法则和推定事实已经形成或大致形成的内心确信。

（三）裁定是法官综合考量后形成的结果

法官最终必须作出推定是否具有法律效力的裁定。根据受推定不利影响的当事人的表现呈现出不同的裁定后果：如果受推定不利影响的当事人作出了反驳，法官必须对反驳内容进行谨慎评判，在综合考量各方信息后作出是否适用该推定的裁定；如果受推定不利影响的当事人不作反驳，法官可以直接认定该推定具有法律效力。

法官在具体适用推定时一般应首先审查基础事实，认定基础事实和推定事实之间的逻辑关系，宣告适用推定；其次由受推定不利影响的当事人反驳；最后确定反驳是否成立，裁定推定是否具有法律效力。

第四节　民事推定的法律效果

德国学者罗森贝克主张推定的法律效果比其概念还要模糊，但推定对证明责任的影响是确定无疑的，受益于推定的当事人应当承担推定规范的前提条件的证明责任；从推定不利方来看，是证明责任的转换问题，因为他必须对推定的事实提出反面证明[①]。日本学者新堂幸司提出推定的法律效果是证明责任的转换。此处的证明责任转换是指在某些特定的情形下，由反对方对反对事实承担证明责任的法律技术。但该证明责任转换不同于诉讼中具体提出证据责任在当事人之间的转换[②]。日本学者三月章认为推定具有通

① 〔德〕莱奥·罗森贝克：《证明责任论》，庄敬华译，北京：中国法制出版社，2002 年，第 4 版，第 223-225 页。

② 〔日〕新堂幸司：《新民事诉讼法》，林剑锋译，北京：法律出版社，2008 年，第 401-402 页。

过立法在特殊情况下对举证责任分配的一般原则修正的意义[①]。日本学界的传统观点是，如果证明了前提事实，证明推定事实不存在这种证明责任就转移给了被告人。具体包括三种观点：第一是实质的证明责任的转移。认为实质的证明责任从推定规定的效果上转移到被告人。第二是证据提出责任说。认为推定仅将提出证据的责任转移给被告人。第三是修正的证据提出责任说。认为只有在对推定事实有疑问时，被告人才需要提出合理的事实阻碍推定的效果。

美国学界关于民事推定的法律效果形成了两种主要的理论学说。第一种是仅转移提出证据责任的塞耶理论。塞耶主张推定将提出推定事实证据的责任从最初承担该责任的一方当事人转移到对方，且一旦出现反驳推定事实的证据，该推定就消灭，不考虑该反驳证据是否可信或其证明程度如何。推定的说服责任不会转移，永远由最初承担说服责任的当事人承担。塞耶理论最大的弊端在于容易引发当事人或其代理人提出虚假的反驳性证据以达“爆泡”目的的潜在道德风险。第二种是转移说服责任的摩根理论，该理论主张推定产生的法律效果不仅转移提出证据责任，还转移说服责任。这表现在诉讼中，如果基础事实存在，陪审团将被指示推定事实成立，除非对方说服事实审理者推定事实更有可能不存在[②]。摩根理论的缺陷在于对陪审团指示极端复杂，同时适用推定所依赖的政策不具有稳定性。塞耶理论和摩根理论实质上都认为推定是一种证明责任的转移，两种理论在美国相关法律中都得到了采纳,但任何一个理论都没有绝对压倒对方的优势。1975 年《美国联邦证据规则》第 301 条对民事推定对证明责任的影响作出了原则性的规定。该法条规定：在所有民事诉讼中，除国会制定法或本证据规则另有规定外，一项推定赋予其针对的当事人举证反驳或满足该推定的责任，但未向该当事人转移未履行说服责任即需承担风险意义上的证明责任，该证明责任仍由在审判过程中原先承担的当事人承担。该条说明，推定的法律效果在于使另一方当事人承担提供证据的责任，风险意义上的证明责任仍由审判过程中原先承担的当事人承担，不发生转移。

我国学者对推定的法律效果主要有两种观点：第一，证明责任转移说。该观点认为推定导致证明责任在当事人之间发生转移。根据转移内容的不同，又分为主观意义证明责任的转移[③]、客观意义证明责任的转移和两种责任统一论[④]。第二，举证责任倒置。该观点认为在诉讼中免除原本由一方当事人对某法律要件事实存在负有的举证责任，转由对方当事人就不存在该事实要件负举证责任，呈现出“我主张，你举证”的态势[⑤]。

笔者认为推定的法律效果有两点是值得研究的：第一，推定是否具有反驳性；第二，推定是否引起证明责任的转移。

笔者认为所有事实推定都是可以反驳的，法律推定包括了可反驳推定和不可反驳推

① 〔日〕三月章：《日本民事诉讼法》，汪一凡译，台北：五南图书出版股份有限公司，1997 年，第 443 页。

② 张海燕：《民事推定法律效果之再思考——以当事人诉讼权利的变动为视角》，《法学家》2014 年第 5 期，第 54 页。

③ 例如，卞建林教授认为在证明责任转移的情况下，只是提出证明责任的转移，而不包括说服责任的转移。卞建林主编：《刑事证明理论》，北京：中国人民公安大学出版社，2004 年，第 177 页。

④ 龙宗智：《推定的界限及适用》，《法学研究》2008 年第 1 期，第 111 页；张保生：《推定是证明过程的中断》，《法学研究》2009 年第 5 期，第 177 页。

⑤ 李浩：《举证责任倒置：学理分析与问题研究》，《法商研究》2003 年第 4 期，第 87 页；何家弘：《论推定规则适用中的证明责任和证明标准》，《中外法学》2008 年第 6 期，第 866 页。

定两部分。允许对推定事实进行反驳是基于所有事实推定的适用是人们认为推定是建立在基础事实和推定事实之间存在高概率性的或然性常态联系。可反驳的推定中基础事实和推定事实之间既然是或然性联系，必然存在例外情形，自然允许受推定不利影响的当事人一方享有提出证据反驳推定事实的权利。

法律推定的创设基础呈现多元化状态，不限于基础事实和推定事实之间的高概率联系。也就是说，法律推定中的大多数来源于事实推定，是立法者将在实践中使用频率比较高、已经成熟并为当事人普遍接受的事实推定通过法律的形式固定下来，使其发挥普遍性约束力，这类法律推定形成的基础也是基础事实和推定事实之间的高概率性的或然性常态联系，允许受推定不利影响的当事人提出反驳也是必然。但是也有少数法律推定是为避免证据缺乏导致诉讼陷入僵局、诉讼效率的要求等原因，在法律推定中有时候也会出现基础事实和法律事实之间并非高概率的或然性联系，此类法律推定一般是不可反驳的，其大多指向社会公益和公共政策。

关于推定是否引起证明责任的转移，我们可以从法律推定和事实推定这一层面对该问题进行研究。法律推定是为避免举证困难或举证不能的情况，法律明文规定只需就较易证明的其他事实进行证明，或可以理解为通过对基础事实的证明免除对推定事实的证明，只要证明基础事实的存在，就推定待证事实的存在，其实质为变更证明的主题。法律推定减轻或免除了主张推定事实存在的当事人的证明责任，就“证明推定事实”而言，证明责任并没有发生转移，其永远由主张推定事实存在的当事人承担。正如英国学者诺克斯所言：转移负担是指甲放下他的担子，乙则捡起了另一个担子，甲从未把他的担子交给乙，乙也没有把他的担子退还给甲。所转移的义务实际是指证明不同事实的义务[①]。

事实推定从形式上观察似乎将反证的负担置于对方当事人的身上，但实际上，该当事人若不提出反驳证据，他并不必然败诉；基于法院有权认定推定事实的真假，一般情况下，该当事人可能试图反驳对其不利的推定。实质上该当事人并无提出证据并说服法官的责任，其所作的努力是人们在面对有可能对自己不利情况时的正常反应，而非证明责任的转移，实质是当事人证明权利的表现。也就是说，该当事人有说服法官的必要，而无说服责任。从时间层面上讲，任何民事案件的证明责任都是由案件性质即案由决定的，案件性质确定于法庭审理之前，即在法庭审理之前，该民事案件的证明责任已经确定清楚，尤其是事实不清时，风险责任已经明确。但证据推定只能发生在案件审理过程中，从该角度分析后面发生的推定不应改变前面确定的证明责任，即推定不应对证明责任造成影响。

而且，对推定的法律效果在符合一定条件后可以排除，即受推定不利影响的当事人可以用自己的行动改变推定的法律效果。罗森贝克认为，在以下情况下推定的法律效果可以排除：①通过证明相反规定的前提条件，也许使推定不能适用；②可以通过对推定的前提条件的证明提出反证来推定不能适用（黑德曼认为是“推定的前提条件的废除”）；③通过提出反面证明，即通过证明法律所推定的事实不存在，使推定不能

① 沈达明编著：《比较民事诉讼法初论》，北京：中信出版社，1991年，第274页。

适用[①]。所以，受推定不利影响的当事人可以证明推定具有以下三种情况来避免推定的不利后果对自己的影响：第一，基础事实不存在；第二，推定事实不存在；第三，基础事实和推定事实之间不具有逻辑关系。

第五节 我国民事诉讼中的推定

推定制度在我国具有久远的历史，我国古代法学就有关于推定的理论研究，如《春秋决狱》中关于事实推定的记载："甲父乙，与丙争言相斗。丙以佩刀刺乙，甲即以杖击丙，误伤乙。甲当何论？或曰殴父也，当枭首。论曰：臣愚以为父子至亲也，闻相斗，莫不有怵惧之心。扶杖而救之，非所以欲诟父也，《春秋》之义，许止父病，进药于其父而卒。君子原心，赦而不诛。甲非律所殴父，不当坐。"唐宋以后推定制度得到发展和推广。在当代，民事诉讼是推定适用的主要领域，不论是法律推定还是事实推定都有广泛的使用。例如，《中华人民共和国民法通则》第 23 条：公民有下列情形之一的，利害关系人可以向人民法院申请宣告他死亡：①下落不明满 4 年的；②因意外事故下落不明，从事故发生之日起满 2 年的。战争期间下落不明的，下落不明的时间从战争结束之日起计算。2002 年《最高人民法院关于民事诉讼证据的若干规定》第 9 条第 3 项：根据法律规定或者已知事实和日常生活经验法则，能推定出的另一事实。《民事诉讼法司法解释》第 93 条规定："下列事实，当事人无须举证证明：……（四）根据已知的事实和日常生活经验法则推定出的另一事实……。"

总体来看，民事诉讼领域中法官可以根据日常生活经验法则进行事实推定，所以事实推定的涉及范围极其广泛，具有个案性，需要法官根据案件作出公正推定。法律推定的适用主要表现为以下几个方面：①过错推定。被害人不承担举证证明侵权人的主观过错，而是直接从损害事实的客观要件及它与违法行为的因果关系中，推定行为人有过错；如果行为人认为自己主观无过错，则必须举证。证明成立则推翻过错推定，否定侵权责任；反之则承担侵权责任。例如，《中华人民共和国产品质量法》第 42 条第 2 款规定：销售者不能指明缺陷产品的生产者也不能指明缺陷产品的供货者的，销售者应当承担赔偿责任。销售者在此种情况下被推定具有过错，承担侵权责任。②意思表示推定。在任何民事活动中，当事人通过明示或暗示的意思表示传递自己的意见，或行使民事权利，或承担民事义务。意思表示的推定是指依照一般的逻辑，行为人在某些情况下应作出积极的意思表示，但行为人没有作出，法律推定行为人具有相反的意思表示。例如，《中华人民共和国继承法》第 25 条规定：继承开始后，继承人放弃继承的，应当在遗产处理前，作出放弃继承的表示。没有表示的，视为接受继承。受遗赠人应当在知道受遗赠后两个月内，作出接受或者放弃受遗赠的表示。到期没有表示的，视为放弃受遗赠。一般而言，继承人和受遗赠人在知道可以取得遗产或遗赠时应有积极的意思表示，如果没有表示，法律推定有相反的意思表示。③能力推定。法律通常以正常人的思维判断能力作为标准，对行为人的思维判断能

① 〔德〕莱奥·罗森贝克：《证明责任论》，庄敬华译，北京：中国法制出版社，2002 年，第 4 版，第 229 页。

力作出推定。例如，《中华人民共和国民法通则》第 11 条第 2 款规定：16 周岁以上不满 18 周岁的公民，以自己的劳动收入为主要生活来源的，视为完全民事行为能力人。④对证据内容的推定。法律也在一定程度上规定了某些证据内容。例如，《最高人民法院关于民事诉讼证据的若干规定》第 75 条：有证据证明一方当事人持有证据无正当理由拒不提供，如果对方当事人主张该证据的内容不利于证据持有人，可以推定该主张成立。法律明确规定了当基础事实——“不利于证据持有人”被证明时，推定该主张成立。⑤民事程序事实的推定。例如，民事诉讼规定的公告送达、留置送达；原告未经法庭许可中途退庭的按撤诉处理等。民事程序事实的推定一般属于不可反驳的推定。

但是我国在推定制度设定过程中，语言表述的粗糙导致推定制度和法律拟制、不可反驳的推定和可反驳的推定等之间很难进行区别，法官在使用推定裁判案件时也出现了难以抉择的困境。为实现推定制度的目的，今后在进行推定制度立法时应严格规范语言表达形式。第一，应尽量通过“推定”词语避免使用“视为”词语表达推定制度。“视为”往往是法律拟制的语言表达形式，过去的表示导致推定和法律拟制无法区别。第二，应通过不同语言范式表达不可反驳推定和可反驳推定。推定分为可反驳推定和不可反驳推定虽然是有争议的，但立法和实务中二者的划分是实际存在的。为了区别可反驳推定和不可反驳推定，使二者能够更好地发挥作用，应通过不同的语言范式对二者进行表述。可以反驳的推定可以考虑通过“除非受推定不利影响的一方当事人能够证明推定事实不存在”的语言范式予以表达；不可反驳的推定可以通过“推定事实的存在”的语言范式予以表达，从而实现二者明晰的区别[①]。

① 张海燕：《论不可反驳的推定》，《法学论坛》2013 年第 5 期，第 71 页。

第八章　探索与借鉴：我国民事证明妨碍制度的现状及进路①

证明妨碍制度在一定意义上是作为证明责任制度的后续或补充制度产生的。因为在理想的民事诉讼构造中，依靠辩论主义和证明责任分配法则就能实现纠纷的解决和当事人利益的维护。辩论主义原则决定了当事人在诉讼中可以自由地展开纷争；证明责任理论决定了当事人对其提出的诉讼请求和事实应承担证明责任，对方当事人并无义务为负有证明责任的一方当事人的利益提交其所拥有的证据。但是在实践中，负有证明责任的一方当事人在履行主观证明责任时，如果不负证明责任的一方当事人在诉讼前或者诉讼中对另一方当事人的证明活动实施妨碍、进行干扰，如通过隐瞒重要物证、更改书证内容、唆使证人逃避等行为故意或过失地毁损证据，就会导致负证明责任的一方当事人无法及时有效地取得证据资料，或加重其在诉讼中的负荷，在证据缺乏的状态下，使负有证明责任的一方当事人陷入难以证明的状态，进而使案件事实处于真伪不明，而案件事实真伪不明是证明责任中客观证明责任的适用前提。但是，负有证明责任的一方当事人如果是因为对方的证明妨碍行为而承担客观证明责任和败诉的后果，难免会产生不公平的困惑，因为，客观证明责任的适用是法官面对事实真伪不明又不能拒绝裁判的无奈之举。于是，如何对证明妨碍行为进行规制，尽量避免通过证明责任作出裁决，是研究民事证明妨碍制度的缘起所在。大多数情况下，证明妨碍制度的设置以规制诉讼中不负证明责任方当事人最为典型（大多情况下该方当事人是诉讼中的被告），但实践中负证明责任方当事人也会针对对方的反证活动设置障碍、进行干扰，也会通过伪造或篡改证据等不正当行为使权利生成的要件事实得到虚假证明，同时，也存在着诉讼外第三人实施证明妨碍的情况，这些情形的存在都会在一定程度上使诉讼参与主体之间呈现出一种不平等的态势。所以，证明妨碍制度设置的目的就在于规制所有妨碍者的不当行为，避免妨碍者从自己的不当行为中获益，即“所有事情应被推定不利于破坏者”。同时也对被妨碍方“因妨碍行为遭受的不公平”进行一定程度的补救，以期实现双方当事人在证据资料使用上的实质平等。

---

① 本章由笔者与赵婷婷共同完成。

第一节 民事证明妨碍的一般理论

一、证明妨碍的概念

受不同观念和思维方式等因素的影响，目前各国的民事诉讼立法和理论对证明妨碍的概念有不同的理解。素有“遵循先例”传统的英美法系国家对证明妨碍的规定比较零散，尚无统一的证明妨碍概念，但是总体形成了证明妨碍是“对关于现在已经系属或将系属诉讼之案件的证据进行毁弃、变造、隐匿或应予保存而未保存的行为”[①]。也有学者认为“证明妨碍是对文书或书证进行损坏或者做实质性的变更”[②]。学者们在具体的表述上存在不同的切入点。第一，以特定的证据种类为侧重点。《布莱克法律词典》对证明妨碍的定义是“毁损或者对某一文书或者对象进行重大和具有实质性的变造”[③]，虽然此种定义模式未对证明妨碍行为的实施主体作出说明，而仅仅是界定了妨碍行为的具体样态、严重程度以及所针对的证据类型，随着判例的日益发展，司法实践中各地法院对妨碍行为的规制范围已经超越了概念中规定的具体样态和证据类型，而且对证明妨碍制度的运用也早已突破了证据法的领域。第二，以行为人的主观状态为侧重点。例如，有观点认为证明妨碍可以表现为主观上具有故意或者非故意，并且证明妨碍行为可由一当事人或者由一非当事人就某一诉讼案件来实施[④]。第三，以对诉讼结果所造成的影响以及对公正审判造成的损害为侧重点。例如，有观点认为证据的毁损会使正在进行的诉讼活动中需要利用的证据受到影响或妨碍[⑤]。

大陆法系国家主要着眼于借助“证明责任”这一法律术语及与之相关的学理、法律规定来解释证明妨碍对案件进程的推进以及当事人之间的攻防平等局面造成的不良影响。因此认为，证明妨碍指“不负证明责任一方当事人的作为或不作为，如果无该作为或者不作为，则事实的澄清原应属可能”[⑥]。在德国，关于证明妨碍的概念并没有形成一致的见解。例如，罗森贝克认为：承担证明责任的当事人自己妨碍举证的，则该当事人处于不能证明状态而且败诉。当事人拒绝合理地协助解明事实或者未能使用撼动表见证明的手段的，则丧失本来赋予其的简化证明[⑦]。普维庭教授认为证据妨碍就是证明受阻，是指因为负有证明责任当事人的对方当事人故意或者过失行为导致妨碍了可能证明的提出，因而使负有证明责任的当事人无法提供证据加以证明[⑧]。日本学者高桥宏志认

① 赵信会、韩清：《民事诉讼证明妨碍制度的构建——以协同主义理论为视角》，《河北法学》2012 年第 9 期，第 63 页。

② Melissa A. Bruzzano，Spoliation of Evidence in California，24 Sw. U. L. Rev.123（1994）。转引自包冰锋：《民事诉讼证明妨碍制度研究》，厦门：厦门大学出版社，2011 年，第 9 页。

③ Henry Campbell Black. Black's Law Dictionary. St. Paul：West Publishing Co.，1990. 6th ed.，p. 1401.

④ 毕玉谦：《民事诉讼证明妨碍研究》，北京：北京大学出版社，2010 年，第 2 页。

⑤ 毕玉谦：《民事诉讼证明妨碍研究》，北京：北京大学出版社，2010 年，第 2 页。

⑥ 姜世明：《新民事证据法论》，台北：学林文化事业有限公司，2003 年，第 281 页。

⑦ 包冰锋：《民事诉讼证明妨碍制度研究》，厦门：厦门大学出版社，2011 年，第 6 页。

⑧ 〔德〕汉斯・普维庭：《现代证明责任问题》，吴越译，北京：法律出版社，2006 年，第 272 页。

为证明妨碍是避免通过证明责任作出裁判的杠杆[①]。在深受德国、日本证明妨碍法理影响的中国台湾地区，在学说上通常将证明妨碍定义为：不负举证责任之当事人，在具备一定主观规则要件（如故意、过失），将证据方法毁灭、隐匿或妨害其利用，使负举证责任之当事人因无法利用该证据而无法尽其举证责任，此时如依原来举证责任分配之原则，使该负举证责任之当事人承受败诉判决，将产生不公平之结果，从而在事实之认定上，就负举证责任人之事实主张，作对其有利之调整[②]。也有学者认为，证明妨碍是不负举证责任之当事人，在具备一定的主观归责要件（如故意、过失）下，以作为或不作为，将证明方法毁灭、隐匿或者妨碍举证人利用，从而使负有举证责任之当事人之证据提出陷于不可能时，在事实认定上，就举证人之事实主张，作对该举证人有利之调整。

在我国的规范性文件中，没有“证明妨碍”的称谓，学界对证明妨碍的称谓不一致，目前主要有“举证妨害”“证明妨害”“举证妨碍”“证明妨碍”这四种称谓，尽管称谓有所不同，但在语义使用上却不存在实质性的分歧，并且国内学者也主要是从行为主体、行为时间、主观心态、行为样态、行为后果等方面选取一个或者几个侧重点来对证明妨碍的概念作出界定，也比较关注证明妨碍行为发生后法官对该行为的评价，以及如何平衡当事人之间的利益。目前学理上就证明妨碍的内涵可概括为“行为说”“后果说”“法理说”“综合说”这四种理论学说[③]。“行为说”认为，证明妨碍包含广义和狭义两方面的内涵，就广义而言，是指他人对证明人的证明活动进行阻碍的行为；就狭义而言，它具体是指“不负有证明责任的一方当事人通过作为或不作为阻碍负有证明责任的一方当事人对其事实主张的证明”[④]。“后果说”也主张从广义和狭义两个层面解读证明妨碍的内涵：从广义上理解，它是指当事人拒绝提供证据或因自身的过错而不能使证据以其本来的面貌呈现于法庭之上时，该方当事人面临的不利后果；就狭义角度而言，它是指“不负举证责任的当事人，故意或过失以作为或者不作为的方式，使负有举证责任的当事人不可能提出证据，使待证事实无证据可资证明，形成待证事实存否不明的状态，故而在事实认定上，就负有举证责任的当事人的事实主张，作出对该人有利的调整”[⑤]。“法理说”理解的证明妨碍指“不负证明责任的一方当事人，基于故意或过失，以作为或不作为，妨害负证明责任的当事人之证明，使得其对要证事实之证明陷于不能，该妨害证明之人将被课以一定的不利益之法理”[⑥]。主张“综合说”的学者认为“证明妨碍是指，一方当事人在诉讼前或者诉讼过程中通过其特定行为故意或过失地使另一方当事人不能公平地利用证据，而导致对该另一方当事人产生不利裁判后果的情形。因此，在法理上，证明妨碍既是一种特定的行为，又是一种因该行为所产生的法律后果”[⑦]。

---

① 〔日〕高桥宏志：《民事诉讼法——制度与理论的深层分析》，林剑锋译，北京：法律出版社，2003 年，第 465 页。

② 黄国昌：《民事诉讼理论之新开展》，台北：元照出版有限公司，2005 年，第 237 页。

③ 于鹏：《民事诉讼证明妨碍研究》，北京：中国政法大学出版社，2014 年，第 8 页。

④ 张卫平：《证明妨害及对策探讨》，《证据学论坛》2004 年第 1 期，第 157 页；奚玮、余茂玉：《论民事诉讼中的证明妨碍》，《河北法学》2007 年第 3 期，第 150 页。

⑤ 汤维建、许尚豪：《建立举证妨碍制度，完善证据立法》，《证据学论坛》2004 年第 2 期，第 103 页；陈界融：《证据法学概论》，北京：中国人民大学出版社，2007 年，第 311 页。

⑥ 占善刚：《证明妨害论——以德国法为中心的考察》，《中国法学》2010 年第 3 期，第 100 页。

⑦ 毕玉谦：《民事诉讼证明妨碍研究》，北京：北京大学出版社，2010 年，第 1 页。

二、证明妨碍的成因

首先，证明责任分配法则是诱发证明妨碍现象的根本原因。传统辩论主义奠基在“利益拥有者最关切自身利益”的诉讼理性假设之上，认为当事人与案件事实有最直接的利害关系，因此他们会有更大的动力去全面挖掘与案件待证事实相关的证据资料，并积极将其呈现在法庭上，以便通过最大限度地发现事实真相来支持自己的诉讼主张。在这一基本假设之下，“传统意义上的证明责任分配法则塑造出了‘谁主张，谁举证’的基本诉讼证明架构”①。按照“谁主张，谁举证”的要求，当事人在诉讼中必须对自己主张或抗辩的事实提供确实充分的证据支撑，如果其举证不充分或者举证不能，致使法官就其主张或抗辩的事实不能形成积极的内心确信，该当事人就要承担裁判上的不利后果。而且，在双方当事人对各自主张和抗辩的事实均尽了其主观的行为责任之后，如果待证事实仍然处于真伪不明的状态，那么实体法上负担客观证明责任的当事人就应该承受由此带来的败诉风险。因此，在证明责任规范这一驱动力的影响下，双方当事人都会积极地收集对自己有利的证据，并将其呈现于法庭之上，以充分证明自己的事实主张。当然，基于逐利的本性，为了确保自己能够最终获取诉讼上的利益，一方当事人也会设法通过各种不正当的手段对他方当事人的举证活动进行干扰，致使对方无法公平利用相关的证据资料，从而使对方陷入举证困难或者举证不能的境地，进而利用证明责任分配规则引发对方的败诉风险。可见，证明责任分配法则是证明妨碍发生的原动力，证明妨碍是传统证明责任分配法则的副产品。

其次，证据裁判主义是催生证明妨碍的制度基因。现代民事诉讼奉行“证据裁判主义”，双方当事人对案件事实的辩论以及法院对纠纷作出的裁判都必须以证据为依托，这使证据在诉讼中扮演着至关重要的角色。所谓“打官司就是打证据”，当事人之间就案件事实进行的争论和对决实质上是围绕证据展开的一次“攻击防御战”。因为在具体案件的事实认定过程中谁能够更多地收集并提供有利于自己的证据资料，谁就越有可能获得最终的胜诉判决。据此，为了规避诉讼上的不利风险，一方当事人就有理由阻碍对方当事人收集证据资料的活动，并对自己收集到的于己不利的证据资料进行隐匿甚至毁弃等不正当的操作，这不仅斩断了对方接触、利用该证据资料的可能性，造成当事人之间在证据资料的使用程序上出现机会不平等的局面，同时也阻碍了该证据资料在法庭上发挥应有的功能，使对方因证据资料的欠缺而无法就其提出的诉讼主张向法官提供相应的证据支撑，进而影响了法官对案件事实的正确判断，最终引发对方当事人在诉讼上的不利益，造成了当事人之间在诉讼风险的结果分担上处于实质不平等的状态。因而可以说，证据裁判主义的奉行为证明妨碍的滋生提供了制度的温床。

最后，诉讼中存在的证据偏在现象也为证明妨碍的蔓延提供了便利。证据偏在，是指“双方当事人与证据之间的距离不对等，距离证据较近的一方当事人控制证据，从而获得较大证据利益的情形”②。证据偏在可细分为结构性的证据偏在和普通的证据偏在

---

① 毕玉谦：《关于创设民事诉讼证明妨碍制度的基本视野》，《证据科学》2010年第5期，第585页。
② 杨锦炎：《武器平等原则在民事证据法的展开》，北京：中国政法大学出版社，2013年，第7页。

两种。结构性证据偏在现象是随着“现代型诉讼”的涌现和不断蔓延而产生的。在现代型诉讼中，两造处于不平等的诉讼地位上，且在诉讼能力上呈现出明显的差异性：一方为掌握公共权力和拥有雄厚经济实力的地方政府、社会公共团体和大型企业；另一方则是弱小、分散且风险规避能力非常欠缺的普通个体。诉讼地位上的不平等表现在诉讼证明上，就是证据资料在双方当事人之间的不均衡分布，“一方当事人（通常是非负证明责任的一方当事人）几乎把持所有的证据，而对方当事人则完全无法把握案件的真相（证据偏颇）”[①]，而该方当事人基于对自身利益的考虑，会积极实施证明妨碍行为，为对方的举证活动设置障碍，意图运用客观的证明责任规范使自己获取诉讼上的利益。此外，在一般的民事诉讼中，因双方当事人在经济实力、法律知识、距离证据远近以及收集证据能力等方面的差异，也客观地存在着证据偏在的现象。证据偏在导致双方当事人在证据资料使用上的实质不平等，拥有对自己不利证据的一方当事人出于自身利益最大化的考虑，为了使自己获取诉讼上的利益，往往会将该证据隐匿或者毁坏，以阻碍对方当事人对该证据的利用。因此，证据偏在现象为证明妨碍的盛行创造了便利条件。

三、证明妨碍的价值目标

证明妨碍的价值目标是证明妨碍制度设置所希望达到的最终效果，价值目标的不同会影响证明妨碍制度的建构。一般在考量证明妨碍的法律效果时会涉及三大价值目标：救济、惩罚和预防。救济目标的设置是以平衡诉讼背景的方式恢复妨碍者与被妨碍者在系属诉讼中的平衡。也就是说，救济的目标是以当事人平等为出发点，考量妨碍者对被妨碍者造成了多大程度的损害，或提出该证据和未提出该证据相对比，被妨碍者的利益遭受了多少不利影响，从而确定妨碍者对被妨碍者给予多大程度的救济，达到二者的再次平衡。所以“就救济之目标而言，其乃着眼于‘赔偿当事人因他造证明妨碍行为所遭受之不利益’，以恢复在‘当事人对审制度’下，两造当事人公平之地位”[②]。

惩罚目标和预防目标共同构成了制裁，惩罚是事后制裁，预防是事前制裁。而“就惩罚之目标言，其正当性基础在于对因当事人之证明妨碍行为所造成司法权之公正行使及真实发现之妨碍，课予制裁”。惩罚目标的构建首先在于妨碍者的妨碍行为阻止或延缓了被妨碍者对真实的发现，导致被妨碍者的利益受到损害，对制造不利益行为的妨碍者应当给予事后的惩罚；其次，妨碍者的证据妨碍行为影响了正常的司法进程，拖延了调查时间，降低了诉讼效率，也可能导致事实真相被掩盖，法院对妨碍者给予一定的惩罚也是应该的。预防目标在于事前告知当事人对有可能出现的证明妨碍行为，可能会导致受到惩罚，使当事人谨慎保管和使用证据，避免出现证明妨碍行为。“就预防之目标言，则旨在事前地防止证明妨碍之行为，藉由不利之制裁确保当事人履行其保存、开示证据之义务。”[③]所以，惩罚目标是事后的直接处罚；预防目标是事前间接的告知。

救济目标和制裁目标在本质上虽然都以减少证明妨碍行为为最佳效果，但二者存在

---

① 〔日〕新堂幸司：《新民事诉讼法》，林剑锋译，北京：法律出版社，2008年，第370页。

② 黄国昌：《民事诉讼理论之新开展》，台北：元照出版有限公司，2005年，第249页。

③ 黄国昌：《民事诉讼理论之新开展》，台北：元照出版有限公司，2005年，第249页。

一定的冲突，也会导致一国法律以不同的价值目标为最佳效果时，呈现给我们的制度设计差别是比较明显的。救济目的仅需要通过制度的设置使当事人恢复到平衡的状态，不会考虑给妨碍者的处罚大于其妨碍行为给被妨碍者造成的不利后果，因为这会再次走向失衡状态。而制裁目标却要考虑给妨碍者的处罚必须大于其妨碍行为给被妨碍者造成的不利后果，一方面让其对因自己的不利行为所造成的损害承担责任；另一方面也对社会民众形成震慑和教育。但是，制裁目标实施时有可能造成“被妨碍者取得了比未有妨碍行为时更为有利的地位”。所以，立法者和司法者的智慧迂回于妨碍者从妨碍行为中受益和被妨碍者取得比没有妨碍行为时更为有利的地位的夹缝中，以期获得最佳的制度设置效果。

四、证明妨碍的构成要件

一般而言，要成立证明妨碍，需要齐备三个层次的要件，即主体要件、主观要件、客观要件。

（一）主体要件

该要件讨论的是何人的行为可以被定性为证明妨碍，并有运用相关理论对其行为加以规制的必要。一般认为证明妨碍行为的主体是当事人，尤其是不负证明责任的当事人，而负证明责任的当事人和受当事人控制与约束的案外第三人是否也有可能进行证明妨碍行为呢？

证明妨碍的主体要件是一个讨论得相对比较少的话题，学者们普遍认为不负证明责任的当事人必然可以成为证明妨碍的行为主体。例如，德国传统民事诉讼理论，只把证明妨碍的主体规定为不负证明责任的当事人。因为在民事诉讼中，最常见的证明妨碍行为表现为不负证明责任的当事人，基于故意或者过失，对自己占有、于己无利的证据资料进行隐匿、毁弃、灭失等，使负证明责任的对方当事人无法平等地利用这些证据资料支持其诉讼主张，致使双方争执的案件事实因无据可证而陷入真伪不明的证明僵局中，进而诱发对方当事人的败诉风险。而负证明责任的当事人在证明责任分配规范和证明标准制度的双重重压下，必定会穷尽一切手段积极搜集证据资料，以免案件事实因缺乏证据资料的支撑而出现真伪不明的状况，最终被迫接受败诉之判决，因而其没有实施证明妨碍的动机和必要。

但是英美法系的学者们对此却有不同的看法，他们对证明妨碍的主体作了宽泛的解释——认为诉讼中的两造均能构成证明妨碍的主体，如美国法承认负有举证责任的当事人也有证明妨碍的问题。不仅如此，与案件处理结果无直接利害关系的案外第三人也可能成为证明妨碍的行为人。例如，中国有学者认为“无论是由立法理由所为之目的解释或由法条规范所为之文义解释，均应承认负有举证责任之当事人亦有对他造当事人之反证成立证明妨碍之必要”①。还有学者列举了司法证明的实际运作中，负证明责任的当事人产生证明妨碍动机的两种情况：“一是为使本证证明成功，二是为阻止对方当事人反

① 黄国昌：《民事诉讼理论之新开展》，北京：北京大学出版社，2008 年，第 243 页。

证证明成功。"[①]也就是说，如果单纯地从基于本证的证明成功，负证明责任的当事人一般会竭尽全力去寻找有利于自己的证据，不会牵扯证明妨碍制度。但是任何一个诉讼活动都是依据当事人的举证材料进行证据评价和最终形成事实认定的，不能必然地认为某一方当事人提出某一证据时对方当事人不会进行反证，所以当以阻止对方当事人反证证明成功为证据搜集和证明目的时,负证明责任的当事人出现证明妨碍行为是完全正常的。也有学者认为，是否能成为证明妨碍的主体取决于是否负有保存证据的义务，无论某一方是否为诉讼当事人或者潜在的诉讼当事人，只要其行为对保存证据的义务产生影响，就应当作为这种义务的承受者。

关于受当事人约束和控制的案外第三人能否构成证明妨碍主体，可以效仿关于负证明责任当事人能否成为证明妨碍主体的原理，以是否具有证据保存义务为标准进行判断。目前在英美法系国家中存在着相关的判例，美国第三人构成证明妨碍主体的前提是：①该第三人负有证据保存义务。该证据保存义务可以是法定的，也可以是约定的。例如，医院基于职务要求对病历的保管、保险公司对理赔合同的保管等。②该第三人与诉讼中的一方当事人之间存在特定的法律关系。国内有学者对这种特定关系的解读是当事人与第三人之间存在事实上的控制与被控制、支配与被支配的法律关系。将这种特定的关系予以展开，可具体细化为三大类型的关系形态："其一，存在某种民事法律关系或诉讼法律关系；其二，存在某种行政法律关系；其三，存在事实行为引起的其他社会关系。"[②]但该学者也认为，在这三种情形下，第三人实际上是一方当事人的手足延伸，其实施妨碍行为的最终后果应该直接由控制或支配他的当事人来承受。也就是将第三人的妨碍行为转化为与其有控制或支配关系的当事人的妨碍行为，即转化为控制或支配第三人的当事人对相对方当事人的证明活动实施的妨碍行为，而不必对第三人的妨碍行为单独进行探究。

所以，关于证明妨碍的主体应作宽泛的规定，不仅应涵盖负有证明责任的当事人和不负证明责任的当事人，还应包括受当事人约束的案外第三人，因为不论是当事人还是该第三人都有可能基于一定的目的实施证明妨碍行为，并且该妨碍行为都有可能对被妨碍者的证明活动造成障碍，导致被妨碍者利益受损，也影响法院对案件真实的发现。但是，应注意基于当事人和受当事人约束的案外第三人在诉讼中的地位和角色的不同，在采取制裁措施时应有区别：如果妨碍者为当事人，则侧重于私法上的制裁（也即证据法上的不利后果），辅之以公法上的制裁；如果妨碍者为该案外第三人，则只能课以公法上的制裁，因为该第三人与案件处理结果无直接的利害关系，对其课以证据法上的不利后果没有实质意义。

---

① 于鹏：《民事诉讼证明妨碍研究》，北京：中国政法大学出版社，2014 年，第 125 页。

② 第一种关系如因契约所形成的雇主与雇员、委托人与受托人、诉讼委托人与诉讼代理人等关系；第二种关系如因行政规章、行政命令等形成的上下级之间领导与被领导关系；第三种关系如当事人采用金钱收买第三人销毁由该第三人所控制的文件，或者当事人声称要给第三人或其亲属造成人身伤害或财产、名誉损害来迫使第三人不得向对方当事人提交证据材料。参见毕玉谦：《民事诉讼证明妨碍研究》，北京：北京大学出版社，2010 年，第 227-228 页。

（二）主观要件

主观要件是指证明妨碍人在实施证明妨碍行为时的主观心理状态，具体表现为过错，包括故意和过失两种心态。

对故意证明妨碍，理论和实务界都承认故意可以作为证明妨碍的主观要件。证明妨碍中的故意是指一方当事人明知自己的证明妨碍行为会使他人的举证陷入困难，希望或放任这种结果发生。对于故意证明妨碍，学界大多主张采用“双重归责要件说”，即对故意的证明妨碍而言，“双重故意”表现为妨碍者认识到了自己的行为会给诉讼中一方当事人的证明活动造成阻碍，但却对这种结果的发生持追求或放任态度的主观心理状态。它包括认识因素和意识因素两个层面：第一个层面，行为人认识到相关证据对待证事实的证明功能，也认识到自己的妨碍行为会带来该证据证明价值减损的客观后果；第二个层面，行为人在客观上故意地实施了影响证据资料发挥效能的行为。

对过失证明妨碍，大陆法系国家的立法一般不予承认，但其司法实践和学界却对过失证明妨碍的存在持肯定的态度[①]。学者认为，不论行为人在主观心态上是过失还是故意，其行为均对案件事实的认定造成了相同的证明困境，而且，在司法实务中，过失证明妨碍比故意证明妨碍发生的概率要大，认定也较容易，故而对其进行细致的研究更具有实用性。效仿“双重故意”的标准，证明妨碍的双重过失具体表现在认识和行为两个方面：一方面，妨碍者因过失而未认识到相关证据资料对将要系属于诉讼的案件所具有的证明价值；另一方面，妨碍者因过失而造成证据价值实质减损的客观后果。因而，可将过失证明妨碍的具体表现形式总结为以下几类：第一，虽然意欲阻止他人对证据资料的正常使用，但实际上却没有意识到该证据方法对未来诉讼的证明价值；第二，虽然意识到了相关证据资料对将来诉讼的证明功能，但在实际中却过失地实施了破坏该证据方法效用的行为；第三，既没有意识到相关证据资料对未来诉讼的证明意义，又在实际上过失地实施了破坏该证据方法效用的行为[②]。

（三）客观要件

客观要件包括四个方面的内容，具体如下。

首先，证明妨碍的前提要素：证明协力义务的违反。“无义务则无责任”，之所以要对行为人的妨碍行为给予否定性评价，并课以诉讼上的不利益，是因为该行为违反了行为人本身负有的证明协力义务的要求。这种证明协力义务来源于诉讼前和诉讼中两个方面：①诉讼前的协力义务主要表现为特定的实体协力义务，其产生既可以由实体法预先规定（如德国民法规定的情况报告义务，债务人偿还债务后，债权人的债务证书[③]返还

---

① 例如，《德国民事诉讼法》第 444 条规定：一方当事人意图妨害对方当事人使用证书而毁损证书或致使证书不堪使用时，对方当事人关于证书的性质和内容的主张，视为已得到证明。《日本民事诉讼法》第 224 条第 2 款规定：当事人以妨碍对方当事人使用为目的，毁灭有提出义务的文书或致使该文书不能使用时，法院可以认定对方当事人所主张的关于该文书的记载为真实。法条中并没有对证明妨碍行为的主观要件是故意还是过失作出严格的限定。

② 姜世明：《新民事证据法论》，台北：学林文化事业有限公司，2003 年，第 293 页。

③ 债务证书，即诉讼上所说的“欠条”。

义务），又可以由当事人自愿约定，还可以因交易习惯在交易主体之间形成约定俗成的设定。②诉讼中的协力义务主要表现为程序性的协力义务，这种义务可进一步区分为特殊程序协力义务与一般程序协力义务，前者如《德国民事诉讼法》中设定的文书提出义务和勘验容忍义务等；后者是指一般的事案解明义务。一般而言，在发生证明妨碍的场合，只要求妨碍者负有特殊程序协力义务，因为一般协力义务的赋予，有违背辩论主义理念之嫌。

其次，证明妨碍的行为要素：特定妨碍行为的存在。"无行为则无责任"，法律不可能惩罚单纯的"意识犯"，因此，要成立证明妨碍并对其予以法律制裁的一个重要条件是存在特定的妨碍行为。证明妨碍在现实中呈现多种样态，按行为实施的方式，有作为与不作为之分，前者如毁灭或毁损证据、过失遗漏证据、采用被法律所禁止的方式干扰证人作证等，后者如在亲子鉴定案件中一方当事人无正当理由拒绝抽取血样、拒绝向法院提供只有自己知晓的目击证人的姓名及住所等；按照行为实施的时间，可有诉前和诉中之别，其中诉中的妨碍行为最为典型，也较容易理解，诉前的妨碍行为如将具备证明价值的事故车解体、变更对证明事故原因有重要意义的事故现场、医生没有制作治疗记录或者未保存患者的病例等。但不论是何时以何种方式实施的妨碍行为，均是成立证明妨碍的必备要素。

再次，证明妨碍的结果要素：证明困境的产生。如果妨碍者基于主观过错，在客观上实施了妨碍行为，但实际上并未对被妨碍者的证明活动造成干扰，那妨碍者的行为就不能被定性为"证明妨碍"。结果要素是指妨碍者的特定妨碍行为需要引起一定的后果——被妨碍者就其主张事实的存在陷入了证明不能或证明困难的不利境地。证明不能包括两种情况：一是"被妨碍人无法提供证据证明其事实主张，也就是无法有效的履行其主观证明责任"①；二是被妨碍者履行了其主观证明责任，同时妨碍者也提供了相应的反证，而法院经过证据评价后仍然不能就案件事实的真伪作出认定。证明困难是指妨碍行为给被妨碍者的证明活动带来了客观上的障碍，且这种客观性障碍并不是不能克服的，但要克服此障碍，被妨碍者必须花费更多的时间、精力，支付更多的金钱成本，才能完成对待证事实的证明任务。

最后，证明妨碍的因果关系要素：妨碍行为与证明困境之间的因果关系。证明妨碍制度的出发点和落脚点在于应对妨碍行为造成的证明僵局，"以证明妨碍为杠杆来开发'避免通过证明责任作出判决'的法律技术"②。如果妨碍行为并没有在客观上对被妨碍方的证明活动造成不利的影响，没有使被妨碍者对其主张事实的证明陷入证明不能或者证明困难的境地，就不存在运用证明妨碍制度的空间。只有当妨碍行为与证明困境的出现之间存在法律上的引起与被引起关系时，即妨碍行为是因，证明困境是果，无此妨碍行为则待证事实的查清原本可能时，才有对该行为加以规制并予以制裁的必要。

---

① 毕玉谦：《民事诉讼证明妨碍研究》，北京：北京大学出版社，2010年，第276页。

② 〔日〕高桥宏志：《民事诉讼法——制度与理论的深层分析》，林剑锋译，北京：法律出版社，2003年，第466页。

第二节　证明妨碍法律效果的比较考察及特征分析

一、大陆法系——以德国、日本为例

（一）证明妨碍学说

大陆法系的传统学说在研究证明妨碍时，多将其实施主体限定为“不负证明责任方当事人”，在对这一主体的行为应该采取何种制裁措施的问题上，大陆法系国家和地区的学界形成了以下几种观点。

1. 证明责任转换说

该说也被称为“证明责任倒置说”①，是指“按照法律要件分类说在双方当事人之间分配证明责任后，对依此分配结果原本应当由一方当事人对某法律要件事实存在负证明责任，转由另一方当事人就不存在该事实负证明责任”②。具体来说，如果负证明责任方对其主张事实的证明活动受到了不负证明责任方的妨碍，并因此使其对案件事实的证明陷入了严重的证明困境中，则应当由该不负证明责任方当事人就对方主张事实的不存在负担证明责任，如果其不能为该消极事实提供翔实的证据资料，则由其最终承受诉讼上的不利益。

证明责任转换说是对证明妨碍者采取的最严厉的私法制裁措施，该说以极端严厉的处治方式对被妨碍者所受的损失给予了最大限度的补偿，但也存在着一些问题，如该说在未对复杂多样的证明妨碍行为进行区分的基础上，笼统地对证明妨碍行为规定了转化证明责任这种单一的制裁措施，有失公允。“从转移证明责任中划一性地寻求制裁固然有其有利的一面，但如此一来的缺点是，无法依据证明妨碍方式及程度的差异来灵活地作出不同的处置。”③

2. 证据自由评价说

证据自由评价说，也称自由心证说，是在德国、日本占支配地位的学说。该说认为，对实施证明妨碍的不负证明责任方，并不能直接适用客观证明责任转换这一严厉的制裁后果，而是应该由法官根据行为的具体样态、妨碍者的过错程度、受妨碍证据的证明价值，并结合被妨碍者面临的证明难度，依据自由心证，对待证事实的存否作出最终的认定。

证据自由评价说克服了证明责任转换说刻板的缺陷，在对妨碍者的制裁措施上赋予了法官较大的自由裁量权，使其能够依据个案的具体情况采取适当的处治方式。但该说存在的最大问题就是法官拥有极大的自由裁量权，容易出现裁量权滥用的情况。

---

① 张卫平：《证明妨害及对策探讨》，《证据学论坛》2004 年第 1 期，第 163 页。

② 李浩：《民事证明责任研究》，北京：法律出版社，2003 年，第 164 页。

③〔日〕高桥宏志：《民事诉讼法——制度与理论的深层分析》，林剑锋译，北京：法律出版社，2003 年，第 466 页。

3. 证明标准降低说

证明标准，是法官根据两造提供的证据资料对待证事实的存否形成内心确信的最低限度。证明标准的高低对案件事实的最终认定具有重要的影响。司法实务中的证明妨碍行为使法院对案件事实作出认定的根基变得薄弱，此时如果坚持采用“高度盖然性”的证明标准，法院就很难对待证事实存在与否形成积极的内心确信。而降低证明标准可以让法院以低程度的心证对案件事实作出认定，降低了利用客观证明责任裁判案件的概率，减轻了负证明责任方的诉讼风险。赞同该制裁措施的学者认为，在发生证明妨碍时，可以根据案件的实际情况对被妨碍者适用“盖然性优越”的低证明度，此时“降低证明标准的目的是作为对证明妨害的惩罚，就其妨害的事实予以认定”①。

与证明责任转换说相比，证明标准降低说有更广泛的使用空间。首先，证明责任转换说处治的妨碍行为一般是针对案件的主要事实实施的；而证明标准降低说适用的妨碍行为不限于此，其妨碍对象还包括案件的间接事实。其次，证明责任转换说适用于故意的证明妨碍行为，证明标准降低说既可以适用于故意的证明妨碍行为，也可以适用于过失的证明妨碍行为。

同时，为了加强证明标准降低说在司法实践中的实际操作性，降低法官运用该制裁方式时的主观判断难度，在证明标准降低说的框架下，德国学者提出了“证明度分层理论”②，主张在具体的案件审理中，应该依据妨碍者的过错程度来逐级确定被妨碍者对其主张事实的证明标准。

4. 可推翻之不利拟制说

该说是指“如果不负证明责任的当事人有证明妨碍的行为，则应将负证明责任的当事人的主张视为被自认或视为已得到证明，仅在法院对相对事实获得确信，或在较轻微证明妨碍行为实施者能获得优越性的确信时，主要事实的真正拟制始被推翻”③。

不利拟制有两种类型：“一是由法院推论为被妨碍人所主张的证据内容或性质的真实性成立；二是由法院推论对被妨碍人有利的待证事实的真实性成立。”④前者的重心在于救济功能，即将双方的状态恢复至妨碍行为发生前的状态即可，而后者则侧重于惩罚，通过对妨碍者的严厉制裁达到预防的效果，这往往会对被妨碍者形成过度保护的局势，使其实体利益得到最大程度的法律保障。

当然，对证明妨碍行为的规制除了适用私法制裁效果外，公法上的制裁也为大陆法系国家普遍认可。也就是说，在发生证明妨碍的情况下，除了在诉讼结果上作出对被妨碍者有利的调整外，还要使妨碍者承担一些公法上的制裁，如使其承担因不履行义务而产生的诉讼费用，或者施以罚款、拘留等间接强制措施，必要时甚至采取强制交付等直

① 吴杰：《民事诉讼证明标准之基础理论研究》，西南政法大学博士学位论文，2003 年，第 161 页。

② “证明度分层理论”将妨碍者的过错程度，作为确定对被妨碍者适用证明标准时的依据：在妨碍者基于故意实施证明妨碍时，法院可直接将被妨碍者的事实主张认定为真实；在妨碍者基于重大过失而实施证明妨碍时，法院采用“低度盖然性”的证明标准来对被妨碍者主张的事实作出认定；在妨碍者基于轻过失而实施了证明妨碍时，法院应以“优越盖然性”的证明度就被妨碍者主张的待证事实作出认定。

③ 陈界融：《证据法：证明负担原理与法则研究》，北京：中国人民大学出版社，2004 年，第 213 页。

④ 毕玉谦：《民事诉讼证明妨碍研究》，北京：北京大学出版社，2010 年，第 417 页。

接强制措施作为制裁。

（二）证明妨碍立法

大陆法系的德国、日本为规制证明妨碍行为，均设立了证明妨碍制度，该制度主要包括文书提出命令制度、勘验制度和当事人询问制度三个方面的内容。值得一提的是，德国、日本两国关于证明妨碍制度的立法规定比较零散，相关立法散布在文书、勘验以及询问当事人部分。

第一，德国立法根据妨碍对象的不同种类设置了相应的制裁效果。

首先，针对文书实施的证明妨碍行为，立法根据不同的实施主体，采取了不同的制裁效果：①对于当事人而言，《德意志联邦共和国民事诉讼法》第 427 条规定，当事人不服从文书提出命令，且不认真追查文书下落时，作为对其行为的否定性评价，法院会“把举证人提供的证书缮本视为正确的证书；如举证人未提供证书缮本时，举证人关于证书的性质和内容的主张，视为已得到证明”[①]；第 444 条规定，当事人为阻碍对方使用而毁损有关文书或者实施其他影响文书发挥效能的不当行为时，法院对其作出的不利评价是将对方关于文书性质及内容的主张视作已被证明。②对于第三人而言，拒绝服从文书提出命令者，不会给予其诉讼上的不利后果，而是对其采用与强制作证相同的强制执行措施。

其次，针对勘验、检查的证明妨碍行为（如血统案件或者亲子鉴定案件中无正当理由拒绝提供血样、拒绝接受身体或者精神状态的检查而该检查结果对案件事实的证明至关重要、拒绝他人进入自己的地产进行实地检测、拒绝解除银行或者医生的保密义务使案件事实无法得到证明、拒绝核对相关的笔迹），《德意志联邦共和国民事诉讼法》第 371 条第 3 款规定，一方当事人无正当理由拒绝履行勘验容忍义务、拒绝接受相关检查的，法院会将对方的主张认定为真实；第 441 条第 3 款规定，若核实文书真伪的笔迹由一方当事人控制且其负有提出义务却拒绝履行或者其提出自身未占有笔迹的事实，而法院有充足的证据相信其未认真追查核对笔迹的下落时，会把对方主张的文书视为真实。当然，以上两个法律条款仅针对当事人，对第三人拒绝接受勘验容忍义务的证明妨碍，可以采取罚款、拘留的强制措施，甚至可以像强制证人作证一样，强制第三人接受勘验、检查。

最后，针对当事人拒绝接受询问的证明妨碍，《德意志联邦共和国民事诉讼法》第 446 条规定，一方当事人拒绝接受询问时，法院会结合案件的实际情况，判断能否将对方主张的询问事项视作真实。

第二，《日本民事诉讼法》在证明妨碍的立法体例上以德国为蓝本。

首先，针对文书实施的证明妨碍行为，日本立法也根据不同的实施主体，采取了不同的制裁效果：①当事人方面，《日本民事诉讼法》第 224 条第 1 款规定，当事人拒绝服从文书提出命令的，法院会认定对方关于文书内容的主张为真实；第 3 款规定，当事人拒不提供文书的行为给对方造成的证明难度非常严重时，法院会认定对方主张的事实为真实；第 224 条第 2 款对当事人出于妨碍对方使用之目的实施的毁灭文书等行为课以与《德意志联邦共和国民事诉讼法》第 444 条相同的效果，第 3 款对当事人妨碍文书并给

① 《德意志联邦共和国民事诉讼法》，谢怀栻译，北京：中国法制出版社，2001 年，第 104 页。

对方造成严重程度证明困境之行为，采取了“认定对方主张的事实为真实”这一严厉的私法制裁措施。②第三人方面，拒绝服从文书提出命令者，法院会对其采取罚款的强制制裁，处罚额度为20万日元以下。

其次，针对勘验、检查的证明妨碍行为。《日本民事诉讼法》第229条第4款对当事人拒绝核对笔迹的行为采取了“认定对方关于文书真伪的主张为真实”的立法规制；第231条对当事人无正当理由不履行勘验协力义务（如协助进行证据调查的义务、协助提交物证以供检验的义务）的行为，适用了“拟制对方主张为真实”的法律后果。对拒不履行该项义务的第三人，法院选取了与违反文书提出义务相同的制裁措施，即处以20万日元以下的罚款。

最后，《日本民事诉讼法》第208条对当事人拒绝接受询问的证明妨碍，采用了与德国相同的做法。

从以上对大陆法系的理论学说及立法体例的描述中，不难看出，在证明妨碍的行为主体上，尽管传统理论仅承认“不负证明责任方当事人”，但立法却突破了这一限制，采用了“一方当事人”或“对方”的表述，使证明妨碍的实施主体涵盖了双方当事人。另外，针对第三人实施的证明妨碍，立法也在书证、勘验部分作了规定，鉴于第三人与诉讼无直接的利害关系，对第三人的妨碍行为主要是从公法层面进行了制裁。需要注意的是，德国、日本的立法都对证明妨碍法律效果的适用条件作出了严格规定，如对一方当事人拒不服从法院文书提出命令的行为采取制裁措施的前提是，对方当事人须向法院提出申请、法院对该申请进行了审查，认为该方当事人有提出文书的必要、该方当事人拒绝提供文书证据。而对方当事人在向法院提出申请时，应该就申请文书的性质和内容、文书能够证明的事实、文书在妨碍者手中且该妨碍者负有提出的义务进行说明并提供相应的证据。并且，为了在保护被妨碍者的利益的同时，兼顾妨碍者的利益，立法也设置了一些对妨碍者的权利保障条款。笔者认为，对妨碍者的利益进行一定程度的保障，是实现妨碍者与被妨碍者平等的基本要求，立法不能因为有妨碍行为就否定妨碍者的其他利益。

二、英美法系——以美国为例

美国在考虑对证明妨碍采取何种法律效果时，首先会根据被妨碍者遭受的不公平程度，从“救济”“惩罚”“预防”中选择适合具体案情的政策目标。而这三大目标的差别在于：救济主要是通过赔偿被妨碍者所受到的损失进而达到“恢复”两造平等对抗的局面，救济强调对被妨碍者的赔偿只要使其与妨碍者恢复到无妨碍行为时的“原有地位”即可；惩罚侧重于从维护司法秩序和保证案件结果公正的角度，对妨碍者采取一定的制裁措施；预防是通过证据开示制度等方式抑制潜在的证明妨碍行为，该目标的实现依赖于惩罚的力度，往往是“透过‘事后的惩罚’以‘间接地’达到‘事前预防’之目的”[①]。

针对司法实践中的证明妨碍，美国法院在对妨碍者的主观可归责性、被毁弃证据对于诉讼的重要性、给被妨碍者造成的不公平程度这几个要素进行综合考虑的基础上，依

① 黄国昌：《民事诉讼理论之新开展》，北京：北京大学出版社，2008年，第228页。

据行为的恶劣程度，采取不同的制裁方法。

（一）直接作出终局判决

该制裁措施是指“法官不经陪审团之认定（即无须进行公判程序），直接自为原告或被告之败诉判决，包括‘直接驳回原告之诉’、‘直接为被告败诉之判决”以及法官所为之‘直接判决’”[①]。直接作出终局判决是对证明妨碍施加的最为严厉的制裁，具有最后手段性。采用这种严厉的法律制裁效果必须具备三个条件：第一，被告的妨碍行为对原告产生了严重的不公平；第二，被告行为时的主观心态为故意甚至恶意；第三，没有其他措施既能够充分地惩罚被告，又能够对未来潜在的违反开示证据义务的行为进行有效的抑制和预防。可见，直接为终局判决的制裁效果更多地着眼于实现“惩罚”与“预防”的政策目标。

（二）证据排除

证据排除的严厉程度仅次于直接作出终局判决，多发生于产品责任的诉讼中。这种制裁效果“发生在妨碍者就该证据为使用后（典型的例子系交由其专家证人加以测试），将该证据加以处分、遗失该证据或使证据陷于无法恢复原状，致使他造当事人无法公平地接近、使用该证据”[②]。此时，为切实保障两造的证据使用平等权，法院会对妨碍者进行制裁，制裁的具体方式就是明令禁止其提出依据该灭失之证据而取得的证据（如专家证人的证言）。该制裁效果，更侧重于实现“救济”的政策目标，即保证两造在证据资料使用上的机会平等。美国在证据排除这一制裁效果上，采取的是“被妨碍者没有机会使用该证据”，则“妨碍者也没有机会使用因利用该证据而得到的其他证据”之“全无策略”，也就是说，既然妨碍行为剥夺了被妨碍者接近、利用证据的机会，那么也不能让妨碍者从其妨碍行为中获取利益，从实现当事人平等对抗的角度出发，只能排除妨碍者利用被妨碍之证据而获得的证据。这一制裁措施因比较缓和而为大多数法院所青睐。

（三）妨碍推定

妨碍推定也被称为给予陪审团不利推定的指示，这种制裁效果适用于一方当事人不积极履行自己的证据保存义务，而是基于一定的主观过错，将原本应由自己保存的证据予以毁弃或拒不提交的场合，此时法院会指示陪审团就被妨碍证据的内容作出对妨碍者不利的推定。该制裁效果是对证明妨碍行为施加的最传统的制裁方式，堪称证明妨碍制度的“鼻祖”，它起源于英国 1722 年的一个典型判例 Armory v. Delamirie 案[③]，该案的审

---

① 黄国昌：《民事诉讼理论之新开展》，北京：北京大学出版社，2008 年，第 232 页。

② 黄国昌：《民事诉讼理论之新开展》，北京：北京大学出版社，2008 年，第 234 页。

③ 黄国昌：《民事诉讼理论之新开展》，北京：北京大学出版社，2008 年，第 223 页。Armory v. Delamirie 案的基本案情是：作为原告的清扫烟囱工人，将自己在工作中捡到的宝石戒指交给作为被告的珠宝商人，由该珠宝商为其鉴定该宝石戒指的具体价值，但该珠宝商趁鉴定的机会摘取了戒指上镶嵌的宝石，之后仅向原告返还了戒指而拒绝返还宝石，原告遂向法院起诉，要求被告返还戒指上的宝石，但是被告拒绝向法院提交被其摘取的宝石。最终法院指示陪审团，按照戒指底座的贵重程度，判断与之相对的宝石类型，并依据该类宝石的最优等级确定原告的宝石价值。

理中法官创设了证明妨碍的推定规则——“所有的事物应被推定为不利于破坏者”。之后妨碍推定就成了英美法系最常使用的救济及制裁措施。需要注意的是，美国法院在对证明妨碍行为进行妨碍推定的制裁前，必须有其他证据能够显示该被毁灭或被拒不提供之证据的内容，只有如此，才能确定该证据与推定事实之间的关联性，进而指导法官在具体的范围及程度上就该证据的内容指示陪审团作出不利于妨碍者的推定。

（四）金钱制裁

美国法院有时也会对妨碍者课以金钱制裁，命妨碍者负担相关的费用，以弥补被妨碍者因妨碍行为而多支付的相关费用或支出，如律师费用、搜集其他可替代证据资料所支付的费用。当然，对一些主观过错程度极深，对被妨碍者造成严重不公平的妨碍行为，实施的经济制裁可以加倍，这样就能够兼收“惩罚”与“预防”的效果——既可以实现对妨碍者的制裁，又能够预防和抑制潜在的妨碍行为。并且，金钱制裁的法律效果适用的范围非常广泛：就时间而言，既可以用于诉讼前的妨碍行为，又可以用于诉讼中的妨碍行为；就主体而言，既可以针对当事人适用，又可以针对第三人（包括律师）适用。此外，该制裁效果独立于前三种制裁效果，即法院可单独或同时课予妨碍者，负担因妨碍行为所造成被妨碍者之费用支出。

需要指出的是，就第三人实施的妨碍行为，美国有些法院允许被妨碍者向妨碍者提起独立的民事之诉，主要包括提起妨碍侵权之诉、其他侵权之讼和违约之诉。只是在实际的司法运行过程中，各个法院对被妨碍者提出的妨碍侵权之诉采取了不同的态度，对这种新型诉讼，有的法院予以承认，有的法院不予认可①。对于实施妨碍行为的律师，除了金钱制裁外，还要受职业规范的制裁，而对于那些符合犯罪构成要件的妨碍行为，不管实施主体为何人，除择定上述制裁外，还要对其采取刑事制裁。

三、两大法系证明妨碍法律适用效果的特征

通过前述介绍，可总结出两大法系在规制证明妨碍时的特点。

第一，法律适用效果的多元化。不管是大陆法系还是英美法系，对证明妨碍都采取了私法规制和公法制裁相结合的处治方式。而且为了实现当事人在诉讼中的实质平等，两大法系在对证明妨碍进行私法处治时，都会综合考量妨碍者的具体行为样态、主观过错形式、被妨碍对象的证明价值、给被妨碍者造成的不公平状态等因素，进而根据不同的行为主体择定出与之相对应的法律效果：如果妨碍者是当事人，则以私法制裁为主，以公法制裁为辅；如果妨碍者是第三人，则采取公法上的制裁措施。

第二，法官自由裁量权的广泛应用。大陆法系对证明妨碍的私法规制主要采用了“自由心证说”，赋予法官极大的自由裁量权，由法官依据个案的具体情况，运用自由心证从多种制裁效果中择定出适用于个案的具体制裁措施。虽然英美法系针对不同的妨碍行为样态，设定了相应的处理方式，但其重视判例的传统，加上法院也可以依据“固有权限”，

---

① 对于第三人的妨碍行为，被妨碍的当事人可否提起妨碍侵权之诉，目前美国法院的态度不一，阿拉斯加州法院予以承认；而阿拉巴州法院不予认可，不过其允许受害人通过传统的侵权理论提出侵权之诉。

使法官在处治证明妨碍行为时享有较大的自由裁量权。

第三，重视对妨碍者权利的保障。首先，基于程序正义的理念，在程序上为妨碍者设置了保障性条款。一方面，在对妨碍者采取制裁措施前，为避免突袭性裁判，法院应该积极运用诉讼指挥权，事先告知妨碍者其行为的性质、后果，以及将对其采用的法律效果，给予妨碍者进行陈述和申辩的机会；另一方面，在对妨碍者的行为进行制裁后，为避免妨碍者遭受错误制裁效果的严重侵害，需要为妨碍者提供相应的事后补救渠道。其次，在立法上为妨碍者规定了一些免于构成证明妨碍的例外事由，规定在特定情况下，即使妨碍者的行为符合证明妨碍的构成要件，也可以不按照证明妨碍制度的规定予以处罚，这些事由包括："（1）证据持有人因提供证据可能受到刑事追诉或者导致自己名誉严重受损时可拒绝提出该证据；（2）证据内容涉及妨碍者的个人隐私或者商业秘密时也可拒绝提供证据；（3）证据涉及公务员职务上的特定秘密或者证据为公共机构掌握的特定证据时也可拒绝该证据；（4）专用文书也可以拒绝提供。"①

第三节　我国民事诉讼证明妨碍制度的立法现状及评析

一、立法现状

我国的规范性法律文件中没有出现"证明妨碍"这一称谓，现行《民事诉讼法》和相关司法解释中涉及证明妨碍制度的条文也较少。

（一）《民事诉讼法》相关规定

1982 年《中华人民共和国民事诉讼法（试行）》第 77 条规定了诉讼参与人与其他人伪造、隐藏、毁灭重要证据和指使、贿买他人作伪证的行为，法院可以予以训诫、责令具结悔过或者予以罚款、拘留甚至追究刑事责任。而后 1991 年《民事诉讼法》第 102 条对此条进行了部分修改，规定凡诉讼参与人或其他人伪造、毁灭重要证据，妨碍法院审理案件，以及以暴力、威胁、贿买方法阻止证人作证或者指使、贿买、威胁他人作伪证的，法院可以根据情节轻重予以罚款、拘留；构成犯罪的，依法追究刑事责任。2012 年《民事诉讼法》作了较大的修改，将其调整为第 111 条，但具体内容没有任何改变。现行《民事诉讼法》中涉及证明妨碍制度条文的第 111 条被规定在《民事诉讼法》第 10 章"对妨害民事诉讼的强制措施"之下，它们主要是从维护司法秩序的角度出发，将妨碍行为视为对公法秩序的扰乱并对这些行为予以公法上的处治：《民事诉讼法》第 111 条第 1 款、第 2 款规定，法院会据情对诉讼参与人或者其他人伪造、毁灭重要证据以及采用为法律所禁止的方式干扰证人作证的行为予以罚款、拘留；构成犯罪的，依法追究刑事责任。

上述条款中列举的证明妨碍，以妨碍对象为划分依据，可细分为两类：①针对所有

---

① 毕玉谦：《民事诉讼证明妨碍研究》，北京：北京大学出版社，2010 年，第 341-343 页。

证据种类实施的伪造、毁灭行为；②针对证人实施的证明妨碍，包括以不正当手段阻止证人作证和以不正当手段使证人作伪证。从行为的具体样态上看，均表现为作为的证明妨碍。就证明妨碍的主体而言，立法界定为“诉讼参与人和其他人”，其中“诉讼参与人”囊括了当事人、诉讼代理人、鉴定人、翻译人等主体，因而，证明妨碍的主体范围比较广泛。但就法律效果来看，对这些妨碍行为的制裁主要是采取了罚款、拘留的司法强制措施。这些不区分实施主体的公法制裁措施主要侧重于对公法秩序的维护，而不是对妨碍者私权利益的保护，也不是对妨碍行为导致的诉讼失衡状态的矫正。同时内容仅涉及对证明妨碍行为的公法制裁，而对证明妨碍行为对认定案件事实、作出公平裁判和实现实质平等并未着墨，因而只能算是不完整的证明妨碍规则[①]。

（二）相关司法解释的规定

司法解释中涉及证明妨碍制度的条文较多，分别是：1998 年施行的《最高人民法院关于民事经济审判方式改革问题的若干规定》第 30 条；2002 年施行的《最高人民法院关于民事诉讼证据的若干规定》第 75 条；2015 年施行的《民事诉讼法司法解释》第 110~113 条。

《最高人民法院关于民事经济审判方式改革问题的若干规定》第 30 条规定：有证据证明持有证据的一方当事人无正当理由拒不提供，如果对方当事人主张该证据的内容不利于证据持有人，可以推定该主张成立。该条首次从当事人平等的角度出发，从私法上对证明妨碍进行了规制，虽然内容比较粗浅，但却是我国真正意义上关于证明妨碍制度的法律规定，是我国证明妨碍制度的雏形，其对证明妨碍行为的处治是推定被妨碍者有关被妨碍证据内容的主张成立，即所谓的“推定主张成立说”，该条内容对后来的《最高人民法院关于民事诉讼证据的若干规定》第 75 条起到了指引的作用。

《最高人民法院关于民事诉讼证据的若干规定》第 75 条规定：“有证据证明一方当事人持有证据无正当理由拒不提供，如果对方当事人主张该证据的内容不利于证据持有人，可以推定该主张成立。”该条规定被很多学者视为我国关于证明妨碍制度的原则性规定。该条内容重申了《最高人民法院关于民事经济审判方式改革问题的若干规定》第 30 条，成为我国证明妨碍制度的一般规定。同时该条在《民事诉讼法》列举的证明妨碍的具体样态外，新增了“拒不提供证据”这一证明妨碍，并对此采用了“推定主张成立”这一私法制裁措施，另外，该司法解释第 80 条也增加了“提供假证据”的妨碍行为，对其依旧从公法上予以制裁。

在此基础上，2015 年施行的《民事诉讼法司法解释》对证明妨碍的规制又有了新的突破——新增了当事人询问制度和文书提出命令制度，对当事人拒绝接受询问、无正当理由拒不提交书证的证明妨碍行为课以证据法上的不利益，另外对毁灭书证或者其他致使书证不能使用的妨碍行为，依照《民事诉讼法》第 111 条的规定施以公法上的制裁。这些内容具体体现在如下法条中。

---

① 谷佳杰，第 248 页：《论证明妨碍在医疗损害赔偿诉讼中的适用——以〈中华人民共和国侵权责任法〉第 58 条为视角》，《证据科学》2013 年第 2 期，第 248 页。

《民事诉讼法司法解释》第 110 条是学者们呼吁已久的“当事人询问制度”在我国立法上的雏形。该条规定，人民法院认为有必要的，可以要求当事人本人到庭，就案件有关事实接受询问。在询问当事人之前，可以要求其签署保证书。对于拒绝前述要求，而使待证事实缺乏证据支持的负举证证明责任方当事人，法院将对其主张的事实不予认定。

《民事诉讼法司法解释》第 111 条第 2 款规定，书证原件处于当事人支配领域，而其在法院的合法通知后拒不提交的，法院处理的方式与德国和日本当事人拒绝询问时法院的做法相同，即据情判断能否用书证的复印件来认定待证事实的存否。

《民事诉讼法司法解释》第 112 条使大陆法系国家和地区盛行的“文书提出命令制度”在我国初见端倪，该条对提出文书申请的时限、申请方式、不履行提出义务的法律效果作出了规定，在一定程度上填补了我国在文书提出命令制度上的法律空白，但遗憾的是，它没有对文书提出命令制度的申请条件和审查程序作出细致的规定。

《民事诉讼法司法解释》第 113 条对基于妨碍对方使用的故意心态而客观实施了妨碍文书使用的书证持有人，依照民事诉讼法第 111 条的规定，对其处以罚款、拘留。依据该条，对毁灭书证或者实施其他致使书证不能使用的妨碍行为，立法仅仅给予公法上的制裁，却未对妨碍者课以证据法上的不利益，这一制裁手段有失妥当。因为，在妨碍者实施拒不提交书证这种妨碍程度较轻的行为时，立法为矫正双方当事人在武器对抗上的不平等，都采用“文书提出命令制度”课以妨碍者私法上的不利益，那对于毁灭书证这种主观恶性大、造成后果严重的妨碍行为就更应该课以妨碍者证据法上的不利益，然而对此，立法却仅仅采取了公法上的强制措施。

同时我国还在其他实体法中同步规定了与证明妨碍相关的制度，如 2010 年《中华人民共和国侵权责任法》第 58 条规定了在医疗机构隐匿或者拒绝提供与纠纷有关的病历资料和伪造、篡改或者销毁病历资料的，推定医疗机构有过错。

由此可见，证明妨碍制度已经在我国的基本立法中得到完善，并在具体法律中得以具体落实。

二、立法评析

通过对上述法律条文内容的解读，结合本章第一节对证明妨碍构成要件的分析，并借鉴前文对证明妨碍法律适用效果比较考察的相关规定，不难看出我国在证明妨碍制度的立法上存在着如下缺陷。

（一）立法条文的简单化

虽然现行《民事诉讼法》第 111 条规定了几种证明妨碍的具体行为样态，且对它们予以了公法层面的制裁，但这些公法制裁的目的仅仅停留在维护诉讼秩序这一层面，而没有考虑这些不当行为给被妨碍者实体权利及程序权利造成的创伤以及给法院查明案件事实带来的不良影响，即没有从救济被妨碍者诉讼权利以及矫正诉讼失衡状态的角度出发对这些妨碍行为课以私法上的不利益。并且这些公法上的强制措施和刑事制裁措施程序严格，在司法实践中应用的空间很小，尽管这些强制措施或刑事制裁措施对妨碍者有威慑力，但很多时候，当妨碍者通过实施妨碍行为所能够获取的诉讼利益远大于因公法制裁所遭受的损失时，其在权衡利弊后往往顶着被公法制裁的风险，通过不正当手段对他人的证明活动进行干扰，以使自身获取更大的私法利益，这便使公法制裁预设的威慑力大打折扣。因此，“从严格意义上而言，该条规定并非真正关于证明妨碍制度的规定”①。目前法律条文中真正算得上对证明妨碍制度有所规定的只有《最高人民法院关于民事诉讼证据的若干规定》第 75 条和《民事诉讼法司法解释》第 110~113 条的规定，但这些条文属于司法解释的范畴，有着层级较低的先天缺陷，并且它们本身也存在诸多不足之处。

（二）构成要件缺乏完整性

第一，主体上未涵盖第三人。《最高人民法院关于民事诉讼证据的若干规定》第 75 条将证明妨碍的主体范围界定为“一方当事人”，《民事诉讼法司法解释》上述四个条文均将证明妨碍的主体限定为“当事人”，从语义上分析，“一方当事人”和“当事人”的表述都包括了两造中的任何一方，对此笔者表示赞同，但遗憾的是，这些条文却没有把第三人囊括在妨碍者的范围之中，忽略了第三人实施证明妨碍行为的情况。固然，当事人实施的妨碍行为会打破两造在证据资料使用上的机会平等，但第三人实施的妨碍行为也会影响一方当事人对证据资料的正常使用，进而影响其对自己主张事实的证明，最终使其无过错但不平等地承受着过高的诉讼风险。

第二，主观上遗漏了过失心态。前文已述证明妨碍的过错形态包括故意和过失两种，但从《最高人民法院关于民事诉讼证据的若干规定》第 75 条和《民事诉讼法司法解释》四个条文的内容来看，实施“拒不提供证据”“拒绝接受询问”等证明妨碍行为的主观心态只能是故意，这些条文均遗漏了“过失”心态下的行为样态。如此一来，对于过失心态下的证明妨碍，缺乏规制的立法依据，但事实是，不论何种过失心态下的证明妨碍都会对一方当事人造成不同程度的不公平，因此仅仅规制故意证明妨碍的做法，对被妨碍者来说本身就是一种不平等。

第三，客观要件不完整。首先，成立证明妨碍须以存在证明协力义务为前提，而前述两个司法解释却未对这种协力义务的义务来源和法律依据作出明确的规定，在此情况下，将妨碍行为直接定义为证明妨碍并对其采取不同程度的处治方式缺乏充足的理论支撑，因为这些处治方式使没有协力义务的妨碍者在诉讼中无义务地为他人承担着诉讼风险，这对于妨碍者而言，是极不公平的。其次，证明妨碍行为表现形式多种多样，有作为的证明妨碍，如伪造证据、毁坏证据、隐匿证据，还有不作为的证明妨碍，如拒绝接受讯问、血统查明案件中拒绝提供血样等，但《最高人民法院关于民事诉讼证据的若干规定》第 75 条仅列举了一种不作为的证明妨碍行为样态，《民事诉讼法司法解释》虽然对此作了一定程度的弥补，在规定了针对询问和书证实施的两大类型的不作为证明妨碍的基础上，增加了“毁灭书证或实施其他致使书证不能使用行为”

---

① 杨瑞：《论民事证明妨碍及其排除—— 兼论〈关于民事诉讼证据的若干规定〉第 75 条》，《昆明理工大学学报》（社会科学版）2008 年第 3 期，第 97 页。

的作为妨碍样态，但是实践中证明妨碍行为千姿百态，其行为样态远远超出了司法解释列举的这几种情形，且列举式规定本身就存在着挂一漏万的缺陷。因此，在目前立法未对证明妨碍作出一般性规定的情况下，对于那些超越列举的证明妨碍行为样态会出现立法控制的盲区，如果对这些行为不加规制，不仅会损害被妨碍者的利益，还会加剧妨碍者实施该类行为的动机，最终造成双方当事人陷入不平等的状态。最后，按照证明妨碍制度的理论，只有当妨碍行为引起一方当事人的举证困境时，该妨碍行为才会被认定为证明妨碍行为，才有运用证明妨碍制度对其予以规制的必要。作为证明妨碍制度的原则性规定，《最高人民法院关于民事诉讼证据的若干规定》第 75 条在证明妨碍的结果要件和因果关系要件均欠缺的情况下，直接给该妨碍者课以“推定主张成立”的法律效果，对妨碍者而言，过于严苛，对被妨碍者而言，也有过度补偿的嫌疑，这违背了设置证明妨碍制度的初衷，因为设置该制度的出发点和落脚点在于通过平衡当事人之间的攻防手段来实现当事人之间的实质平等，但法律在未考虑结果要件以及妨碍行为与结果要件之间因果关系的情形下，直接课以妨碍者不利后果的做法，造成了双方当事人在风险上的不平等，不利于贯彻当事人平等原则。需要说明的是，《民事诉讼法司法解释》的几个条文在此问题上的规定较为合理。例如，第 110 条规定，只有拒绝接受询问的妨碍行为导致案件事实无法查明时，法院才会课以妨碍者私法上的不利益；第 111 条对控制书证原件但拒绝提交的当事人，法院对其行为并不是在进行否定性评价的基础上直接予以私法处治，而是由法院根据个案的具体情况并结合案件中的其他证据方法，判断能否以书证的复制件作为认定案件事实存否的依据，这种谨慎与保守的处治方式没有对妨碍者造成预期之外的制裁，同时也对被妨碍者提供了相应的补救途径，有利于实现两者之间的实质平等。

（三）法律术语的模糊性

首先，从《最高人民法院关于民事诉讼证据的若干规定》第 75 条的内容来看，确定妨碍行为应受惩罚性的依据是“无正当理由”而拒不提供证据，至于何为“正当理由”，该条却未作出明确的说明和具体的解释，一方面，这使该条在实践中的运用出现混乱，具体来说，双方当事人都会利用此条款的漏洞而对其加以滥用，或者双方均会以对方当事人无正当理由拒不提供证据为由，要求法院采用此条给对方以诉讼上的不利益，或者双方均以己方有“正当理由”可以不提供证据为由来排斥该规定的实际应用，此时会让审理案件的法官疲于认定“正当理由”这一问题，所以“正当理由”非但没能让法官充分利用其来认定案件，反而造成了诉讼的拖延；另一方面，使法官在司法实践中面对此情形时具有了较大的自由裁量权，很容易导致自由裁量权的滥用。《民事诉讼法司法解释》第 112 条也存在同样的问题，该条规定，经一方当事人的申请，法院向持有书证的对方当事人发出文书提出命令之后，若持有书证的对方当事人“无正当理由”拒不提交该书证的，法院可采用“拟制真实”的法律后果。但何为“正当理由”，该条亦未作具体的说明，“既然是司法解释，本应将法律规定的不太明确、不便操作部分，通过解释而更易于操作，但该条却将之授予法官自由心证，使‘法律’成为自由心证的对象”[①]。此外，《民事诉讼法司法解释》第112条中提及的“申请理由成立”也没有明确的标准，按照日本文书提出命令制度的理论，申请人申请理由成立的条件应该包括三点：提出了文书的标示和内容；文书能够证明的事实；文书在持有人手中并且文书持有人负有提供该文书的义务。但这些内容在我国的司法解释中寻找不到任何踪迹。

其次，《最高人民法院关于民事诉讼证据的若干规定》第75条未明确规定要求提供证据的主体，“拒不提供”是当事人、律师还是法官要求提供而“拒不提供”，对这些主体要求持有证据的当事人提供证据时的程序如何设置，该条更是只字未提。与之有所不同的是，《民事诉讼法司法解释》第112条对文书提出命令的程序作出了规定，该条认为如果书证由对方当事人持有时，一方当事人可在举证期限届满前向法院提出责令对方当事人提交该书证的书面申请，申请理由成立的，法院责令对方当事人提交该书证，简言之，文书提出命令是法院依一方当事人的申请而发出的；第110条对当事人询问的程序也作了规定，从法律条文的内容来看，询问当事人应该是法院在个案中依职权进行的。除此之外，对其他证据资料实施证明妨碍时应如何进行程序上的规制，司法解释未作说明。

（四）法律效果缺乏严密性

《民事诉讼法》第111条将证明妨碍视为一种妨碍民事诉讼秩序的行为，对其主要采取了罚款、拘留的司法强制措施，对于情节严重者，才会运用刑法施以刑事制裁措施。《最高人民法院关于民事诉讼证据的若干规定》第75条是对证明妨碍的原则性规定，但该条对证明妨碍的处治效果是“推定对方的主张成立”。这种单一的法律适用效果也存在一定的弊端。首先，未考虑被妨碍证据的重要性。对证明妨碍行为进行私法规制的一个重要因素是，该干扰证据被正常使用的行为，产生了被妨碍者对待证事实的证明陷入困境这一现实的结果，如果被妨碍的证据对待证事实不具有重要意义，待证事实可以通过其他证据予以证明且其他证据对待证事实的证明无须被妨碍者花费更多的人力、财力、心力时，对妨碍者则无适用证明妨碍规则的必要，至多将其行为界定为一种对司法的藐视行为，对其施以公法上的惩戒即可。但《最高人民法院关于民事诉讼证据的若干规定》第75条在未考量证据重要性的基础上，对所有“无正当理由拒不提供证据”的妨碍行为，一律采用“推定主张成立”的法律效果，“仅凭举证妨碍此单一事实即对讼争事实的真实性加以认定，则其他详尽的认证规则便丧失了存在的意义，整个民事诉讼证据制度即有被抽空之虞”[②]。其次，《最高人民法院关于民事诉讼证据的若干规定》第75条在没有对不同证明妨碍行为的具体类型和妨碍程度作严格区分，也没有对不同妨碍行为对查明案件事实的不同影响进行细致分析的前提下，划一性的规定了相同的法律适用效果，完全认同对方当事人所主张的对证据持有人不利的证据内容，也缺乏严密性。

---

① 罗筱琦、陈界融：《最高人民法院“民事诉讼证据规则”若干问题评析》，《国家检察官学院学报》2003年第1期，第23页。

② 〔日〕高桥宏志：《民事诉讼法——制度与理论的深层分析》，林剑锋译，北京：法律出版社，2003年，第466页。

《民事诉讼法司法解释》关于证明妨碍的制裁效果虽有一定的可取之处，但也存在不少漏洞。首先，《民事诉讼法司法解释》第 110 条对负举证证明责任一方当事人拒不到庭、拒绝接受询问、拒绝在保证书上签字的行为给予了“对该当事人主张的事实不予认定”的处治方式，相较于德国和日本对拒绝接受询问的处治方式而言，中国的制裁方式比较强硬，其并不因一方当事人的拒绝接受询问行为而由法官依自由心证确定是否将对方当事人关于询问事项的主张认定为真实，而是直接利用当事人趋利避害的心理，对该方当事人主张的事实不予认定，这有利于督促负举证证明责任的当事人积极到庭接受法院的询问，协助法院通过当事人这一证据资料整理诉讼争点、发现案件事实、实现案件的集中化审理。其次，第 112 条对当事人持有书证经法院命令提交而拒不提交的行为，采取的私法制裁是“拟制申请人主张的书证内容为真实”，这种处治方式与德国对拒不服从法院文书提出命令的妨碍行为的处治方式完全一致，在实践中有广泛的运用空间。唯一不足的是，立法仅仅停留于“拟制书证内容为真实”这一法律效果，而没有规定在特殊情况下，可以采取“认定申请人关于书证所能证明的事实为真实”这一法律适用效果。日本对拒不服从文书提出命令的妨碍行为，依据妨碍者的主观过错程度以及对被妨碍者造成的不公平程度，采取了“拟制文书的内容和性质为真实”以及“拟制文书所能证明的事实为真实”两种制裁方式，这值得中国借鉴。最后，第 113 条对当事人积极妨碍书证使用的行为，仅仅课以公法上的制裁，有失公允。根据“举轻以明重”这一刑事司法原则的要求，如果对某一情节较轻的行为都需施以刑事制裁，则对情节较重的其他行为更应该采取刑事制裁措施，虽然《民事诉讼法》与刑法存在很大的差异，但刑法上的这一原则，在《民事诉讼法》中还是有应用的空间。《民事诉讼法司法解释》第 112 条既然对不服从法院文书提出命令的证明妨碍采取私法上的不利益的规制，就更应该对当事人以妨碍对方使用为目的，毁灭书证等行为课以证据法上的不利后果。并且，鉴于这类行为直接剥夺了当事人平等接近、利用书证的机会，使当事人之间的武器不对等状态无法恢复，故对此类妨碍行为的制裁可以在采取私法上的处治后并处公法上的强制措施。

（五）缺乏对妨碍者的权利保障

1215 年英国《自由大宪章》确立了正当法律程序的两项基本原则：第一，一个人不能做自己的法官；第二，在剥夺一个人的权利时，应赋予其陈述和申辩的机会。证明妨碍制度的适用效果会给妨碍者带来诉讼上的损失——或者使其在诉讼的证明中变得困难，或者使其承受裁判上的不利后果。因此，为了贯彻程序正义的理念，避免因错误的制裁效果给妨碍者的合法权益造成重大的、不可估量的损害，大陆法系和英美法系的国家和地区均设置了相关的权利保障条款，主要包括规定了一些程序保障条款和免于构成证明妨碍的例外事由。前者是为了防止裁判突袭的发生，要求法院在对妨碍者适用证明妨碍的制裁效果前，应当保障当事人的知情权，事先让其知悉妨碍行为的性质以及法院将对此行为采取何种制裁手段，同时给予妨碍者抗辩的机会；在法院对妨碍行为予以制裁后，也应为妨碍者提供相应的救济渠道。后者是出于对妨碍者隐私等权利的保护，基于利益衡量原则，为其妨碍行为设置了免受证明妨碍制度规制的例外事由，规定在一些情况下，即使妨碍人实施了证明妨碍的行为，也不能按照证明妨碍制度对其妨碍行为予以制裁，这些情况主要有以下几种：证据持有人因提供证据可能受到刑事追诉或者导致自己名誉严重受损时可拒绝提出该证据、证据内容涉及妨碍者的个人隐私或者商业秘密时也可拒绝提供证据、证据涉及公务员职务上的特定秘密或者证据为公共机构掌握的特定证据时也可拒绝该证据，同时对于一些专用文书也可以拒绝提供。不过，中国《民事诉讼法》和《最高人民法院关于民事诉讼证据的若干规定》均未对此作出规定，使妨碍者的权利保障在司法实践中陷入空白。所以，基于贯彻当事人平等原则的要求，在发生证明妨碍的情形下，一方面，确实需要对妨碍者采取相应的制裁措施以弥补被妨碍者因妨碍行为遭受的不公平；另一方面，也绝对不能因妨碍行为而忽略甚至否定妨碍者的合法权利及程序利益，只有这样，才是真正实现当事人平等的题中应有之义。

第四节 当事人平等视角下证明妨碍制度在我国的完善

我国立法对证明妨碍制度的规定存在诸多弊端，这些不足之处导致在司法实践中，很难对不断涌现的证明妨碍行为进行有效的规制，因此造成了司法实践中证明妨碍现象的蔓延趋势。为此，我国应着眼于当事人的实质平等在诉讼中的实现，从证明妨碍制度的立法完善以及与之相关的其他配套制度的完善两个方面入手，具体地完善我国的证明妨碍制度。

一、证明妨碍制度的立法完善

（一）明确证明妨碍制度建构的价值目标

设置证明妨碍制度的价值目标，决定着证明妨碍法律适用效果的择定。我国台湾地区的学者黄国昌认为，应将证明妨碍制度的目标定位于“恢复”当事人之间无妨碍行为时的原有状态，而非“惩罚”与“预防”。我们认为，“恢复”当事人之间的攻防平等应该是设立证明妨碍制度的主要价值目标，但非唯一目标，仅凭“恢复”这一价值目标下的制裁手段，可能无法消除妨碍者实施妨碍行为的动机，因为妨碍者并没有因妨碍行为而受到比无妨碍行为时更严厉的处罚，这样的证明妨碍制度非但没有起到规制证明妨碍的作用，反而强化了潜在的妨碍人实施证明妨碍的心理，有违设立该制度的初衷，也不利于实现当事人之间的实质平等。因此，证明妨碍制度的价值目标应以“恢复”为主，以“惩罚”为辅，从而达到“预防”的效果，如此才能真正实现当事人之间的实质平等。

（二）设立证明妨碍制度的总则性条款

近些年来，我国不少学者在起草的不同版本的《中国证据法草案》（建议稿）中提及证明妨碍总则性条款的具体设置，如有学者提出，“在民事诉讼中，任何一方当事人在诉讼开始后，不得恶意毁损、遗弃、藏匿与本案有关的任何证据，否则，以妨碍司法公正行为处罚，情形严重的，依妨碍司法公正罪追究刑事责任。依照前款规定的处罚，不影响本法其他规定的执行”[①]。也有学者认为，证明妨碍的总则性条款应该设置为“一方当事人以妨碍对方当事人使用为目的，藏匿、毁损或者致使书证灭失或不堪使用时，法院可以推定对方当事人关于书证的主张为真实。本条前款的规定，准用于物证、视听资料、电子信息证据”[②]。前者侧重于对妨碍行为的公法制裁，后者侧重于对妨碍行为的私法规制。笔者认为，这两种总则性的规定都有积极意义，不过也都存在着概括不全面的缺点，对此，学者包冰锋提出了解决方案，他对证明妨碍制度作出了更为细致的总则性设置。包冰锋主张，证明妨碍的总则性条款可以分成两款设置。第一款，描述证明妨碍的实施主体、主观心态、行为样态以及对妨碍行为的私法处治及公法制裁方式。实施主体包括当事人和第三人，主观心态涵盖了故意与过失，处治方式是私法规制与公法制裁的结合。第二款，主要是对妨碍者权利的保障条款，即在对妨碍行为作出不利裁判前，给予妨碍者申辩的机会[③]。对证明妨碍总则性条款设置的构想不失为一种良策，因为通过该原则性条款的设立，既有利于对被妨碍者的利益进行相应的补救，也有利于对妨碍者相关权利及程序利益的保障，在一定程度上能够维护二者在诉讼中的平等。

（三）完善证明妨碍的构成要件

要完善民事诉讼证明妨碍制度，就要在设置总括性条款的基础上，进一步完善并明确其构成要件，确保在构成要件上实现当事人之间的平等。

首先，扩宽妨碍行为的主体范围。《最高人民法院关于民事诉讼证据的若干规定》第75条以及《民事诉讼法司法解释》第110~113条，仅将证明妨碍行为的实施主体界定为“一方当事人”，而未将第三人纳入该主体的范围之内，但司法实践中确实存在着与诉讼无利害关系的第三人实施证明妨碍的情形，如一方当事人的代理人、配偶等均有实施证明妨碍的可能，且该第三人的行为也给被妨碍的当事人造成了证明上的困难，造成了双方当事人之间在证据资料的使用上呈现出机会不平等的局面，故而有必要将证明妨碍的实施主体扩展至“当事人和第三人”。

其次，丰富证明妨碍行为的主观心态。从《最高人民法院关于民事诉讼证据的若干规定》第75条和《民事诉讼法司法解释》四个条文的内容来看，“持有证据无正当理由拒不提出”“拒绝到庭、拒绝接受询问、拒绝在保证书上签字”“经合法通知拒绝提交书证原件”“无正当理由拒不服从法院的文书提出命令”“以妨碍对方当事人使用为目的，毁灭书证”等证明妨碍的过错形式只能是故意，但在实践中，过失的证明妨碍行为大量存在，且其发生概率远高于故意的证明妨碍行为，所以对过失心态的规定更具有现实意义。此外，增加过失心态，可以更加全面地规制实践中层出不穷的妨碍行为，更加周全地保护被妨碍者的利益，以期最大限度地实现当事人之间的平等。因

① 江伟主编：《中国证据法草案（建议稿）及立法理由书》，北京：中国人民大学出版社，2004年，第23-24页。
② 毕玉谦、郑旭、刘善春：《中国证据法草案建议稿及论证》，北京：法律出版社，2003年，第158页。
③ 包冰锋：《民事诉讼证明妨碍制度研究》，厦门：厦门大学出版社，2011年，第195-196页。

此，立法应对过失这一主观心态有所规定。

最后，完善证明妨碍的客观要件。其一，明确妨碍者的证明协力义务来源。“无义务则无责任”，在不对证明妨碍者的协力义务作出规定的前提下，直接规定对妨碍者的处治，在逻辑上存在矛盾，对妨碍者而言，有失公正。因此立法必须为妨碍者的证明协力义务来源作出合理的解释。在这一点上，可以借鉴域外的做法，从实体和程序两个方面为妨碍者的证明协力义务来源提供法律依据。其二，扩充证明妨碍的行为类型。证明妨碍的行为样态繁多，从实施方式来看，有作为和不作为的区别，且在作为和不作为之下，又能够细分出不同的表现形式。而《最高人民法院关于民事诉讼证据的若干规定》第 75 条和《民事诉讼法司法解释》四个条文只列举了几种证明妨碍的具体样态，即便将《民事诉讼法》第 111 条列举的证明妨碍囊括其中，也与实践中样态繁多的证明妨碍行为相去甚远。因此立法应在此基础上，适当扩充妨碍行为的具体类型，尤其是过失的证明妨碍行为。其三，构筑妨碍行为与证明困境之间的因果关系。妨碍行为之所以应受惩罚，除了妨碍人违背其协力义务，实施了妨碍行为和存在一定的主观过错外，最主要的原因是妨碍行为给一方当事人带来了举证上的不利影响，使该举证方当事人面临败诉的风险。而《最高人民法院关于民事诉讼证据的若干规定》第 75 条并未提及妨碍行为与举证困境之间的因果关系，缺乏逻辑上的严密性。《民事诉讼法司法解释》虽然在这一点上有所进步，但其应用范围有限，仅限于当事人拒绝接受询问和拒不提交书证这两类妨碍行为中。因此，立法有必要对妨碍行为导致的结果以及二者之间的因果关系作出具体的说明。

（四）丰富证明妨碍的处治方式

鉴于证明妨碍行为的多样性和复杂性，以及对当事人的证明活动和法院认定案件事实所造成的不同程度的影响，域外均在综合考虑妨碍行为的实施主体、妨碍者的主观可归责性、被妨碍证据的重要性、妨碍行为给诉讼证明带来的不利程度等因素的基础上，为妨碍行为设置了多元化的处治方式，而我国《民事诉讼法》第 111 条、《民事诉讼法司法解释》第 113 条是从维护诉讼秩序、司法权威的角度对妨碍行为进行公法制裁的，《最高人民法院关于民事诉讼证据的若干规定》第 75 条涉及对妨碍人的私法处置效果，但以这种单一的法律效果应对多样的证明妨碍，体现不出“行为与制裁相适应”的理念，显失妥当。尽管《民事诉讼法司法解释》第 110~112 条增加了对当事人拒绝接受询问、拒不提交书证原件、拒不服从法院文书提出命令的私法处治，但遗憾的是，对“拒不服从文书提出命令”这类证明妨碍统一采取了“认定申请人所主张的书证内容为真实”的处治效果，而没有将“认定申请人关于书证所能证明的事实为真实”这一效果作为在特殊情况下实现当事人实质平等的处治方式。针对这些情况，可以效仿域外的处治方式，在对妨碍者予以制裁时，应综合多种因素并根据案件的具体情况从多元化的制裁方式中择定适当的惩戒措施。

在制裁妨碍行为时，首先应区分不同的实施主体。如果实施证明妨碍的主体为第三人，则对其只采取公法上的制裁手段即可，因为诉讼外的第三人原本与当事人之间争议的纠纷无实体上的直接利害关系，对其妨碍行为课以证据法上的不利益，超出了第三人的预见范围，因而对其进行罚款、拘留等公法惩戒，体现出证明妨碍制度的威慑功能即可，当然在对第三人予以处罚时，也要区分该第三人与当事人之间的关系。其一，如果该第三人是一方当事人的手足延伸，其实施妨碍行为完全受该方当事人支配，则在对该第三人予以公法惩戒的基础上，还要对支配其的当事人课以私法上的不利益，使该方当事人通过该第三人行为获取诉讼利益的愿望落空。其二，如果该第三人与双方当事人中的任何一方都不存在前述关系，而仅与其中的一方当事人存在普通的合同关系，其对当事人之间的纠纷不甚了解，且其过失地妨碍了一方当事人的证明活动，此时因妨碍这一事实行为而在被妨碍的当事人和过失实施妨碍的第三人之间形成了新的法律关系，受妨碍者可仿照美国判例的做法以“妨碍侵权”为由另案起诉。如果实施证明妨碍的主体为当事人，则可以对其采取公法上的制裁与私法上的规制相结合的处治效果。一方面，当事人的行为扰乱了正常的诉讼秩序，造成了诉讼的拖延和司法资源的浪费，对此应该从维护诉讼秩序的角度对其行为进行公法上的制裁；另一方面，一方当事人的妨碍行为给对方当事人的举证活动造成了障碍，使对方当事人无法平等地接近、使用证据，是对对方当事人证明权的侵害，同时也给对方当事人造成了诉讼上不利益的风险，对此可以从恢复当事人之间的平等对抗状态以及救济对方当事人的诉讼利益的角度出发，给妨碍者课以私法上的不利益。

其次，就私法制裁而言，黄国昌教授为我们提供了一个解决问题的视角——黄国昌教授就当事人之间存在的证明妨碍行为，以实施主体的不同采取了不同的制裁效果。如果是负证明责任方当事人实施的证明妨碍，而该行为使对方出现了举证不能的困境，则由该负证明责任方最终承受案件无法查明时的不利后果，而不论其主观可归性如何，因为不论其主观过错为何，其证明妨碍都给被妨碍者造成了相同的证明困难，使被妨碍者遭受了同样的不公平。如果是不负举证责任方实施的证明妨碍，则先由负证明责任方提供“初步的证据”表明该负证明责任方的行为给自己造成了证明不能这种不公平结果，即证明该妨碍行为与自己遭受不公平之间存在关联性，使法官就其主张事实的存在形成暂时的心证，此时如果不负证明责任方不能就该事实的不存在举出充分的证据予以证明，则法官之前的暂时心证就会转化为“确信的心证”，由不负证明责任方承受由此产生的诉讼不利益。而不论是何方当事人实施的证明妨碍，如果造成的结果仅仅是使对方当事人陷入证明困难，也就是说相关证据资料所能证明的内容可以通过其他证据资料予以代替，只是需要当事人花费更多的精力和财力，则此时可以仿照美国的“命妨碍者负担费用”这一制裁效果①。黄国昌教授认为，证明妨碍的主要功能应定位于“恢复两造之间的攻防平等”，侧重于填补“欠缺证据资料的现实证明困境”与“存在证据资料的应有证明状态”之间的落差，因此，择定法律适用效果时，应着重考虑“对被妨碍者造成的不公平程度”，而不是“妨碍者的主观可归责程度”②。黄国昌教授给我们提供的思考问题的视角是有益的，但在实际的个案中，具体择定证明妨碍的适用效果时，应在综合考虑证明妨碍的行为样态、妨碍人的主观可归责性、被妨碍的证据对查明案件事实的重要性等因素的基础上，根据个案情况，选择最终的制裁措施：如果被妨碍的证据指向案件

① 黄国昌：《民事诉讼理论之新开展》，北京：北京大学出版社，2008 年，第 242-258 页。

② 黄国昌：《民事诉讼理论之新开展》，北京：北京大学出版社，2008 年，第 250 页。

的间接事实，则可以降低被妨碍者对案件事实的证明标准；如果被妨碍的证据指向案件的主要事实，则可以根据给被妨碍者造成的不公平程度，认定对方当事人关于该被妨碍证据的主张或依该被妨碍证据印证的事实为真实；如果在现代型诉讼中，被妨碍者处于被妨碍证据的过程之外，要求其对该被妨碍的证据提出具体化的说明不具有可期待性时，法院可以对妨碍者直接采用转换证明责任这一严厉的法律制裁效果。

（五）增设对妨碍者的权利保障条款

根据正当程序的要求，对任何人课以某种不利益时，都应给其陈述和申辩的机会。在诉讼中，“为保障程序的正当性，防止发生裁判突袭，在法官对证明妨碍方课予制裁之前，应当有一套有效保障妨碍者权利的程序。而我国司法解释中虽有对证明妨碍行为进行制裁的相关规定，却无相关程序保障措施。这就使得事实认定的裁判显得专断而使受制裁者无防御的机会”①。而且，给予被妨碍方陈述和申辩的机会也是当事人平等之机会平等的基本要求。因为机会平等要求“于程序中给予当事人相同机会，即于所有于判决重要之事项，应给予当事人主张与说明的机会，并给予对相对人之主张提出必要防御之机会……”②。我国有关证明妨碍的相关立法均没有涉及对妨碍者的权利保障，有违背程序正义理念之嫌，因此，在完善我国证明妨碍制度时，立法应增设对妨碍者的权利保障条款，具体可以从两个方面进行设置。一方面，在出现证明妨碍的情况下，运用证明妨碍制度对实施妨碍行为的当事人或者第三人进行制裁前，法院必须要充分行使释明权，事先告知妨碍者其行为对诉讼程序及当事人的举证活动造成的不利影响，以及法院将要对其行为采取何种方式的制裁，并给予妨碍者申辩的机会。妨碍者在认识其行为的性质和后果的基础上，如果认为需要辩论，则由法院给予其一定的辩论准备时间，可以说法官对妨碍行为的制裁应当以保障妨碍者的知情权和辩论权为基础；同时，在运用证明妨碍制度对妨碍者的行为采取相应的制裁措施后，为避免错误的处治方式给妨碍者造成重大的权利侵害，立法也应该为妨碍者的权利救济提供相应的事后救济渠道。另一方面，为解决妨碍者协力义务的履行与个人隐私、基本权利保护之间的冲突，可以借鉴国外的立法经验，为妨碍者规定一些免于构成证明妨碍的例外事由，存在这些例外事由时，即使妨碍者的行为属于证明妨碍，也可以免予受到证明妨碍制度的规制。这些例外事由主要包括以下几点：①证据的提出可能使证据持有人受刑事追诉或者使其名誉严重受损；②证据涉及证据持有人的个人隐私或与其商业秘密息息相关；③证据的提供与特定的职务要求相违背，如证据涉及公务员职务上的特定秘密、证据的提出与律师的职业道德相违背；④一些特殊的文书可以免予提出，如有些公共机构掌握的文书不适合公开的，可以免除该证据持有人的证明协力义务。

（六）完善文书提出命令制度

在当事人主义模式下，作为程序主体的当事人自然是证据收集的主体，并且“公正

① 奚玮、余茂玉：《论民事诉讼中的证明妨碍》，《河北法学》2007年第3期，第153页。

② 姜世明：《民事程序法之发展与宪法原则》，台北：元照出版有限公司，2003年，第170页。

的程序设计应该保障当事人有足够的手段收集到必要的证据”①。因此，保证处于平等地位的双方当事人拥有收集证据的途径，为他们提供平等接近、利用证据的机会是极为重要的。虽然中国民事诉讼法明文规定当事人享有证据收集权，却并未对其收集证据的具体渠道和方式作出说明，使当事人的取证权缺乏法律的保障，逐渐成为一种空洞化的权利。这种取证上的困难，又为证明妨碍的滋生及蔓延提供了温床。为了缓解司法实践中的“举证难”，以提高当事人的举证能力，《民事诉讼法司法解释》第 112 条设立了中国的文书提出命令制度，但这一制度与大陆法系国家真正意义上的文书提出命令制度相去甚远，还需要进一步完善。

第一，扩充文书提出的义务主体。德国、日本相关法律的负有文书提出义务的主体包括当事人和第三人，而中国《民事诉讼法司法解释》第 112 条仅将文书提出义务的主体限定在“当事人”这一范畴，忽略了持有文书的第三人拒不提交文书造成当事人“举证难”时的救济问题，因此，有必要将文书提出义务的主体扩展至“持有文书的当事人和第三人”。

第二，明确文书提出义务的范围。日本在立法技术上就文书提出义务的范围采取了列举加排除的方式，即列举了必须提出文书的类型，同时也另外规定了免予提出文书的情形，除此之外的文书均有提出的义务，这种立法模式兼顾了发现真实与保护文书持有人利益的平衡，而中国《民事诉讼法司法解释》第 112 条对文书提出的义务范围未作任何限定，这可以最大限度地保护申请人的证明权，但在特定情况下却是对文书持有人利益的损害，对此，可以借鉴日本的相关法律，在将文书提出义务一般化的同时，采用列举的方式为文书持有人设置文书提出拒绝权，以平衡申请人与文书持有人的权利和义务。

第三，特定文书申请书的内容。日本规定了申请人的“文书特定责任”，要求申请人向法院申请提出文书的申请书中需要载明特定事项②，同时，考虑到现代型诉讼中证据结构性偏在于一方手中，“申请人作为局外人，并不了解文书制作过程和记载内容的情况下，对申请人课以严格的文书特定责任，会降低文书提出命令的机能”③。因此，日本增设了文书特定协助义务以减轻申请人的责任，即如果申请人明确提出文书的标示和趣旨确有困难的，法院可以命令文书持有人给以必要的协助，以使申请人申请的文书特定，待文书特定后再由申请人向法院提出申请。而中国《民事诉讼法司法解释》第 112 条对文书特定化及文书特定协助义务未作任何规定，只要申请人证明文书在对方控制之下，就可向法院提出申请。

第四，严格法院对文书申请的审查标准。日本规定，对于申请人的申请进行审查时，法院主要依据两个标准：一是印证事实足够重要；二是申请人的申请正当，申请正当的标准为申请人履行了文书特定义务。此外，法院在审查后发出文书提出命令前，会给予文书持有人辩论的机会。而中国《民事诉讼法司法解释》第 112 条在这方面规定得比较

---

① 江伟、刘荣军：《民事诉讼程序保障的制度基础》，《中国法学》1997 年第 3 期，第 94 页。

② 申请书中需要载明的特定事项包括文书的标题及种类等能够识别文书外在特征的标示、文书的内容和要点、文书持有人、文书能够证明的案件事实、文书持有人提出文书的义务来源。

③ 熊跃敏：《日本民事诉讼的文书提出命令制度及其对我国的启示》，《诉讼法论丛》2002 年第 1 期，第 456-457 页。

含糊，只要法院判断申请理由成立，就可以责令持有人提供相应的书证，但立法对申请理由成立的标准又没有作出明确的界定，也没有给予持有人申辩的机会。对此，可以借鉴日本的相关法律，一方面明确申请理由成立的标准和具体情形；另一方面基于程序正义的理念，赋予文书持有人申辩的机会。

第五，细化文书提出命令的效果。日本根据文书提出义务主体的不同，规定了不同的制裁手段：对于当事人，法院会酌情“认定文书性质、内容为真实”或“认定文书印证之事实为真实”；对于不服从法院文书提出命令的诉讼外第三人而言，制裁措施通常是给予20万日元以下的罚款。必要时，还可以直接采取强制处分。目前中国《民事诉讼法》不区分实施主体的不同，均采取公法制裁的手段，尽管司法解释中有对当事人的私法制裁，但司法解释法律层级较低，故在法律效果上可借鉴域外的做法。

二、相关配套制度的完善

（一）完善民事证明责任制度

证明责任分配规则是对事实真伪不明的案件作出裁判的依据。“证明责任裁判的正当性基础是对当事人的证据收集权有充分的保障。证据收集权强与证明责任重是具有程序保障的民事诉讼的基本特征。对抗制诉讼模式下的民事诉讼，大体能够体现这种特征。”[①]辩论主义诉讼模式下的证明责任分配规则以“法律要件说”为核心。根据法律要件分类说，风险意义上的客观证明责任在诉讼开始前已经由实体法预先作了规定，诉讼开始后，原告应对权利形成的要件事实负主观的举证责任，被告应对权利消灭及权利妨碍的要件事实负主观的举证责任。这种证明责任的分配规则，将要件事实作为法律规范适用的唯一前提，在分配证明责任时仅依据要件事实的归属，而未考虑到证据分布不均衡的现实状况，更没有考虑到当事人在收集证据能力方面存在的实质差异。如果严格按照证明责任分配规则裁判案件，很可能因为当事人之间的个体差异而在案件审理过程中出现当事人之间的实质不平等。而且，证明责任规范的内在机制是产生证明妨碍的根本动力。因此，为了实现当事人之间的实质平等，除了完善证明妨碍制度对证明妨碍行为予以有效规制外，更需要从源头上对妨碍行为产生的制度因素进行完善。

（二）完善民事证明标准制度

证明标准是法官认定案件事实存否的最低限度。而在严要求的证明责任分配规则之下，配置高标准的证明标准，会使诉讼中两造的地位、风险在起点上处于不平等的状态，加上二者在诉讼遂行能力、经济实力、法律知识方面存在着明显的个体差异，并且当事人在证据资料收集手段上严重匮乏，使原告在诉讼中处于弱势地位，在起点上背负着沉重的压力。因此，“从保障双方当事人平等对抗的角度考虑，一个低要求的证明标准，从解决负举证责任的当事人的证明困难与收集证据手段欠缺的矛盾中保障当事人之间诉讼

---

① 韩波：《论证据收集力强弱与证明责任轻重》，《证据科学》2009年第2期，第201页。

地位的平等，更有利于构建理性的诉讼结构，形成当事人之间真正平等沟通、对话”[①]。因为确立低要求的证明标准，可以减轻原告的证明压力，实现诉讼风险在双方当事人之间的平等分配，有利于矫正双方在诉讼起点上的不平等，从而在保障双方形式平等的前提下，真正实现当事人之间的实质平等。

① 杜睿哲、张芸：《确定民事证明标准的一般法理——基于当事人诉讼平等的思考》，《西北师大学报》（社会科学版）2010年第4期，第131页。

参 考 文 献

艾伦 C. 2012. 英国证据法实务指南. 王进喜译. 北京：中国法制出版社
艾伦 R J. 2014. 专家证言的概念性挑战. 汪诸豪译. 证据科学，(1)：94-119
艾伦 R J，库恩斯 R B，斯威夫特 E. 2006. 证据法：文本、问题和案例. 张保生，王进喜，赵滢译. 第3版. 北京：高等教育出版社
包冰锋. 2011. 民事诉讼证明妨碍制度研究. 厦门：厦门大学出版社
毕玉谦. 1997a. 民事证据法及其程序功能. 北京：法律出版社
毕玉谦. 1997b. 民事推定析解. 研究生法学，(2)：226-230
毕玉谦. 1999. 民事证据法判例实务研究. 北京：法律出版社
毕玉谦. 2007. 民事证明责任研究. 北京：法律出版社
毕玉谦. 2010a. 民事诉讼证明妨碍研究. 北京：北京大学出版社
毕玉谦. 2010b. 关于创设民事诉讼证明妨碍制度的基本视野. 证据科学，(5)：585-599
毕玉谦. 2013. 证据制度的核心基础理论. 北京：北京大学出版社
毕玉谦，郑旭，刘善春. 2003. 中国证据法草案建议稿及论证. 北京：法律出版社
卞建林. 2000. 证据法学. 北京：中国政法大学出版社
卞建林. 2004. 刑事证明理论. 北京：中国人民公安大学出版社
卞建林，郭志媛，韩阳. 2001. 诉讼证明：一个亟待重塑的概念. 证据学论坛，(2)：19-66
博登海默 E. 2004. 法理学：法哲学与法律方法. 邓正来译. 北京：中国政法大学出版社
常林. 2012. 司法鉴定专家辅助人制度研究. 北京：中国政法大学出版社
常怡. 2008. 民事诉讼法. 北京：中国法制出版社
常怡，王建华. 2007. 民事证据判例与理论分析. 北京：人民法院出版社
陈刚. 1997. 证明责任概念辨析. 现代法学，(2)：32-38
陈刚. 2000. 证明责任法研究. 北京：中国人民大学出版社
陈光中. 2013. 证据法学. 北京：法律出版社
陈光中，徐静村. 1999. 刑事诉讼法学. 北京：中国政法大学出版社
陈桂明. 1993. 论推定. 法学研究，(5)：45-50
陈界融. 2004. 证据法：证明负担原理与法则研究. 北京：中国人民大学出版社
陈界融. 2007. 证据法学概论. 北京：中国人民大学出版社
陈朴生. 1979. 刑事证据法. 台北：三民书局股份有限公司
陈荣宗. 1984. 举证责任分配与民事程序法. 第2册. 台北：三民书局股份有限公司
陈瑞华. 2012a. 证据的概念与法定种类. 法律适用，(1)：24-30
陈瑞华. 2012b. 刑事证据法学. 北京：北京大学出版社
陈一云. 1991. 证据学. 北京：中国人民大学出版社
陈一云. 2000. 证据学. 第2版. 北京：中国人民大学出版社
陈莹，丛杭青. 2011. 证据概念的历史演变及其认识论重构. 厦门大学学报（哲学社会科学版)，(2)：93-100

春日伟知郎. 1995. 自由心证主义的现代意义//春日伟知郎. 民事证据法论集——情报开示、证据收集与事案的解明. 东京：有斐阁
辞海编辑委员会. 1979. 辞海. 上海：上海辞书出版社
达马斯卡 M R. 2003. 漂移的证据法. 李学军，等译. 北京：中国政法大学出版社
德肖维茨 A. 2010. 合理的怀疑：从辛普森案批判美国司法体系. 高忠义，侯荷婷译. 北京：法律出版社
杜睿哲，张芸. 2010. 确定民事证明标准的一般法理—— 基于当事人诉讼平等的思考. 西北师大学报（社会科学版），（4）：127-132
杜闻. 2003. 民事诉讼自认若干问题研究. 河北法学，（6）：72-78
多勃罗沃里斯基 A A，等. 1985. 苏维埃民事诉讼. 李衍译. 北京：法律出版社
樊崇义. 2001. 证据法学. 北京：法律出版社
樊崇义，吴光升. 2013. 鉴定意见的审查与运用规则. 中国刑事法杂志，（5）：3-16
樊崇义，锁正杰，吴宏耀，等. 2000. 刑事证据前沿问题研究. 证据学论坛，（1）：135-228
高桥宏志. 2003. 民事诉讼法—— 制度与理论的深层分析. 林剑锋译. 北京：法律出版社
高桥宏志. 2007. 重点讲义民事诉讼法. 张卫平，许可译. 北京：法律出版社
谷佳杰. 2013. 论证明妨碍在医疗损害赔偿诉讼中的适用——以《中华人民共和国侵权责任法》第 58 条为视角. 证据科学，（2）：248-256
谷口安平. 1996. 程序的正义与诉讼. 王亚新，刘荣军译. 北京：中国政法大学出版社
哈克 S. 2016. 专家证据：美国的经验与教训. 邓晓霞译. 证据科学，（3）：334-351
韩波. 2009. 论证据收集力强弱与证明责任轻重. 证据科学，（2）：200-209
韩象乾. 1996. 民、刑事诉讼证明标准比较论. 政法论坛，（2）：47-50
何家弘. 1999a. 让证据走下人造的神坛——试析证据概念的误区. 法学研究，（5）：100-109
何家弘. 1999b. 司法证明方式和证据规则的历史沿革——对西方证据法的再认识. 外国法译评，（4）：32-51
何家弘. 2001a. 论司法证明的目的和标准—— 兼论司法证明的基本概念和范畴. 法学研究，（6）：39-53
何家弘. 2001b. 论司法证明中的推定. 国家检察官学院学报，（2）：8-11
何家弘. 2008a. 论推定概念的界定标准. 法学，（10）：38-47
何家弘. 2008b. 从自然推定到人造推定——关于推定范畴的反思. 法学研究，（4）：110-125
何家弘. 2008c. 论推定规则适用中的证明责任和证明标准. 中外法学，（6）：866-880
何家弘，刘品新. 2004. 证据法学. 北京：法律出版社
何家弘，刘品新. 2008. 证据法学. 第 3 版. 北京：法律出版社
何家弘，刘品新. 2013. 证据法学. 第 5 版. 北京：法律出版社
侯蔺. 2008. 浅谈我国司法鉴定制度的发展与完善. 新疆警官高等专科学校学报，（2）：44-46
胡铭. 2014. 鉴定人出庭与专家辅助人角色定位之实证研究. 法学研究，（4）：190-208
华尔兹 J R. 1993. 刑事证据大全. 何家弘，等译. 北京：中国人民公安大学出版社
华尔兹 J R. 2004. 刑事证据大全. 何家弘，等译. 第 2 版. 北京：中国人民公安大学出版社
黄国昌. 2005. 民事诉讼理论之新开展. 台北：元照出版有限公司
黄国昌. 2008. 民事诉讼理论之新开展. 北京：北京大学出版社
霍海红. 2016. 提高民事诉讼证明标准的理论反思. 中国法学，（2）：258-279
季桥龙. 2011. 民事举证责任概念研究. 北京：中国政法大学出版社
季卫东. 2005. 宪政新论——全球化时代的法与社会变迁. 第 2 版. 北京：北京大学出版社
加纳 B A. 2003. 牛津现代法律用语词典. 第 2 版. 北京：法律出版社
兼子一. 1954. 民事诉讼法体系. 东京：酒井书店
兼子一. 1995. 调解民事诉讼法. 东京：成文堂
兼子一，竹下守夫. 1995. 民事诉讼法. 白绿铉译. 北京：法律出版社
江必新. 2015. 新民诉法解释——法义精要与实务指引. 北京：法律出版社
江伟. 1999. 证据法学. 北京：法律出版社
江伟. 2004. 中国证据法草案（建议稿）及立法理由书. 北京：中国人民大学出版社
江伟，刘荣军. 1997. 民事诉讼程序保障的制度基础. 中国法学，（3）：89-95
姜世明. 2003a. 新民事证据法论. 台北：学林文化事业有限公司
姜世明. 2003b. 民事程序法之发展与宪法原则. 台北：元照出版有限公司

金子宏，新堂幸司，平井宜雄. 1972. 法律学小辞典. 第 3 版. 东京：有斐阁
科恩 J. 1997. 证明的自由. 何家弘译. 外国法译评，(3)：3-14
克尼佩尔 R. 2003. 法律与历史——论《德国民法典》的形成与变迁. 朱岩译. 北京：法律出版社
拉德布鲁赫. 1997. 法学导论. 米健，朱林译. 北京：中国大百科全书出版社
劳东燕. 2007. 推定研究中的认识误区. 法律科学，(5)：117-126
李汉昌. 1999. 论证据的合法性. 法商研究，(5)：8-9
李浩. 1993. 民事举证责任研究. 北京：中国政法大学出版社
李浩. 2002. 证明标准新探. 中国法学，(4)：129-140
李浩. 2003a. 民事证明责任研究. 北京：法律出版社
李浩. 2003b. 举证责任倒置：学理分析与问题研究. 法商研究，(4)：87-94
李学灯. 1992. 证据法比较研究. 台北：五南图书出版股份有限公司
李学军，朱梦妮. 2015. 专家辅助人制度研析. 法学家，(5)：147-163
李永泉. 2013. 民事诉讼当事人证据收集权研究. 北京：中国法制出版社
廖中洪. 2010. 证据法精要与依据指引. 北京：北京大学出版社
林钰雄. 2005. 刑事诉讼法. 北京：中国人民大学出版社
林长田. 1990. 刑事诉讼法. 台北：三民书局股份有限公司
刘春梅. 2005. 自由心证制度研究：以民事诉讼为中心. 厦门：厦门大学出版社
刘建伟. 2010. 论我国司法鉴定人出庭作证制度的完善. 中国司法鉴定，(5)：22-27
刘金友. 1992. 证据理论与实务. 北京：法律出版社
刘学在，王静. 2016. 民事诉讼中“排除合理怀疑”证明标准评析. 法治研究，(4)：89-100
龙宗智. 2008. 推定的界限及适用. 法学研究，(1)：106-125
龙宗智. 2012. 进步及其局限——由证据制度调整的观察. 政法论坛，(5)：3-13
罗科信 K. 2003. 刑事诉讼法. 吴丽琪译. 第 24 版. 北京：法律出版社
罗森贝克 L. 2002. 证明责任论. 庄敬华译. 第 4 版. 北京：中国法制出版社
罗筱琦，陈界融. 2003. 最高人民法院“民事诉讼证据规则”若干问题评析. 国家检察官学院学报，(1)：23-30
骆永家. 1981. 民事举证责任论. 台北：台湾商务印书馆
麦克埃文 J. 2006. 现代证据法与对抗式程序. 蔡巍译. 北京：法律出版社
摩根. 1982. 证据法之基本问题. 李学灯译. 台北：“台湾教育部”
裴苍龄. 2006. 再论推定. 法学研究，(3)：119-127
裴小梅. 2008. 论专家辅助人的性格——中立性抑或倾向性. 山东社会科学，(7)：152-155
普维庭 H. 2006. 现代证明责任问题. 吴越译. 北京：法律出版社
齐树洁. 2014. 英国证据法. 第 2 版. 厦门：厦门大学出版社
邱联恭. 1996. 程序制度机能论. 台北：三民书局股份有限公司
三月章. 1997. 日本民事诉讼法. 汪一凡译. 台北：五南图书出版股份有限公司
邵明. 2009. 正当程序中的实现真实—— 民事诉讼证明法理之现代阐释. 北京：法律出版社
邵增兴. 2001. 论民事证明标准及其程序保障机制. 证据学论坛，(2)：79-122
沈达明. 1991. 比较民事诉讼法初论. 北京：中信出版社
沈达明. 1996. 英美证据法. 北京：中信出版社
沈德咏. 2002. 刑事证据制度与理论. 北京：法律出版社
斯密 A. 2003. 道德情操论. 蒋自强，钦北愚，朱钟棣，等译. 胡企林校. 北京：商务印书馆
斯特龙 J W. 2004. 麦考密克论证据. 汤维建，等译. 第 5 版. 北京：中国政法大学出版社
宋朝武. 2003. 论民事诉讼中的自认. 中国法学，(2)：115-125
宋振武. 2009. 传统证据概念的拓展性分析. 中国社会科学，(5)：141-153
孙业群. 2002. 司法鉴定制度改革研究. 北京：法律出版社
孙远. 2013. 论事实推定. 证据科学，(6)：645-658
谭世贵. 2004. 中国司法原理. 北京：高等教育出版社
汤维建. 2008. 民事证据立法的理论立场. 北京：北京大学出版社
汤维建，许尚豪. 2004. 建立举证妨碍制度，完善证据立法. 证据学论坛，(2)：103-118
田平安. 2002. 民事诉讼证据初论. 北京：中国检察出版社

田平安. 2005. 民事诉讼法学. 厦门：厦门大学出版社
汪建成. 2006. 理想与现实—— 刑事证据理论的新探索. 北京：北京大学出版社
王甲乙，杨建华，郑健才. 1999. 民事诉讼法新论. 台北：三民书局股份有限公司
王利明. 2000. 司法改革研究. 北京：法律出版社
王圣扬. 1999. 论诉讼证明标准的二元制. 中国法学，(3)：136-142
王世凡. 2007. 鉴定与司法鉴定概念的引入及其演进研究. 法律与医学杂志，(2)：148-160
王亚新. 2002. 对抗与判定——日本民事诉讼的基本结构. 北京：清华大学出版社
王以真. 1991. 英美刑事证据法中的证明责任问题. 中国法学，(4)：110-115
沃克 D M. 1988. 牛津法律大辞典. 北京社会与科技发展研究所译，北京：光明日报出版社
吴杰. 2003. 民事诉讼证明标准之基础理论研究. 西南政法大学博士学位论文
奚玮，余茂玉. 2007. 论民事诉讼中的证明妨碍. 河北法学，(3)：150-153
肖建国. 2000. 民事诉讼程序价值论. 北京：中国人民大学出版社
肖建国，包建华. 2012. 证明责任—— 事实判断的辅助方法. 北京：北京大学出版社
肖胜喜. 1994. 刑事诉讼证明论. 北京：中国政法大学出版社
谢怀栻译. 2001. 德意志联邦共和国民事诉讼法. 北京：中国法制出版社
新堂幸司. 1998. 新民事诉讼法. 东京：弘文堂
新堂幸司. 2008. 新民事诉讼法. 林剑锋译. 北京：法律出版社
熊跃敏. 2002. 日本民事诉讼的文书提出命令制度及其对我国的启示. 诉讼法论丛，(1)：452-468
许明. 2009. 试论完善鉴定结论审查机制的新对策——设置专家辅助人制度. 法制与社会，(1)：45-46
薛波. 2003. 元照英美法词典. 北京：法律出版社
杨锦炎. 2013. 武器平等原则在民事证据法的展开. 北京：中国政法大学出版社
杨荣新. 1991. 民事诉讼法教程. 北京：中国政法大学出版社
杨瑞. 2008. 论民事证明妨碍及其排除—— 兼论《关于民事诉讼证据的若干规定》第 75 条. 昆明理工大学学报（社会科学版)，(3)：94-97
尧厄尼希 O. 2003. 民事诉讼法. 周翠译. 北京：法律出版社
姚莉. 2006. 司法效率：理论分析与制度构建. 法商研究，(3)：94-101
叶峰，叶自强. 2002. 推定对举证责任分担的影响. 法学研究，(3)：77-86
叶青，等. 2012. 证据法学：问题与阐述. 北京：北京大学出版社
叶自强. 2011. 举证责任. 北京：法律出版社
伊藤兹夫. 1996. 事实认定的基础. 东京：有斐阁
易延友. 2010. 证据法的体系与精神——以英美法为特别参照. 北京：北京大学出版社
于鹏. 2014. 民事诉讼证明妨碍研究. 北京：中国政法大学出版社
占善刚. 2010. 证明妨害论——以德国法为中心的考察. 中国法学，(3)：100-110
张保生. 2009. 推定是证明过程的中断. 法学研究，(5)：175-194
张海燕. 2013. 论不可反驳的推定. 法学论坛，(5)：66-72
张海燕. 2014. 民事推定法律效果之再思考——以当事人诉讼权利的变动为视角. 法学家，(5)：50-63
张榕. 2010. 事实认定中的法官自由裁量权——以民事诉讼为中心. 北京：法律出版社
张卫平. 2000. 诉讼构架与程式—— 民事诉讼的法理分析. 北京：清华大学出版社
张卫平. 2003a. 外国民事证据制度研究. 北京：清华大学出版社
张卫平. 2003b. 证明标准建构的乌托邦. 法学研究，(4)：60-69
张卫平. 2004a. 论人民法院在民事诉讼中的职权. 法学论坛，(5)：11-20
张卫平. 2004b. 证明妨害及对策探讨. 证据学论坛，(1)：157-171
张阳. 2014. 鉴定意见的采信标准. 阜阳师范学院学报（社会科学版)，(2)：108-110
张志铭. 2003. 法理思考的印迹. 北京：中国政法大学出版社
长孙无忌，等. 1999. 唐律疏议. 刘俊文点校. 北京：法律出版社
赵信会，韩清. 2012. 民事诉讼证明妨碍制度的构建——以协同主义理论为视角. 河北法学，(9)：62-67
Garner B A. 1999. Black’s Law Dictionary. 7th ed. St. Paul：West Publishing Co.